아! 그렇구나

우리 역사

⑪

조선 3

* * *

이 책에 관해 궁금한 점이 있으면 염정섭 선생님께 이메일로 물어 보세요.

이메일 주소 : yeobul@empal.com

* * *

아! 그렇구나

우리 역사

⑪ 조선 3

2007년 7월 10일 1판 1쇄 펴냄
2019년 3월 20일 1판 3쇄 펴냄

글쓴이 · 염정섭
그린이 · 노정아
펴낸이 · 조영준

책임 편집 · 최영옥
표지 및 본문 디자인 · 김국훈

펴낸곳 · 여유당출판사
출판등록 · 2004-000312
주　소 · 서울 마포구 동교로 27길 53 지남빌딩 201호
전　화 · 02-326-2345 | 팩　스 · 02-6280-4563
이메일 · yybooks@hanmail.net
블로그 · http//blog.naver.com/yeoyoubooks

ISBN 978-89-92351-02-7 44910
ISBN 978-89-955552-0-3(전15권)

KC 품명 도서 제조자명 여유당출판사 제조국명 대한민국 사용 연령 12세 이상
주소 서울시 마포구 동교로 27길 53, 201호 전화 02-326-2345 제조일 2019년 3월 20일
KC 마크는 이 제품이 공통안전기준에 적합하였음을 의미합니다.
⚠ 책 모서리에 다치지 않게 주의하세요.

아! 그렇구나

우리 역사

조선 3

글 · 염정섭 | 그림 · 노정아

여유당

아! 그렇구나 우리 역사를 펴내며

많은 사람들의 관심과 함께 시작한 《아! 그렇구나 우리 역사》는 이 일 저 일 어려운 과정을 거친 끝에 여유당 출판사에서 첫 권부터 다시 출간하게 되었습니다. 이 시리즈를 손수 준비하고 책을 펴낸 기획 편집자 입장에서 완간 자체가 만만치 않다는 사실을 몰랐던 바 아니지만, 대대로 이어온 우리 역사가 수없이 많은 가시밭길을 걸어온 것처럼 한 권 한 권 책을 낼 때마다 극심한 긴장과 갈등의 덫을 피할 수는 없었습니다. 이 시리즈의 출간 준비에서부터 5권 신라·가야 편이 세상에 나오기까지 4년이 걸렸고, 이후 1년 반이 지나서야 6권, 7권, 8권이 뒤를 잇게 되었습니다. 그리고 또 그만큼의 세월이 흐른 지금, 조선 시대에 해당하는 9, 10, 11권을 연이어 내놓습니다. 독자들과의 약속대로라면 이미 완간했어야 하는데, 발길이 무척 더딥니다. 그러나 힘겨운 가운데서도 제대로 된 책을 내기 위해 최선을 다하고 있는 사정을 감히 이해해 주길 바라는 마음입니다. 가능한 한 빨리 완간하여 독자들께 미안한 마음을 조금이라도 덜 수 있도록 부지런히 가겠습니다.

여유당 출판사에서는 이 시리즈를 처음 계획했던 총 17권을 15권으로 다시 조정했습니다. 11권 조선 시대 이후 근현대사가 다소 많은 비중을 차지한다는 저자들의 생각을 모아, 12권 개항기와 13권 대한 제국기를 한 권으로 줄였고, 마찬가지로 14, 15권 일제 강점기를 한 권으로 모았습니다. 물론 집필진은 이전과 같습니다.

1권 원시 시대를 출간할 때만 해도 어린이·청소년층에 맞는 역사 관련 책들을 찾기가 쉽지 않더니 지금은 몇몇 출판사에서 이미 출간했거나 장르별 혹은 연령별로 준비하는 실정입니다. 더군다나 《아! 그렇구나 우리 역사》 시리즈가 독자들뿐만이 아닌 다양한 관계자들에게 소중한 자료로서 자리매김했다는 사실에 필자들이나 기획자로서 작은 보람을 느낍니다. 어린이·청소년 출판이 가야 할 길이 아직 멀고 멀지만 번역서나 창작 동화를 앞다투어 쏟아내던 이전의 풍경에 비하면 아주 반가운 현상이라 할 수 있겠습니다.

더불어 2004년은 중국의 동북 공정 문제로 우리 역사를 진지하게 바라볼 수 있는 한 해가 되었습니다. 우리 역사를 어설프게 이해하고 우리 역사에 당당한 자신감을 갖지 못할 때 고구려 역사도 발해 역사도, 그리고 동해 끝 섬 독도까지도 중국과 일본의 틈바구니에서 보내낄 것은 뻔한 사실입니다. 특히 21세기를 이끌어 갈 10대 청소년들에게 올바르게 인식하는 우리 역사는 민족의 운명을 가늠하는 발판임이 분명합니다.

학창 시절 대다수에게 그저 사건과 연대, 그리고 해당 시대의 영웅을 잘 외우면 그뿐이었던 잘못된 역사 인식을 꿈 많은 10대들에게 그대로 물려줄 수는 없습니다. 우리 역사는 한낱 조상들이 남긴 흔적만이 아니라 개인에게는 자신의 가치관을 여물게 하는 귀중한 텃밭이요, 우리에게는 세계 무대에서 한국인이라는 자신감으로 당당히 어깨를 나란히 할 수 있는 핏줄 같은 유산임을 잊지 않아야 합니다.

그런데 아직도 우리에게는 10대 청소년이 읽을 만한 역사책이 빈약합니다. 이제 전문가가 직접 쓴 책도 더러 눈에 띄지만 초·중학생 연령층을 대상으로 쉽게 접할 수 있는 책은 여전히 많지 않습니다. 그나마 고등학생 나잇대의 청소년이 읽을 만한 역사물도 사실은 성인을 주 대상으로 만들어졌을 뿐입니다. 그만큼 내용과 문장의 난이도가 높거나 압축·생략이 많아 청소년들이 당시 역사의 과정을 제대로 이해하면서 읽어 나가기 어려운 게 현실입니다.

따라서 10대의 눈높이에 맞춰 역사를 서술하고, 역사의 의미를 제대로 이해할 수 있게 관점을 제시하며, 역사 이해의 근거로서 봐야 할 풍부한 유적·유물 자료, 상상력을 도와주는 바람직한 삽화, 게다가 청소년이 읽기에 적절한 활자의 크기와 종이 질감 등을 고민한 책이 반드시 필요했습니다. 자신의 세계관과 올바른 역사관을 다질 수 있는 이 시리즈는 '전문 역사학자가 처음으로 쓴 10대 전반의 어린이·청소년용 한국 통사'라는 데 의미가 크다고 하겠습니다. 이 시리즈는 이렇게 만들었습니다.

첫째, 이 책은 전문 역사학자들이 소신 있게 들려 주는 우리 조상들의 삶 이야기입니다. 원시 시대부터 해방 후 1987년 6월 항쟁까지를 15권에 아우르는 《아! 그렇구나 우리 역사》는 한 권 한 권, 해당 시대의 역사를 연구해 온 선생님이 직접 쓰셨습니다. 고구려 역사를 오래 공부한 선생님이 고구려 편을 쓰셨고, 조선 시대 역사를 연구하는 선생님이 조선 시대 편을 쓰셨습니다.

둘째, 초등학교 고학년과 중학생 연령층의 10대 어린이·청소년을 위해 만들었습니다.

지금까지 초등학교 저학년 어린이를 위한 위인전이나 동화 형식의 역사물은 여럿 있었고, 또 고등학생을 대상으로 펴낸 생활사, 왕조사 책도 눈에 띕니다. 하지만 위인전이나 동화 수준에서는 벗어나고, 고등학생의 독서 수준에는 아직 미치지 못하는 단계에 필요한 징검다리 책은 찾아볼 수 없었습니다. 《아! 그렇구나 우리 역사》는 초등학교 5·6학년과 중학생 연령층의 청소년에게 바로 이러한 징검다리가 될 것입니다.

셋째, 각 시대를 살았던 일반 백성의 생활을 구체적으로 상세하게 묘사했습니다.

그 동안 어린이·청소년을 위한 역사책이 대부분 영웅이나 사건 중심으로 이야기했다면, 이 시리즈는 과거 조상들의 생활에 역사의 중심을 두고 시대에 따른 정치·경제·사회의 변화를 당시의 국제 정세와 함께 이해할 수 있도록 꾸몄습니다. 이 책을 읽으면서 독자 여러분은 당시 사람들의 생활 세계를 머리 속에 그려 나갈 수 있을 것입니다.

넷째, 최근 연구 성과에 따른 글쓴이의 목소리에도 힘을 주었습니다.

이미 교과서에 결론이 내려진 문제라 할지라도, 글쓴이의 견해에 따라 당시 상황의 발단과 과정에 확대경을 대고 결론을 달리 생각해 보거나 논쟁할 수 있도록 주제를 끌어냈습니다. 이는 곧 암기식 역사 교육의 틀을 깨고, 독자 한 사람 한 사람이 다양한 각도에서 역사의 비밀을 푸는 주인공이 되도록 유도하려 함입니다. 이는 역사적 사실과 인물을 통해 자신의 현재와 미래를 통합적인 시각으로 내다보게 하는 장치이며, 여기에 바로 이 시리즈를 출간하는 의도가 있습니다.

다섯째, 전문적인 내용일수록 이해하기 쉽게 풀어 쓰려고 노력했습니다.

주제마다 독자의 상상력만으로 해결되지 않는 부분은 권마다 200여 장에 이르는 유적·유물 자료 사진과 학계의 고증을 거친 그림을 통해 충분히 이해할 수 있도록 했습니다. 또한 중간중간 독자 여러분이 좀더 깊이 있게 알았으면 하는 주제는 네모 상자 안에 자세히 정리해 정보의 극대화를 꾀했습니다.

이 책을 위해 젊은 역사학자 9명이 힘을 합쳐 독자와 함께 호흡하는 한국사, 재미있는 한국사를 쓰려고 노력했습니다. 그러나 역사란 너무나 많은 것을 품고 있기에, 집필진 모두는 한국 역사를 쉽게 풀어서 새롭게 쓴다는 것 자체가 매우 어려운 일임을 절감했습니다. 더구나 청소년의 정서에 맞추어 우리 역사 전체를 꿰뚫는 책을 쓴다는 것은 박사 학위 논문을 작성하는 것 못지않게 힘든 과정이었습니다. 거기에 한 문장 한 단어마다 수없이 많은 편집진들의 교열 교정이 반복되었습니다.

이 시리즈는 단순히 10대 어린이·청소년만을 위한 책이 아닙니다. 우리 역사를 소홀히 지나쳐 버린 어른이 있다면 이 책을 함께 읽으면서 새로운 양식을 얻을 수 있으리라 생각합니다. 나아가 이 시리즈는 온 가족이 함께 읽는 데 큰 어려움이 없게 공을 들였습니다. 아직 미흡한 점이 많으나, 이 시리즈를 통해 여러분이 우리 역사를 올바로 이해하고 자신만의 세상을 더불어 열어 나가는 데 도움이 되기를 바랍니다.

집필진과 편집진

4. 변화의 물결에 개혁의 바람을 싣다
사회 제도의 변화와 개혁론

5. 위기는 기회다 – 일어서는 농민들
조선 후기의 농민 항쟁

6. 서민 중심의 문화가 꽃피다
조선 후기의 문화 예술

1

가을로 들어선 조선의 정치

탕평 정치의 흐름

조선 왕조는 세계 역사에서도 유래가 없을 정도로 오랜 세월 동안 유지된 왕조인데, 자그마치 그 역사가 500여 년이나 됩니다. 《아! 그렇구나 우리 역사》 조선 편은 이렇게 긴 조선 왕조의 역사를 세 시기로 나누어 살펴봅니다. 첫 번째 시기를 다룬 책에서 조선 왕조 개창과 제도 정비를 주로 살펴보았고, 두 번째 시기를 살펴본 책에서는 양반 중심의 사회 체제와 두 차례에 걸친 전쟁에 초점을 두었습니다. 이제 18세기 초반부터 19세기 중후반에 걸치는 세 번째 시기를 살펴보겠는데, 아무래도 조선 사회의 변동에 중점을 둘 수밖에 없습니다.

18세기 영조와 정조 시대를 거치면서 조선 사회는 정치, 경제, 사회, 문화 모든 면에서 크게 변해 갔습니다. 영조와 정조는 탕평 정치라는, 국왕이 주도하는 정치 질서를 꾸려 나갔습니다. 그런데 국왕이 정치적 능력을 갖추지 못했을 때 탕평 정치는 이루어지지 못했고, 순조 이후 소수 집단에게 권력이 집중되는 세도 정치라는 정치 형태가 나타났습니다.

그리고 경제 면에서 조선 사회에 커다란 변화를 일으킨 대표 존재는 바로 경강 상인으로 대표되는 사상(私商)들입니다. 사상들은 상품 유통 체계를 뒤바꾸면서 농업 부문의 변화와 더불어 조선 사회의 경제적 변화를 주도했지요.

조선 사회를 떠받치는 기둥이었던 신분제가 크게 흔들린 것도 바로 조선 후기입니다. 노비제 해체가 분명히 전개되는 가운데, 중인층의 신분 상승 운동도 활발히 벌어졌습니다. 양반과 상민을 나누는 신분 관념은 조선 왕조가 사라진 뒤에도 오랫동안 사람들 머릿속에 남았지만, 국가 차원에서 제도적으로 신분을 차별하는 일은 조선 후기를 거쳐 19세기 말에 이르면 없어집니다.

한편 18세기 조선 문화는 여러 방면에서 새로운 모습을 보여 주었습니다. 중인, 상민 등이 문화 활동에 적극 참여하면서 문화가 더욱 풍성해졌습니다. 풍속화와 민화가 발달하여 조선 회화에 새로운 기운을 불어넣었습니다. 여기에 사설 시조, 한글 소설 등 서민들이 즐길 수 있는 문화도 훨씬 많아졌습니다. 그리고 이러한 정치, 경제, 사회, 문화의 변동을 한눈에 확인할 수 있는 농민 항쟁이 19세기 중반에 크게 일어났습니다. 농민 항쟁은 조선 사회가 변화하는 모습을 보여 주는 동시에 조선 사회가 나아갈 방향을 제시하는 사건이었습니다.

이제 영조, 정조 때 탕평 정치의 흐름부터 시작하여 조선 후기의 변화와 변동 모습을 하나씩 살펴보겠습니다.

영조, 탕평책을 실시하다

연잉군 시절 '신임옥사'라는 참혹한 사건을 겪고, 1724년 가까스로 왕위에 오른 영조는 숙종 후반에 제기된 탕평론(蕩平論)을 제대로 실행합니다. 붕당 사이의 대립이 어느 한쪽의 권력 독점으로 나아가면서 왕과 왕실의 권위가 무너져 가는 걸 보고만 있을 수 없었던 거지요. 왕이 된 영조는 환국 같은 방식으로 정국을 주도할 붕당을 몇 차례 바꿔 보지만, 별다른 효과를 거두지 못합니다. 단지 붕당만 바뀌는 차원이 아니라 상대 당에 대한 보복이 거듭되고, 한 붕당이 정국을 주무르는 결과를 가져와, 결국 왕과 왕실의 권위가 떨어지고 붕당 사이의 대립이 커졌기 때문입니다. 그렇다고 자신을 지켜 주던 노론 일파와의 인연을 단칼에 끊어 버릴 수는 없었습니다.

게다가 당시 조선 사회는 농업이 발달하고 상업과 수공업의 규모가 커지면서 경제가 발전하여 예전처럼 단순한 방식으로 나라를 이끌어 가기가 어려웠습니다. 성리학적 도덕과 명분만으로는 복잡해진 조선 사회를 다스리기가 힘에 부쳤지요. 따라서 국왕 입장에서

영조 어진

영조(재위 1724~1776)의 초상화로, 51세 때 모습을 그린 것이다. 머리에 임금이 쓰는 익선관을 쓰고, 어깨와 가슴에 용을 수놓은 붉은색 곤룡포를 입었다. 영조 20년 (1744)에 장경주, 김두량이 그린 그림을 1900년에 당대 일류급 초상화가들이 원본을 보고 다시 그린 것이다. 보물 932호, 궁중유물전시관.

복잡한 사회 상황을 제대로 주도
해 나갈 새로운 정치 논리가 필
요했습니다. 이러한 차원에서 나
온 것이 바로 탕평론입니다.

탕평책은 왕권을 회복하기 위
해 붕당의 대립을 진정시키고,
국왕이 명실상부한 정국 주도 세
력으로 자리 잡기 위한 방책입니
다. 탕평론이라는 이론, 정치 원
리를 현실 정치에 적용하고 실행

하는 것이지요. 신하들이 어떤 당에도 소속되지 않은 무당(無黨)의
경지에서, 국왕이 요순 시절의 성군 정치를 실현할 수 있기를 꿈꾸
었지요.

탕평 정치를 본격 실행한 영조는 왕권의 절대성을 회복하고 집권
관료 체제를 다시 정비하여 정치 안정을 꾀했습니다. 자기 붕당의 의
리와 명분만 따르는 강경한 인물을 제외하고 온건 인물 중심으로 탕
평책을 펴 나가면서도 왕실의 외척 세력을 받아들였지요. 이러한 영
조 때의 탕평을 '완론 탕평'이라고 부릅니다. 완론(緩論)이란 온건하
며 융통성이 많은 주장을 말하지요. 여기에는 경종 때 신임사화(신임
옥사)*를 겪으면서 자신에게 절대적 지지와 후원을 아끼지 않은 노론
세력에게 보답하려는 영조의 배려가 깔려 있습니다.

이와 달리 정조 때의 탕평은 성리학적 정치 질서의 기본 요소인
의리, 명분, 공론을 중시하면서 외척 같은 특권 정치 세력을 배척했

습니다. 이러한 점에서 정조 때 탕평을 '준론 탕평'이라고 부릅니다. 준론(峻論)이란 강경하고 타협이 없는 주장을 말합니다. 특히 정조 때 탕평은 규장각 활성화와 깊이 연결됩니다.

한 마디로 17세기 후반부터 나타난 사회·경제적 갈등을 푸는 열쇠를 국왕 중심의 정치 체제에서 찾아낸 것이 바로 탕평책입니다. 그런데 영조와 정조 때 실시한 탕평책이 국왕의 정치력에 크게 기댄 점이 문제로 나타났습니다. 왕권을 강력히 행사할 수 있는 국왕이 존재해야만 국왕권을 강화할 수 있는 법입니다. 따라서 국왕권을 막강하게 행사할 국왕 없이 탕평 논리가 자리 잡기란 어려웠습니다.

정조의 급작스러운 죽음으로 11세의 어린 세자가 왕위를 이어 순조가 되었습니다. 이 때 영조의 계비인 정순 왕후 김씨가 수렴청정을 했습니다. 정순 왕후 세력은 천주교도를 박해한 신유사옥을 주도하면서 세도를 부리기 시작했고, 정조가 이룩한 탕평의 성과도 사라져 갔습니다. 정치를 국왕 중심으로 운영한다는 탕평책의 특징 때문에, 어린 국왕이 즉위하자 외척 세력 중심으로 세도 정치가 나타난 것입니다.

왕세제(王世弟)
임금의 아우로서 왕위를 이을 후계자.

택군설(擇君說)
신하가 임금을 선택한다는 뜻이지만, 실제로는 세자를 선정할 때 신하들이 지나치게 개입하는 모습을 설명하는 말이다.

영조 초반의 불안한 정국

영조는 즉위하면서 곧바로 탕평을 내세웠습니다. 왕세제*로 있을 때 여러 차례 모함을 받아 위태로운 처지에 놓인 적도 있고, 숙종 말기에 택군설*이 나와 임금 자격을 놓고 신하들이 크게 논란을 벌이는 상황도 겪은 터였지요. 이렇듯 국왕권을 위협하는 신하들의 권세 때문에 신변의 위험까지 겪은 기억들이 영조가 탕평을 내세운 계기라고 할 수 있겠지요. 하지만 처음에는 숙종 때와 마찬가지로 노론과 소론이 번갈아 정국을 주도하는 일진일퇴의 환국으로 채워졌습니다. 영조의 탕평책은 몇 년 지난 뒤에야 자리를 잡습니다.

여기에서 잠깐 설명하고 넘어갈 부분이 있습니다. 영조 초반의 정국에서 빠뜨릴 수 없는, 신임옥사에 관한 노론과 소론의 시비 문제입니다. 좀 어려울 수 있지만 정치의 실상을 알고 나면 이해하기 쉽습니다. 그리고 정치적 시비 문제는 쉽게 결판날 성격이 아니라는 점도 잘 알게 됩니다. 신임옥사는 2년에 걸쳐 수많은 사람들, 특히 노론과 소론의 정치적 맹장들이 얽힌 커다란 사건이었기 때문에 시비 판단이 제각각일 수밖에 없었습니다. 사람들은 대개 자신이 옳다고 믿고 싶어 하는 것을 더욱 확실히 믿기 위해서 모든 상황을 자기에게 유리한 방향으로 해석하곤 합니다. 이를 아전인수(我田引水)라고 하는데, 신임옥사처럼 복잡하고 애매한 사건일 때는 더욱 심했습니다. 결국 신임옥사 시비 문제는 진실을 밝혀 내는 것뿐만 아니라, 정치적으로 어떤 선택을 할 것인가도 중요한 요소로 작용했다고 볼 수 있습니다.

당시 왕세제였던 연잉군(영조)은 지위상 확실한 왕위 계승자였습니다. 노론 쪽에서 경종의 건강을 이유로 시급히 세제를 정해야 한다고 주장해서 얻은 자리였지요. 그런데 경종의 건강이 나빠질수록 왕세제는 바늘 방석에 앉은 것처럼 하루하루가 곤혹스러웠습니다. 1721년, 연잉군을 실질적인 군주 대행으로 삼고자 노론이 대리청정을 주장했을 때도 영조는 못 보고 못 들은 척해야 했습니다.

영조 어제 소학 언해
영조의 명으로 1586년에 간행된 《소학언해》의 체제 가운데 방점과 표기법을 수정하여 1744년에 펴낸 책이다.

게다가 1722년에는 이른바 삼수 역안이 세상에 알려졌습니다. 노론의 일부 세력이 경종을 죽이는 세 가지 방법을 모의했다는 것입니다. 그리하여 노론의 영수이던 김창집, 이이명, 조태채, 이건명과 함께 노론 사람 수십 명이 목숨을 잃었습니다. 이 때 김일경을 둘러싼 소론 세력이 연잉군을 핍박했지만, 영의정 조태구를 비롯하여 이광좌, 오명항의 보호로 연잉군은 무사할 수 있었지요. 연잉군은 자신을 곁에서 돌보아 준 조문명, 조현명 형제의 의리와 충성을 잊지 않았습니다. 마침내 왕위에 오른 영조는 3년 뒤 조문명의 딸을 세자빈으로 맞아, 조씨 집안은 왕실의 외척이라는 영광을 누리게 됩니다.

1721년 신축년과 1722년 임인년 사이에 벌어진 이 사건은 노론과 소론 쪽 인물들이 서로 물고 물리는 가해자이자 피해자였기 때문에 한쪽 주장만 옳다고 인정하기 어려운 점이 많았습니다. 그리고 사건이 국왕에 대한 충성 또는 반역과 연관된 것이어서, 잘잘못을 가리면서 붕당 사이에 심각한 대립이 생겼습니다. 자신들의 주장과 행적이 잘못이라고 결론이 나면 역적이 될 수도 있었으니까요. 2년 남짓 걸쳐 일어난 사건을 바라보는 노론과 소론의 입장이 크게 달랐고, 각 정파 안에서도 강경론과 온건론으로 갈라졌습니다.

첫 번째 논란거리는 왕세제(영조)의 대리청정에 관한 것이었습니다. 대리청정이 시급히 필요했는가 아닌가, 또는 그것이 합법적이었나 아니었나 하는 문제였지요. 두 번째는 삼수 역안에 이름이 적힌 노론의 주요 인물들이 역모에 가담했는지에 관한 문제였습니다. 두 가지 문제를 두고 노론 입장을 지지할 것인지, 아니면 소론 입장을 수용할 것인지, 의리와 명분을 놓고 오래도록 다툼이 벌어졌습니다. '신임 의리'라고 불린 이러한 노론과 소론의 명분 싸움은 나중에 영조가 노론의 손을 들어 주면서 일단 마무리됩니다. 물론 분쟁의 불씨가 완전히 사그라들지는 않았습니다.

1724년 영조가 왕위에 오르자 신임옥사로 큰 타격을 입었던 노론이 자연스럽게 복권되고 소론은 힘을 잃습니다. 그러나 3년 뒤인 1727년에는 소론이 중앙 정계를 손에 넣는 '정미 환국'이 일어납니다. 영조는 정미 처분을 내리면서 소론을 싹쓸이하려는 노론을 내몰고, 소론에게 정권을 수립할 수 있는 발판을 마련해 주었습니다. 결국 신임옥사 당시 일부 노론 대신들의 역모 관련 가능성을 인정하고, 소론 대신들의 억울함을 씻어 주어 두 당의 조제보합을 꾀한 것이 정미 처분이지요. 이로써 노론 세력이 물러나고 소론이 정권을 잡는데, 이 점을 중시하여 이를 '정미 환국'이라고 부릅니다.

이렇게 한 붕당이 일어서면 반대 당 인사들은 조정에서 모두 물러나야 했고, 만약 물러나지 않으면 비난을 받았습니다. 영조 때 재상*을 지낸 조현명의 표현처럼 "조정이 이 편과 저 편의 붕당 무리들이 한 번씩 부귀를 얻어 가는 집이 되어 버리는" 모양이었습니다.

정미 처분 이후 탕평에 적극 동조하는 탕평파가 생기기 시작했습니다. 자신을 지지해 줄 세력을 꾸리려는 영조의 의도가 크게 작용한 결과였지요. 영조는 왕세제 때부터 자신을 보호해 주고 탕평론을 외쳐 온 조문명, 송인명 등을 중용했는데, 이들이 탕평파라는 이름

재상
임금을 보필하며 관원을 지휘, 감독하는 자리에 있는 2품 이상의 벼슬, 또는 벼슬아치를 통틀어 이르는 말.

을 얻기 시작합니다. 특히 조문명의 딸을 효장 세자*와 혼인시켜 세력 기반을 넓혀 주기도 했습니다.

영조가 탕평책 실행 결심을 굳힌 결정적인 사건이 일어났습니다. 바로 1728년 무신년에 일어난 이인좌의 난입니다. '무신난'이라고도 불리는 이 난은 영조 즉위와 관련한 정변 성격의 변란이었습니다. 정권 탈취를 목표로 소론과 남인 세력 일부가 손잡고 일으킨 병란(兵亂)이었지요. 소론의 과격파들은 정계에서 밀려나 있던 남인을 끌어들여 영조가 숙종의 친아들이 아니며 경종의 죽음과 관계 있다는 소문을 앞세워, 영조를 밀어내고 밀풍군 탄(소현 세자의 증손)을 왕으로 앉히고 노론을 몰아내려 했습니다. 물론 이 때 제기된 경종 독살설은 다른 조선 국왕 독살설과 마찬가지로 근거 없는 것으로 보아야 합니다.

이인좌, 정세윤, 정희량, 박필현 등 반란 주도 세력은 영조를 몰아내고 노론을 제거해야 한다는 명분을 내걸어 영남과 호남 지방 남인과 소론들에게 많은 호응을 얻었습니다. 그러나 처음부터 서울에서 반란에 참여하기로 한 세력들이 정미 환국으로 정국이 뒤바뀌자 소극적인 입장으로 바뀌었습니다. 이러다가 계획이 들통나는 바람에 영남·호남 지역의 반란 주도층은 어쩔 수 없이 사병을 이끌고 전투에 나섰습니다.

1728년 3월, 이인좌가 청주성을 무너뜨리면서 반란이 본격적으로 시작되었습니다. 영조는 서울 도성을 굳게 지키게 하고, 병조판서 오명항을 사로 도순무사*로 삼고, 박찬신을 도순무 중군*, 박문수를 종사관*으로 삼아 반란 세력을 토벌하게 했습니다. 반란군은 한때 기

효장 세자
영조의 맏아들로, 어머니는 정빈 이씨이다. 11세 때인 1728년 사망했다. 왕실 계보에서 정조(사도 세자의 아들)를 양자로 삼아 뒤를 잇게 했고, 나중에 진종(眞宗)으로 추존되었다. 효장(孝章)은 시호이다.

사로 도순무사(四路都巡撫使)
조선 시대 임시 관직. 지방에서 민란과 같은 변란이나 재난이 일어났을 때 왕명을 받고 파견되었다. 해당 지역의 군무(軍務)나 민심 수습을 맡았으며, 임무가 끝나면 없어지는 관직이다.

도순무 중군(都巡撫中軍)
중군은 본래 각 군영에 속한 정3품에서 종2품에 이르는 관직이다. 대장을 보좌하는 실무 책임자로, 대체로 문신이 맡는 대장이 군사 업무가 서툰 것을 보완하는 역할을 했다. 이런 점에서 아장(亞將)이라고 불렸다. 도순무 중군은 도순무사를 보좌하는 전문 무장이다.

종사관(從事官)
본래 각 군영과 포도청의 대장을 보좌하는 관직으로, 3~6명이 임명되었다. 박문수를 종사관에 임명한 것은 오명항, 박찬신 등과 더불어 토벌군을 이끄는 지휘부로 삼은 것이다.

세를 떨치면서 청주에서 목천·청안·진천을 거슬러 올라왔지만, 3월 말 안성과 죽산에서 관군에게 패했습니다. 한편 영남과 호남에서도 난이 일어났는데, 영남에서는 정희량이 안음·거창·합천·함양을 장악했으나 경상 감사가 이끄는 관군에 패했고, 호남에서는 박필현 등 가담자들이 난을 일으키기 전에 붙잡혀 처형되었습니다.

오명항 영정
분무공신에 이름을 올린 직후에 그린 오명항의 영정. 분무공신은 이인좌 난을 토벌할 때 공을 세운 사람에게 내려준 공신 이름이다.

영조와 탕평파들은 이인좌의 난을 계기로 탕평론의 정당성을 주장하면서 탕평책을 본격적으로 추진했습니다. 반란의 원인이 집권 붕당 중심의 폐쇄적 인사, 상대 당에 대한 가혹한 정치 보복 등 붕당 사이의 치열한 대립에 있었다는 점에서 탕평파의 주장이 설득력을 얻었습니다. 그리고 영조에게는 노론과 소론 사이에 충신과 역적을 다투는 의리 논쟁보다는 정국 안정이 더 중요한 과제였습니다. 그리하여 노론과 소론 가운데 탕평론을 따르는 인물을 중심으로 조정을 구성했습니다. 탕평책이 시행되는 동안 각 붕당이 조정에 함께 공존했지만, 사실상 정국을 주도하는 세력은 따로 있었습니다. 곧 탕평과 더불어 주도 붕당이 함께 존재하는 상황이었지요. 왕권 강화가 더 중요했기 때문에, 영조는 노론의 명분을 인정하면서도 실제로는 탕평파를 후원하여 노론과 소론의 화합을 강조했습니다.

거침없는 대탕평

이인좌의 난을 토벌한 다음 해부터 탕평책을 본격 실행한 영조는 1729년 신임 의리에 처분을 내립니다. 이를 '기유 처분'이라고 부릅니다. 삼수 역안 관련자들의 자백에서 이름이 나온 김창집과 이이명은 역적이라는 이름을 그대로 갖게 하고, 이름이 나오지 않은 이건명과 조태채에게는 관직과 작위를 돌려주는 조처였지요.

영조의 기유 처분에는 분등론이라는 논리가 적용되었습니다. 분등론이란 분별하여 등급을 나눈다는 말로, 노론과 소론의 신임 의리를 각각 일부만 인정하고 일부는 인정하지 않는 주장입니다. 조현명 중심으로 제기된 분등론은 탕평책에 명분을 제공했고, 그 명분이 기유 처분에 분명히 적용되었습니다. 다시 말해 노론과 소론의 의리를 판단할 때, 대상 인물들을 몇 등급으로 나누어 충성과 반역 정도를 판별해야 한다는 주장입니다. 결국 노론과 소론 둘 다 잘못이 있다는 것이었지요.

분등론은 노론과 소론 모두 국왕에게 잘못을 저질렀으니, 이를 반성하고 거울로 삼아야 한다는 양비론(兩非論)을 바탕으로 나왔습니다. 노론 대신들의 잘못(1721년)과 소론 대신들의 잘못(1722년)을 각각 대비했지요.

조현명은, 노론 대신은 당시 대리청정시키겠다는 경종의 분부를 거두도록 요구했다가 다시 대리청정 시행 절목을 만들어 올리고, 또다시 대리청정 회수를 요구하여 삼변(三變)의 잘못을 저질렀다고 보았습니다. 실제로 이렇게 입장을 자주 바꾼 일 자체가 이미 논리적 근거가 부족함을 보여 준 거라고 할 수 있지요. 반면에 소론 대신들은 임인 옥사를 잘못 다스려 왕세제에게 누를 끼쳤고, 역안을 불성실하게 처리했다고 보았습니다. 결국 조현명이 내놓은 양비론은, 분등론과 같이 노론과 소론 양쪽에 의리와 명분상 결정적 우세를 갖지 못하게 하면서 어느 한쪽에 힘을 실어 주지 않아 형평을 유지하려는 방편이었지요.

1729년 기유 처분에서 영조는 노론, 소론, 남인 붕당 어디에나 충신과 역적이 있으므로 이제 붕당을 깨고 알맞은 인재를 등용하여 정국을 이끌어 나가겠다고 선언합니다. 이후 탕평이 본격적으로 전개되었고, 영조는 10여 년 뒤인 1740년 경신 처분을 내리면서 이른바 대탕평을 내세웁니다. 경신 처분은 1722년에 죽은 네 명의 노론 대신 모두 영조의 왕위 계승

성균관 탕평비와 탕평비 탁본
장지연 탁본. 1742년(영조 18) 영조가 자신의 탕평책을 중외에 표방하여 경계하도록 하기 위하여 세운 비의 탁본이다. 영조가 직접 쓰고 이를 비석에 새겨 성균관의 반수교 위에 세웠다. 비문 내용은 《예기》에 나오는 구절인데, "신의가 있고 아첨하지 않는 것은 군자의 공평한 마음이요, 아첨하고 신의가 없는 것은 소인의 사사로운 마음이다"라는 뜻이다. 현재 성균관대학교에 보관되어 있다.

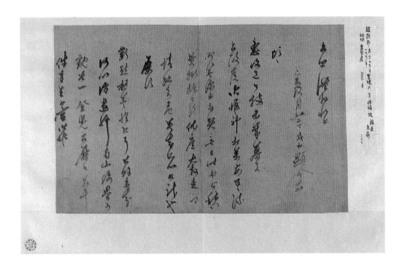

을 위해 노력했을 뿐 아무 잘못이 없다고 결정한 것입니다. 절대 군주로서 국왕인 영조는 결국 신임옥사 당시 노론의 입장을 지지한 것이지요. 영조는 그동안 벌어진 노론과 소론의 논쟁에서 노론의 주장을 받아들이고, 노론 대신

조현명 편지
오세창이 편집한 《근묵(槿墨)》 34책에 들어 있는 조현명의 편지. 형 조문명의 뒤를 이어 영조의 탕평책에 적극 협력한 조현명이 누군가에게 보낸 편지로, 안부 인사를 올리고, 달력 몇 권을 보낸다는 내용이다.

청요직(淸要職)
조선 시대 관직 가운데 청요직이란 하위직(당하관)이면서 중요한 정치적 기능을 수행하고, 장차 고위직으로 승진하는 데 유리했던 관직을 말한다. 구체적으로 옥당(玉堂, 홍문관)과 한림(翰林, 예문관)의 3품 이하 관원과 대간(臺諫, 사헌부와 사간원) 및 춘방(春坊, 세자 시강원) 정조(政曹, 이조와 병조, 관리 인사를 담당하는 관청)의 낭관(郎官, 전랑) 등을 가리킨다.

네 명의 억울한 죄를 풀어 주었습니다.

이러한 처분은 영조가 왕위를 이은 데 확실한 정당성을 부여했고, 영조는 거침없이 사색당파를 모두 등용하는 대탕평을 외칠 수 있었습니다. 실제로 탕평파의 재상으로 불린 김재로, 송인명, 조현명 등 3인은 오래도록 정승 자리를 지키면서 탕평 정책들을 본격적으로 실행했습니다. 그럼 영조가 시행한 탕평책에는 어떤 것들이 있는지 살펴볼까요?

첫째, 이조 전랑 제도와 사관 제도 개혁을 들 수 있습니다. 청요직*을 없애고 재상권을 강화하여 위계 질서를 갖춘 관료 제도를 운영하려고 했습니다. 청요직을 없앤 것은 공론에 따라 움직이던 붕당 정치의 밑바탕을 흔들려는 의도였고, 붕당 권력의 핵심인 산림(山林)의 역할을 크게 약화시킨 것도 같은 맥락의 개혁이었습니다.

그리고 하위직 관원인 이조 전랑에게 집중되었던 권한, 곧 당하관 이하 관원을 추천하고 후임 낭관을 자천하던 권한을 폐지했습니다.

사관(史官)인 예문관 한림을 뽑는 절
차도 현직 사관의 만장일치로 정하
던 방식에서 상급자와 하급자의 추
천, 그리고 국왕의 최종 시험을 거
치는 방식으로 바꾸었습니다. 이러
한 조처는 중하급 관원들의 발언권
을 약화시켰고, 나아가 고위직 관료
의 합좌 기구인 비변사의 기능을 강
화시켰으며, 탕평파 가문이 벌열*이
되는 흐름을 낳기도 했습니다.

비변사에서 모여 앉아 국사를 결정하는 삼정승, 공조 판서를 제외
한 오판서, 훈련 대장 등을 포함한 비변사 당상의 권한이 필요 이상
으로 커진 반면, 이들을 견제할 하위직 관료들은 날개가 꺾인데다가
언관의 기능이 쇠퇴했습니다. 이렇게 만들어진 벌열 세력은 영조,
정조의 강력한 왕권 아래에서는 드러나지 않다가 순조 이후 '세도 정
치'로 역사에 등장합니다.

둘째, 지방 유생들의 사랑방이었던 서원을 정리했습니다. 팔도의
서원과 사묘 가운데 1714년 이후 사사로이 건립했거나 사사로이 제
향(祭享, 제사를 올리는 행위)하는 것을 없애는 대대적인 정리였지요.
서원이 여기저기 어지럽게 들어서고 서원 자체가 향촌에 민폐를 끼
쳐서 내린 결정입니다. 향촌의 사족들이 앞다투어 서원을 세우면서
풍속을 바로잡고 교화하기는커녕 도리어 해를 끼쳤고, 국가에 군역
을 져야 할 양인들이 서원 원생이 되어 군역을 피해 가기도 했습니

영조 어필
1770년 영조가 내의원에 "삼
기성편 대소의심(蔘芪性偏 大
小宜審)"이라는 8자를 써서
내리고, 그 소지(小識, 문장을
지은 배경이나 의의 등을 짧게
설명하는 글)를 지어 홍봉한
이 글씨를 쓴 것을 탁본하여
만든 첩. 인삼(蔘)과 황기(黃
芪)의 성질이 다르므로 쓸 곳
을 심사숙고하듯, 대소 신료
들도 각각 직분에 맞게 하라
는 뜻이다.

벌열(閥閱)
벌열의 사전적 의미는 '나라
에 공로가 많고 벼슬 경력이
많은 집안'이다. 조선 시대에
사용된 벌열이라는 단어는
'뛰어나게 명망 있는 가문'을
뜻하고, 특히 중앙의 경화 사
족으로 대대로 벼슬하면서
정치·사회적 특권을 세습하
는 가문을 말한다.

다. 이와 같이 서원에서 제향하는 일 자체가 공론과 어긋나고, 서원이 양인들이 군역을 회피하는 소굴로 변질되었다는 점에서 서원 정리의 명분을 찾았습니다.

셋째, 탕평책은 인사 정책에서도 힘을 발휘했습니다. 붕당의 다툼으로 옥사가 잦고 피의 보복이 이어지던 정국이 탕평책으로 안정을 찾아 갔습니다. 그리고 정국 안정은 탕평에 따른 인사 정책에서 뚜렷이 보였습니다. 인사 탕평은 탕평의 실질적인 내용이자 목표요 성과라고 할 수 있습니다. 당시 영조는 인사 탕평을 위해 '호대(互對)'라는 등용 방식을 썼습니다. 호대란 같은 관서*의 여러 자리를 당색별로 안배하여 서로 상대 당 인물과 마주 앉아 일하도록 한 방식입니다.

《당의통략》에 나와 있는 예를 보면, "노론인 김재로에게 이조판서를 맡기면 소론인 이종성에게 김재로를 보좌하게 하고, 소론인 송인명을 이조판서로 삼으면 노론인 신방을 참판으로 삼는 것"이 호대

관서
관청, 관아 등으로 불림. 관원들이 모여 나랏일을 맡아 수행하던 곳.

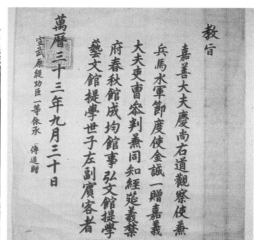

교지

嘉善大夫慶尚右道觀察使兼
兵馬水軍節度使金誠一贈嘉義
大夫吏曹參判兼同知經筵義禁
府春秋館成均館事弘文館提學
藝文館提學世子左副賓客者

萬曆三十三年九月三十日
宣武原從功臣一等徐渻 傳進賜

였습니다. 영조 때 탕평책의 절대 지지자였던 조현명이 1735년 무렵부터 5~6년 동안 계속 인사권을 장악했는데, 이 때 시행한 인사 정책이 호대입니다. 호대는 여러 붕당의 인사를 같이 등용한다는 점에서 '쌍거 호대(雙擧互對)'라고도 불렸습니다.

그러나 호대는 형식적 방책이었다는 비판을 받기도 했습니다. "공평한 입장에서 오직 재주와 능력을 바탕으로 적재적소에 적임자를 임명하면 되는데, 어찌 하여 구차하게 자리를 당색별로 배분하는 방법을 쓰는가"라는 비판이었지요. 하지만 당대의 인사 문제에서 호대를 하지 않으면, 실제로 인사권을 장악한 사람이 사사로운 마음에 기울어졌는지 그렇지 않은지를 분별할 수 없었으므로 호대야말로 적당한 인사 방법이 아니었을까 생각합니다.

마지막으로 영조가 시행한 탕평책의 주요 내용에는 민생 문제도 있었습니다. 양역의 고통을 해결하기 위해 균역법을 실시하고, 그 동안 미뤄 두었던 숙제인 도성 안 개천(청계천)을 준설했습니다.

유성룡 교지, 안동에 있는 병산서원과 호계서원, 김성일 교지(왼쪽부터)

병산서원은 서애 유성룡을 홀로 모셨고, 호계서원은 퇴계 이황을 비롯하여 학봉 김성일, 서애 유성룡을 같이 모셨다. 그런데 호계서원에 김성일과 유성룡의 위패를 모실 때 두 사람 가운데 어느 분을 윗자리에 모시느냐를 놓고 안동 유림을 중심으로 오랫동안 다툼이 벌어졌는데, 이를 '병호 시비'라고 부른다. 분쟁의 불씨는 김성일이 유성룡보다 네 살 연상인데, 경상도 관찰사를 지낸 김성일에 비해 유성룡은 영의정까지 올랐다는 점에 있었다. 나이와 관직으로 김성일과 유성룡 사이에 우열을 매기려는 다툼에서 병호 시비가 일어났고, 이후 다툼은 복잡하게 번져 나갔다.

탕평의 일등 공신 조현명은 누구인가?

귀록(歸鹿) 조현명(趙顯命, 1691~1752)은 그의 셋째 형 조문명과 더불어 영조 초반 탕평 이론의 기반을 다진 장본인이자 탕평론을 실천에 옮긴 정치가였다. 또한 1750년 그 동안의 숙원이었던 양역 변통 문제를 감필에 따른 균역법으로 조정한 능숙한 관료였다. 그가 영조 초반에 탕평을 바로 세우는 데 일등 공신이 될 수 있었던 배경은 무엇일까?

본디 조현명 집안은 소론이었다. 아버지 조인수를 비롯하여 사촌, 육촌 형제들이 모두 소론에 속했다. 태어나자마자 아버지를 잃은 조현명은 평생 아버지 얼굴도 구경하지 못했다. 그리고 과거에 급제하여 벼슬 자리에 나서기 시작할 무렵인 1722년(32세) 어머니마저 잃었다. 이러한 처지에 대해 그는 "사람의 자식으로 태어나 30년을 살면서 하루도 아버지를 섬겨 보지 못하고, 또한 하루도 어머니를 봉양해 보지 못한 놈"이라고 표현했다.

조현명은 숙종 때 탕평론을 제기한 박세채의 영향을 받았다. 아버지 조인수가 박세채의 문인이었던 것이다. 이러한 인연은 조현명이 박세채를 사숙(私淑, 존경하는 사람에게 가르침을 직접 받지 못하고 그의 학문을 본보기 삼아 배우는 일)하고 탕평을 알게 되었다고 고백한 데서 분명히 확인할 수 있다. 박세채에서 조현명으로 혈연, 학연, 당색으로 이어진 인연이 탕평론의 한 배경이었던 것이다.

조현명이 살아가면서 맺은 인연 중 가장 커다란 인연은 바로 세제 시절의 영조를 만난 것이었다. 연잉군(영조)이 세제가 되면서 조현명은 세자 시강원 겸설서(兼設書)에 임명되었다. 형 조문명이 이미 세자 시강원 문학(文學)이었으니 형제가 모두 다음 왕위 계승자와 깊은 인연을 맺은 셈이다. 세제와 같이 벌인 서연에서 이들 형제는 붕당을 없앨 것, 곧 탕평론을 펼쳤다. 이로써 영조 초반에 조현명이 탕평파로 활동하게 되는 또 다른 기반이 마련되었다.

다음으로 조현명 집안은 외척이란 지위를 얻었는데, 이 또한 탕평과 관계 있다고 하겠다. 영조는 국왕에 즉위하고 3년 뒤 조문명의 딸을 세자빈으로 간택했다. 바로 영조와 정빈 이씨 사이에서 태어난 효장 세자(진종)와 혼인시킨 것이다. 이로써 조씨 집안은 왕실의 외척 자리에 올랐고, 조문명은 이 때부터 탕평 정국을 주도하는 인물이 되었다. 조현명이 탕평 정국을 주도한 때는 조문명이 1732년(영조 8)에 세상을 떠나면서부터였다.

조현명이 내세운 탕평 논리 가운데 의리에 관한 분등론, 인사에 관한 호대론 등은 사실 조현명이 지닌 정치적 영향력, 다시 말해 영조의 막중한 신임을 받는 탕평파의 '대장'이라는 권세 없이는 실현될 수 없었다. 이러한 배경에서 조현명은 탕평의 일등 공신이 될 수 있었다.

조선 시대 인사 기록부 〈정사책〉

조선 시대에 관원 임명에 관한 일을 정사(政事)라 불렀다. 정(政)이라는 글자 자체에 관리 인사 행정이라는 뜻이 담겨 있었다. 1년에 두 번 6월과 12월에 실시하는 전체 관원에 대한 인사를 도목정(都目政)이라 했다. 여기서 살피고자 하는 〈정사책(政事冊)〉이라는 기록은 관원 임명, 다시 말해서 정사(政事)의 자초지종을 담고 있다. 어떤 관직에 누가 후보자로 올랐는지, 그리고 실제 임명된 사람은 누구인지 상세히 기록한 장부가 〈정사책〉이다. 〈정사책〉은 조선 시대 내내 만들어졌을 것으로 보이지만, 현재 1735년부터 1894년 7월 사이의 것만 전한다.

관원 가운데 문반 인사는 이조에서, 무반은 병조에서 담당했다. 일반적으로 후보자 세 명 (삼망 : 三望)을 이조와 병조에서 추천하면, 국왕이 그 가운데 적합한 자의 이름에 점을 찍어(낙점 : 落點) 결정했다. 후보자를 한 명 올리는 경우(단망 : 單望)도 있고, 두 명만 올리는 경우(이 망 : 二望)도 있었다. 이러한 과정을 그대로 보여 주는 장부가 바로 〈정사책〉이다.

〈정사책〉 내용을 보면 정사가 일어난 날짜, 도목정사인지 친림정사(親臨政事, 국왕이 직접 참 여하는 정사)인지 먼저 밝히고 있다. 그리고 정사에 관여한 이조, 병조 관원이 누구인지 적어 놓았다. 또한 인사의 원칙, 주의점 등으로 이조와 국왕이 제시한 것도 적혀 있다. 그런 다음 어떤 관직에 추천된 사람의 이름을 적은 망단자(望單子)가 들어 있다. 관직 이름 아래 추천된 사람의 이름을 한 행에 한 사람씩 차례로 적고, 국왕의 낙점을 받은 사람의 이름 위에 '○' 표 시(사진 자료 참고)를 넣었다. 관직에 따라 추천된 사람의 숫자가 크게 다른데, 대개 승정원 승지의 경우 수십 명에 달하는 관원이 추천되었다.

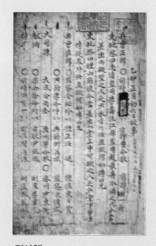

조선 시대 인사 행정의 가장 구체적인 장부인 〈정사책〉에서 우 리는 당시의 인사 과정, 인사 담당 관원, 관직에 추천된 사람, 관 직에 임명된 사람 등을 파악할 수 있다. 《조선왕조실록》이나 다른 자료에서도 조선 시대 관원 인사의 대략을 찾아볼 수 있지만, 〈정 사책〉은 이러한 인사 자료를 한데 모아 둔 것이라고 할 수 있다. 사실 어느 시대나 마찬가지이지만 공정하고 훌륭한 인사야말로 모든 일을 잘 풀리게 할 수 있는 바탕이다. 인사의 원칙, 그리고 인사의 전모를 〈정사책〉이라는 장부로 그대로 남겨 놓은 조선 왕 조의 인사 행정은 지금도 본받을 만하다.

정사책
조선 시대 인사 행정의 구체적인
모습을 보여 주는 자료이다.

드디어 균역법을 시행하다

《조선 2》에서 숙종 말년까지 양역 변통을 둘러싼 논란이 계속되면서 양반에게도 군역을 부담시키자는 대변통론까지 나왔다고 했지요? 하지만 호포론으로 대표되는 대변통론을 실행에 옮기지 못하고, 결국 양인 농민의 군포 부담을 반으로 줄이자는 감필론에 논의가 모아졌습니다. 이러한 논의를 거쳐 영조 때 마련한 균역법은 참으로 많은 시련 끝에 시행된 개혁 법제입니다.

양역의 고통을 해결해야 한다는 생각은 이미 숙종 때부터 절박했습니다. 영조 때 자료에 "100여 년에 걸친 나라의 고질 병폐로서 가장 심한 것은 양역"이라고 했을 정도로 변통책은 당시 큰 문제였습니다. 또한 호포(戶布)니 구전(口錢)이니 유포(遊布)니 결포(結布)니 하는 대변통책들(《조선 2》 163~165쪽 참조)은 양반층의 반대와 실행의 어려움 등 때문에 실제로 실시하기 어려웠다는 점도 확인했습니다.

하지만 양역 변통이 이루어지지 않는 한 백성은 곤궁에 빠져 있을 수밖에 없었습니다. 한 집안에 아버지, 아들, 할아버지, 손자가 한꺼번에 군적에 올라 있거나, 혹은 서너 명의 형제가 한꺼번에 군포를 내야 할 경우 엄청난 부담에 허덕여야 했습니다. 게다가 군정 가운데 도망간 사람이 생겨나면, 이웃의 이웃에게 대신 군포를 징수하고(인징), 또는 친척의 친척에게 징수(족징)했습니다. 엄마 젖을 먹는 어린아이(황구)도 군정으로 편성되고(황구첨정), 백골(白骨, 죽은 사람)은 땅 속에서 군포를 징수당하는(백골징포) 일까지 일어났지요.

게다가 같은 양인 신분인데도 군역 부담에 차이가 있었습니다. 가장 부담을 많이 진 것은 수군이었습니다. 배를 타는 일 자체가 험난한 일이듯 수군에 속하는 양인은 1년에 면포 3필을 바쳐야 했습니다. 이렇게 힘든 부담을 지는 경우를 당시 표현으로 '고역(苦役)'이라 했고, 보통의 부담보다 조금 덜한 경우를 '헐역(歇役)'이라고 했습니다. 지금도 우리는 몹시 힘들고 괴로운 일을 '고역'이라고 말하지요? 고역을 짊어진 양인들은 헐역에 비해 부담이 컸기 때문에 양역을 더욱 고통스러워했습니다. 양역 변통이 얼마나 사무치는 과제였는지 알 수 있는 대목입니다.

경종 이후 영조 초반에 이르러 대변통론을 포기하고 양역민의 부담을 2필에서 1필로 줄이자는 감필론이 대세로 자리 잡았습니다. 그런데 감필론을 시행했을 때 줄어든 수입을 어떻게 채우느냐 하는 것이 심각한 문제로 떠올랐습니다. 영조는 탕평책을 시행하면서 당장 눈에 띄는 성과를 양역 문제 해결에서 찾으려고 했습니다. 그래서 부족한 재정을 해결하기 위한 대책을 마련하는 데 힘껏 노력했지요. 이제 균역법 시행이 눈앞에 다가오고 있었습니다. 소론계 탕평파인 조현명은 양정(良丁, 양인 남자) 현황을 파악하여 《양역실총》이라는 보고서를 만들어 냈습니다. 감필을 단행했을 때 부족한 재정을 얼마나 보충하면 되는지를 알게 해 주는 자세한 기초 자료였지요.

1750년(영조 26), 영조는 창경궁 홍화문 밖으로 직접 나와서 한성부 백성들에게 양역 변통에 대해 의견을 묻는 자리를 가졌습니다. 이미 확정된 감필론으로 양역 변통 논의를 매듭짓는 과정이었지요. 그리고 이 해 7월 균역청(원래 이름은 균역절목청)을 설치하고, 군포 2필을 1필로 줄인다는 왕명을 선포했습니다.

균역청 사목
균역법의 주요 내용과 균역청 관장 사무를 수록한 책. 균역법이 시행되면서 중앙에서 내린 각종 세부 규정을 팔도의 각 읍에 알리기 위해 정리한 것이다. 서울대학교 규장각.

균역법을 시행하면서 양인 남자들이 1년에 2필씩 바치던 군포가 1필로 줄어들었습니다. 당연히 군포 수입이 반으로 줄어들었고, 나라에서는 이에 대한 보충 방안을 마련해 두었지요. 부족한 부분은 결작미(結作米)와 어염선세(漁鹽船稅), 은여결세(隱餘結稅), 선무군관포(選武軍官布) 등으로 보충했습니다. 결작미는 평안도와 황해도를 제외한 전국의 전토(田土)에서 전세처럼 1결당 쌀 2두(혹은 돈 5전)를 징수하는 것이고, 어염선세는 지금까지 주로 궁방, 지방 군현에 속했던 것을 정부 재정으로 돌린 것이며, 은여결세는 세금을 내지 않던 전국의 전토을 적발하여 세금을 물린 것입니다. 그런데 은여결은 사실상 지방 군현에서 거두어 자체 재원으로 삼고 있었습니다. 선무군관포는 여러 방법으로 군포 부담에서 벗어났던 양민들을 선무군관으로 편성하여 다시 포를 징수한 것으로, 전국에서 2만 4500명을 편입시켰습니다. 부유한 양민으로 교생, 원생임을 이유로 군포를 부담하지 않던 자를 '선무군관'이라 하여 합법적으로 지위를 인정해 주고, 대신 포를 징수하여 군문의 재정을 보충하려 한 것입니다.

균역법은 양반에게는 군역 면제 특혜를 계속 주면서 일반 양인의 군포 부담을 반감시킨 제도입니다. 따라서 균역법 실시 직후 양인의 부담은 훨씬 가벼워졌습니다. 하지만 균역법에서 정한 원칙이 제대로 이루어지지 않으면 다시 부담이 많아질 수밖에 없었습니다. 곧 군정(軍政)을 맡고 있는 지방 향리, 군현 수령, 군문(軍門) 들이 비리를 저지를 경우, 그 피해를 고스란히 양인들이 받았습니다. 또한 정부의 군액 책정이 급격히 많아져 농민 부담은 다시 커졌습니다. 한편 어염선세 등 재정 보충 방안은 지방 군현의 재정을 중앙으로 흡수한 것이어서 지방 재정이 어려워졌습니다. 이에 지방 군현은 중앙 군영보다 낮은 액수를 조건으로 내건 사모속* 등으로 양인의 군포를 중간에서 차지하려고 했습니다.

도성 안 개천을 정비하다 – 준천 사업

1760년 영조의 왕명에 따라 진행된 '경진 준천(庚辰濬川, 경진년에 개천 바닥을 파 쳐내는 작업)'은 왕정 측면에서 중요한 의의를 가집니다. 영조 입장에서 준천은 민본을 최우선으로 삼는 왕도 정치, 그리고 왕권 강화를 지향하는 탕평이 자리잡았음을 보여 주는 사업이었습니다. 영조는 재위 말년인 1773년(영조 49) 지난날을 돌이켜보면서, 균역과 더불어 자신이 이룩한 주요 사업의 하나로 '경진 준천'을 내세웠습니다. 이러한 평가에는 양역 변통으로 백성의 부담을 덜어 준 것과 마찬가지로, 준천을 하여 도성에 사는 백성들이 잦은 물난리로 겪는 어려움을 덜어 주었다는 자부심이 담겨 있습니다.

조선 시대에는 한성부를 관통하는 하천을 그냥 '개천(開川)'이라 불렀습니다. 지금은 '청계천'이라고 부르지요. 개천은 '개통한 시내', 곧 사람들이 힘을 모아 원래 있던 시내를 넓혔다는 뜻으로 붙인 이름입니다. 이 개천은 도성을 둘러싼 사산(四山, 곧 백악산, 인왕산, 타락산, 남산)에서 내려오는 물줄기가 도성 안에 제대로 흐르게 하는 배수 기능을 담당했습니다. 그리고 도성 안에서 생기는 생활 하수를 한강 물줄기로 빠져나가게 하는 중요한 기능도 했습니다.

사모속(私募屬)
조선 후기에 조정에서 설정한 군액 말고 중앙과 지방 각 관청에서 사사롭게 양인 장정, 곧 양정을 모집하던 것을 가리킨다. 대개 일반 군역의 부담보다 사모속의 부담이 낮게 매겨졌기 때문에 양정이 다투어 모여들었다. 그리고 사모속으로 양정을 확보한 관청은 양정에게서 거둔 수입을 관청 재정에 사용했다.

준천사실
1760년 한성부 개천을 대대적으로 준설한 다음 개천 준설의 처음부터 끝까지를 기록한 책이 《준천사실》이다.

수표교와 수표(위)
물을 건너는 통로이자 홍수 조절을 위해 수량을 재는 구실을 했던 수표교. 사진 속의 수표는 현재 세종대왕 기념관에 있다.

수표교(아래)
세종 때인 1420년에 세운 다리이다. 1760년 개천을 준설하면서 수표교를 수리하고, 교각에 '경진지평(庚辰地平)'이라는 글씨를 새겨 물의 높이를 측정하게 했다. 최근에 복원한 청계천 수표교는 장충 공원에 있는 본래의 수표교와 완전히 다르다.

준천시사열무도
영조가 심혈을 기울여 추진한 개천 준설이 이루어지고 있을 때 국왕이 현장을 찾아보는 모습을 그린 그림이다.

18세기 중반에 이르러 개천을 준설한 배경은 무엇일까요? 첫째, 개천 바닥의 높이가 처음보다 높아져 비가 많이 오면 물이 넘쳐 흘렀기 때문입니다. 해마다 장마철이 되면 물이 넘쳐 도로와 교량이 가로막히고, 개천 주변 집집마다 큰 피해를 입었습니다. 그럼 개천 바닥은 왜 높아졌을까요?

개천 바닥이 높아지고 수로가 막히게 된 가장 큰 이유는 도성 인구가 크게 늘어났기 때문입니다. 17세기 후반 이후 도시화에 따라 한성부에 인구가 몰려들었습니다. 그들 중 일부는 먹고 살기 위해 경작이 금지된 사산에 경작지를 개간하고, 집을 짓거나 땔감으로 쓰기 위해 사산의 나무를 함부로 베어 갔습니다. 그러자 산들이 점점 황폐해졌고, 비가 조금만 와도 토사(흙모래)와 자갈이 떠밀려 내려와 개천 바닥을 메워 물이 넘쳐 흐른 것이지요.

개천을 준설한 두 번째 이유는 개천 주변에 사는 주민의 생활을 보장해 주기 위해서였습니다. 개천을 보수하고 둑을 돌로 쌓는 작업이 끝났을 때, 영조는 개천 주변에 사는 사람들의 생활이 안정될 거라고 지적했습니다. 이것도 한성부의 인구 증가와 밀접한 관계가 있습니다. 숙종 때 개천 가까운 지역에 도로를 침범한 여염집이 500호 남짓이라고 조사된 바 있습니다. 개천 주변에 인가가 만들어졌다는 것은 한성부 도성 안에 인가를 만들 수 있는 여유 공간이 그만큼 부족했음을 보여 줍니다. 곧 새롭게 도성 안으로 들어온 백성들이 집을 지을 수 있는 공간을 개천 주변에서 찾을 수밖에 없었던 것이지요. 이와 같이 개천 주변에 주민이 늘어나자, 이들의 생활을 안정시키기 위해서도 개천 준설이 필요했던 것입니다.

경진년 준천 사업은 몇 해 전부터 한성부 주민들의 의견을 거쳐 구체화되기 시작했습니다. 1752년(영조 28)에 영조가 직접 도성 사람들에게 준천에 대한 의사를 물었고, 도성 사람들은 전폭적인 지지를 보냈습니다. 이후 조정 안에서 준천 논의가 진행되었고, 이를 맡아서 실행할 사람으로 홍봉한, 홍계희를 임명하고 한성부 주민들에게 준천 참여를 권했습니다.

경진 준천은 먼저 도성의 수문 바깥부터 시작되었습니다. 2월 18일에 시작하여 57일 동안 작업이 이어졌지요. 도성 안팎으로 이어진 개천 수로를 준설하는 데는 모두 22만 명이 동원되었습니다. 한성부 주민뿐만 아니라 일당을 받는 모군(募軍, 품팔이하는 사람)도 많이 활용했습니다. 물론 자원한 일꾼들도 있었습니다.

영조는 경진 준천의 성과를 후대에 물려주기 위해 《준천사실》이라는 책을 펴내게 했습니다. 《준천사실》은 경진년 준천의 의미, 준천 시행 배경, 준천 수행 과정, 준천사 설치에 관한 여러 사항을 정리한 책으로, 후대에 준천을 시행할 때 참고할 수 있도록 했습니다. 경진 준천 이후 정조 때부터 고종 때까지 계속된 한성부 준천은 영조 때와 별로 다르지 않게 진행되었습니다.

영조의 경진 준천은 크게 두 가지 성격을 지닙니다. 첫째는 도시 기반 시설을 정비했다는 점입니다. 곧 생활 하수, 도성 주변의 작은 시내에서 흘러내리는 토사를 준설, 정비했습니다. 둘째는 도성민에 대한 왕정의 민본 이념을 현실화했다는 점입니다. 준천 사업은 조선 후기에 한성부의 도시화가 크게 진전되면서 나타난 도성 정비 작업이었고, 이러한 도시화는 준천을 도시 행정의 한 분야로 자리매김시켰습니다.

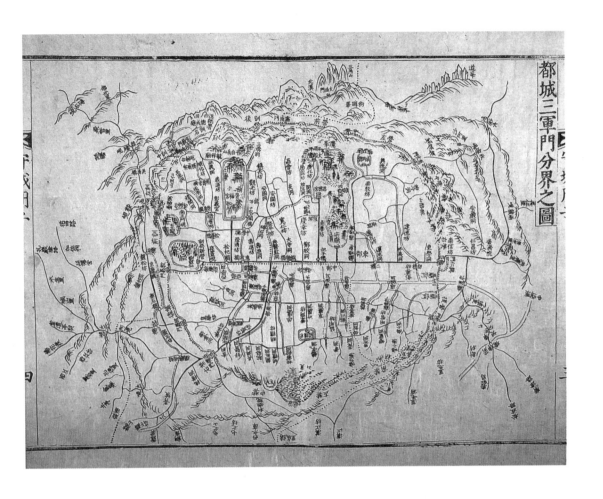

도성 삼군문 분계지도
1751년(영조 27) 영조가 도성(한성부) 수비에 관해 내린 왕명 등을 모은 책 《어제수성윤음》에 들어 있는 지도이다. 도성을 경비하는 훈련도감, 어영청, 금위영 등 3군문이 나누어 맡은 경비 구역을 표시하고 있다. 지도에 표시된 도성 가운데 북쪽을 살펴보면 '후훈(後訓)', '전영(前營)' 등의 글자를 찾을 수 있다. 훈련도감, 어영청, 금위영이 맡은 구역을 '전좌중우후(왕궁에서 바라보았을 때 왼쪽에서 오른쪽으로)'로 다시 세분하여 표시한 것이다. 훈(訓)은 훈련도감, 영(營)은 어영청, 금(禁)은 금위영을 가리킨다.

경진 준천에 동원된 사람들

1760년부터 영조가 추진한 한성부 개천 준설 사업을 '경진 준천(庚辰濬川)'이라고 부른다. 그 동안 제대로 손대지 않았던 개천을 정비하는 일에는 엄청난 인력이 필요했다. 경진 준천을 준비하는 과정에서도 인력을 얼마나 어떻게 동원할 것인지 신하들 사이에 많은 논의가 벌어졌다. 대대적인 개천 준설은 처음 해 보는 일이었기 때문에, 이 사업에 비용이 얼마나 들어가고 인력이 얼마나 필요한지 막연했기 때문이다.

경진 준천을 담당한 임시 기관인 준천소(濬川所) 관련 기록을 보면, 당시 참여한 사람들이 얼마나 되는지 알 수 있다. 1760년 2월에 시작되어 57일 동안 계속된 준천 공사에 참여한 사람들은 관리부터 일반 백성에 이르기까지 다양하다. 그 가운데 실제 준천 공사를 현장에서 담당한 사람들을 살펴보면 다음과 같다.

먼저 준천 공사장의 현장 감독관에 해당하는 사람인 별간역(別看役) 4명, 패장(牌將) 41명 등 총 129명이었다. 그리고 실제 준천 작업을 담당한 역군(役軍), 곧 일꾼 숫자는 모두 21만 5380여 명이었다. 경진 준천은 22만여 명을 동원한 거대한 규모의 작업이었던 것이다. 일꾼 구성을 보면 방민(坊民, 한성부 주민) 3만 2932명, 각 군문의 군병 5만 102명, 스스로 참여한 한성부 주민 1만 6388명과 외방(外方) 주민 8705명, 모군(募軍) 6만 3300여 명 등이다. 준천에 참여한 일꾼 가운데 한성부 주민과 외방 주민으로 자원한 사람이 상당히 많음을 알 수 있다.

그런데 준천의 일꾼 가운데 모군(募軍)이라는 존재가 가장 눈에 띈다. 모집한 일꾼을 뜻하는 모군은 자원한 일꾼도 아니고 강제로 동원된 일꾼도 아닌, 일당을 받는 임금 노동자였다. 모군 6만 3300여 명을 고용하여 준천을 수행하는 데는 많은 비용을 들어갔다. 끼니를 제공해야 하고 일당을 주어야 했기 때문이다. 그런데 모군을 모아서 준천에 동원한 것은 단순히 준천이라는 공사를 잘 추진하려는 것 이상의 의미를 지녔다. 곧 준천에 동원된 모군들이 일당을 받음으로써 생계를 유지해 나갈 수 있을 것으로 조정에서 기대한 것이다. 현대 사회에서 나라에서 토목 공사를 크게 일으켜 고용을 늘리고 경제를 활성화시키고자 하는 것과 마찬가지였다. 영조가 추진한 준천 공사도 이러한 의도가 있었던 것이다. 그리고 이후 준천 공사에는 늘 모군을 동원했다. 사실 조선 후기에 국가에서 백성들의 노동력을 동원하는 방식이 고립제(雇立制, 고용 노동력을 동원하는 방식)로 변했는데, 그러한 모습을 경진 준천에서 찾아볼 수 있다.

비운의 사도 세자

영조의 탕평책이 시행되는 동안 조선 왕실 역사상 가장 비극적인 사건이 일어났습니다. 사도 세자가 아버지 영조에 의해 뒤주에 갇혀 죽은 사건입니다. 1762년 임오년에 일어났다고 해서 '임오화변'이라고도 불립니다. 아버지가 아들을 죽이기까지 한, 당시 복잡하게 얽혀 있던 여러 가지 상황을 살펴보겠습니다.

사도 세자(1735~1762년)는 영조의 둘째 아들로, 일찍이 이복 형 효장 세자가 죽고 7년 뒤인 1735년(영조 11)에 태어났습니다. 정말 귀하게 얻은 자식이었지요. 태어난 지 1년 뒤 일찌감치 세자에 책봉되었고, 뒤에 홍봉한의 딸인 혜경궁 홍씨를 부인으로 맞이해 아들을 얻으니, 이 사람이 정조입니다.

사도 세자는 15세인 1749년(영조 25)부터 영조의 명을 받고 대리청정을 합니다. 이에 앞서 영조는 왕위를 세자에게 물려주겠다고 했습니다. 자신은 어쩔 수 없이 왕 노릇을 한 것이고, 병이 깊어 요양을 해야 하며, 세자가 벌써 15세나 되었다는 점을 이유로 들었지요. 이에 놀란 신하들과 세자는 영조에게 명을 거두도록 간청했습니다. 세자가 울면서 간곡히 아뢰자, 그렇다면 대리청정이라도 해야겠다며 이를 관철시킨 것입니다.

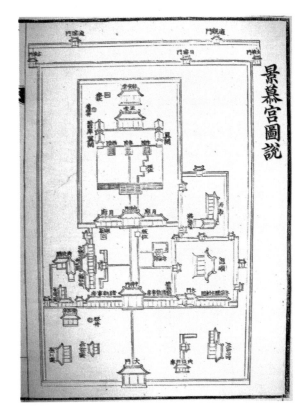

경모궁 평면도
사도 세자를 모신 사당인 경모궁의 평면도이다. 1764년 봄, 북부 순화방에 사도 세자의 사당을 만들었다가 여름에 동부 숭교방(현재 서울대학교 병원 일대)에 이건하여 수은묘(垂恩廟)라 하였다. 1776년 정조가 즉위한 뒤 다시 건물을 지어 경모궁이라 이름을 고치고 손수 현판 글씨를 썼다.

한바탕 소란을 거친 뒤 결국 세자는 대리청정을 합니다. 부왕인 영조는 세자가 대리청정을 하면서 탕평 정치의 흐름을 빨리 익히기를 바랐습니다. 왕이 되기 위한 준비와 공부에 전념하면서 현실 정치와 거리를 두어야 마땅했던 세자는 대리청정을 하면서 탕평 정치의 현실에 어쩔 수 없이 개입하게 됩니다. 탕평책이 시행되고 있었지만, 정치 변동이 쉼없이 일어나던 시기였지요. 특히 1755년에 일어난 을해옥사*로 말미암아 초기의 완론 탕평을 주도하던 조현명 세력이 물러나고, 정우량·홍봉한 같은 외척 세력이 득세했으며, 이천보·유척기를 주축으로 하는 청명당*이 새로운 대항 세력이 되었습니다. 을해옥사를 처리하면서 사도 세자는 노론의 지나친 공세를 견제하려 했고, 이러한 과정에서 노론에 반대하는 입장에 서게 되었지요. 사도 세자는 노론측의 지나친 권력 행사를 비판하며 조재호 같은 소론 세력과 깊은 관계를 맺었습니다.

살얼음판을 걷듯 대리청정을 이어 가던 1752년 겨울, 사도 세자는 당론에 관련된 상소를 잘못 처리했다는 이유로 영조의 커다란 꾸지람을 받습니다. 사도 세자에게 대리청정을 맡겼으면서도 영조는 주요한 상소는 스스로 결정하곤 했습니다. 사도 세자는 영조의 불호령을 받자, 자신에게 합당한 벌을 내려달라고 청하며 눈 위에 엎드려 비는 석고대죄를 했고, 홍역을 앓던 세자는 정신이 까무러칠 정도로 심한 고역을 치렀습니다.

영조는 계속해서 사도 세자에게 왕위를 물려주겠다는 선위(禪位) 소동을 일으키면서 세자의 입장을 곤란하게 했습니다. 1758년에는 세자를 폐위시킨다는 어명을 내리기도 했습니다. 이렇게 극과 극을

을해옥사(乙亥獄事)
나주 괘서 사건이라고도 불린다. 1755년(영조 31) 소론의 윤지 등이 일으킨 모역 사건이다. 노론 일파를 몰아내기 위해 소론 일파를 규합하면서, 민심 동요를 꾀하려고 나라를 비방하는 글을 나주 객사에 붙였는데, 이것이 꼬투리가 되어 윤지가 붙잡히면서 모역이 드러났다. 윤지와 더불어 많은 소론 인사들이 죽임을 당했고, 귀양을 가기도 했다.

청명당(淸名黨)
영조 후반 척신 세력을 비판하면서 공론을 중시한 노론의 신진 세력이 청명당이다. 김종수(金鍾秀)를 중심으로 1772년(영조 48) 청명(淸名)을 존중하고 공론을 회복하여 사림 정치의 이상을 실현할 목적으로 결성했다. 이들은 나중에 정조 때 준론(峻論) 중심 탕평이 실시될 때 소론의 준론, 남인의 청론(淸論)과 더불어 참여했다.

달리는 영조의 태도에 사도 세자는 불만을 품을 수밖에 없었겠지요. 이 어명은 신하들이 말려 실행되지 못했지만, 부왕과 세자 사이의 갈등은 심각한 상황으로 치달았습니다.

영조와 사도 세자의 관계가 왜 이 지경에까지 이르렀을까요? 여기에는 영조가 세자를 곤혹스럽게 만든 일뿐만 아니라 정치 문제가 깔려 있었습니다. 세자는 대리청정을 하면서 노론의 권력 행사에 비판적이어서 영조와 사이가 좋지 않았습니다. 또 사도 세자가 신임사화에 대한 노론의 해석에 의문을 제기했는데, 이는 영조가 즉위한 일의 의리와 명분과 관계가 있었습니다. 때문에 영조와 갈등이 일어났을 뿐만 아니라 노론에게 불안을 안겨 주었지요. 또한 세자를 싫어한 노론계 정순 왕후 김씨, 숙의 문씨 등이 세자를 모함한 것도 갈등을 키우는 데 한몫했습니다.

그런데 달리 보면, 아무리 아버지와 아들 사이라 하더라도 최고 권력을 나누어 행사하다 보면 어려움이 뒤따를 거라는 생각도 듭니다. 그러다가 1761년, 세자의 운명을 뒤바꿔 놓는 사건이 벌어집니다. 바로 세자의 평안도 여행이지요. 그는 왜 평안도 여행을 감행했을까요?

1762년 임오화변은 나경언의 상소가 계기가 되어 일어난 사건입니다. 이 해 5월, 나경언은 역적 모의를 고발하는 형식으로 세자의 비행 10여 가지를 적어 상소를 올립니다. 그런데 《영조실록》에 나경언의 상소는 영조와 홍봉한, 윤동도 세 사람만 내용을 확인하고 바로 불태웠다고 적혀 있습니다. 이에 대해 노론측이 나경언에게 세자의 잘못을 고발하는 상소를 올리도록 부추겼다는 추측이 있습니다. 하지만 나경언이 죽음을 무릅쓰고 상소를 올린 확실한 이유는 지금까지도 제대로 해명되지 않았습니다.

상소문이 올라온 뒤, 영조가 세자에게 직접 확인한 비행은 여러 가지였습니다. 세자가 여러 사람을 함부로 죽이고, 상인의 재물을 빌려 쓰고 갚지 않았으며, 평안도로 여행을 갔다는 내용들이 《영조실록》에 적혀 있지요. 그런데 여기에서 의문이 생깁니다. 세자의 이러한 잘못을 벌하기 위해 꼭 죽여야 했을까 하는 의문 말입니다. 영조는 왜 하나밖에 없는 자신의 아들을 죽여야 했을까요?

이 의문에 확실한 답을 찾기 위해 많은 학자들이 노력해 왔습니다. 그런데 지금까지는 주로 사도 세자 개인을 놓고 문제의 답을 찾았습

한중록(恨中錄)
사도 세자의 부인이자 정조의 어머니인 혜경궁 홍씨가 지은 궁중 생활 회고록. 특히 사도 세자의 죽음에 관해 자세히 씌어 있다.

니다. 이러한 설명은 혜경궁 홍씨가 지은 《한중록》에 많이 기대고 있습니다.

남편이 비명에 죽는 모습을 옆에서 지켜봐야 했던 혜경궁 홍씨는 《한중록》에서 영조와 사도 세자의 감정적 갈등을 많이 언급했습니다. 영조에게 옷을 잘못 입었다고 크게 꾸중을 들은 뒤부터 옷을 제대로 입지 못한 증상, 아버지에게 자상한 말 한 마디 제대로 들어 보지 못하면서 나타난 신경증, 궁녀나 내시를 함부로 해치는 행동 들이 아버지와의 갈등 때문에 생겨났다고 설명했지요. 가장 큰 갈등의 이유를 세자의 정신 장애에 두는 입장이었습니다.

특히 혜경궁 홍씨는 세자가 울화증 때문에 사람을 함부로 죽였다고 적었습니다. 너무나 엄한 아버지 밑에서 부모 사랑을 제대로 받지 못해 부왕을 무서워했고, 대리청정을 하면서 영조한테 여러 차례 심한 꾸중을 받으면서 울화증이 깊어졌다고 설명했습니다. 여기에 영조의 모진 성격이 더해져 갈등이 깊어졌고, 마침내 여러 모함과 나경언의 상소가 사도 세자의 죽음을 불러왔다는 것입니다. 과연 그랬을까요?

영조는 살아 있는 동안 두 명의 아들밖에 얻지 못했습니다. 게다가 첫째 아들 효장 세자는 어린 나이에 세상을 떠났지요. 효장 세자가 죽고 몇 년이 지나서야 사도 세자를 얻었습니다. 둘도 없는 아들을 뒤주에 가두어 죽인 이유를 사도 세자가 울화증 환자요 정신병자였다는 사실만으로 설명할 수 있을까요?

사도 세자가 뒤주에 갇히는 날의 모습을 기록한 《영조실록》 기사에서 그의 죽음에 관한 실마리를 찾을 수 있습니다. 짧고 모든 것을 분명하지 않게 서술한 기사지만 잘 살펴볼 필요가 있습니다. 이 기사에 따르면, 1762년(영조 38) 윤5월 13일, 나경언의 상소가 올라오고 얼마 뒤 갑자기 유언비어가 궁궐 안에 퍼졌습니다. 자세한 내용은 적혀 있지 않지만, 이 유언비어가 세자를 죽이는 계기가 되었다고 짐작할 수 있습니다. 따라서 뒤이어 나오는 기사에서 유언비어의 내용을 짐작할 실마리를 찾아볼 필요가 있습니다.

이날 영조는 나경언의 상소가 올라온 뒤, 죄를 처벌해 달라며 어명을 기다리던 세자를 풀어 주고, 곧바로 휘령전*에 와서 행례*하게 합니다. 세자가 병을 핑계로 나서지 않자 도승지를 보내 재촉하여 대기하고 있던 세자를 데리고 휘령전으로 들어가 행례하게 합니다. 세자가 휘령전 뜰에서 사배례(四拜禮)를 마치자, 임금이 갑자기 손뼉을 치면서 "여러 신하들 역시 신(神)의 말을 들었는가? 정성 왕후께서 진정으로 나에게 이르기를, '변란이 호흡 사이에 달려 있다'고 하였다"라는 말을 합니다.

'변란이 호흡 사이에 달려 있다'는 느닷없는 말이 바로 영조를 행동에 나서게 한 유언비어의 내용과 관련이 있다고 짐작됩니다. 그 짐작은 영조가 곧바로 취한 조치에서도 엿볼 수 있습니다. 임금을 호위하는 군사들이 영조의 명에 따라 휘령전으로 통하는 문을 4겹 5겹으로 둘러 막고, 총관*들은 임금을 경호하면서 궁 담 쪽을 향해 칼을 뽑아 들었습니다. 이는 곧 군사들의 공격, 무력 시위를 막기 위한 긴박한 조처라고 볼 수 있습니다.

여기까지 살펴보면, 영조가 세자를 죽이게 한 유언비어는 변란,

휘령전(徽寧殿)
1757년에 사망한 영조의 첫째 왕후인 정성 왕후 신주를 모신 곳.

행례(行禮)
관례, 혼례, 제례, 상례 들의 예식(禮式)을 거행하는 것을 통틀어서 일컫는 말.

총관(摠管)
조선 시대 오위 도총부의 도총관과 부총관을 함께 부르는 호칭. 실제로 군사 조직을 장악한 것은 아니지만 체제상 전국 군사 조직의 최고 통솔자였다. 모두 10명으로 임기는 1년이었다.

다시 말해서 영조를 위협하는 쿠데타 음모설이 아니었을까 추측됩니다. 이후 영조는 세자에게 '차마 들을 수 없는 전교'를 내리면서 자결을 거듭 강요했고, 세자가 자결하려는 것을 세자 시강원의 여러 신하들이 말렸습니다. 결국 영조는 세자를 뒤주에 가두었고, 세자는 뒤주 속에서 세상을 떠납니다.

영조와 정조 때의 탕평책을 연구한 가톨릭 대학 박광용 교수는, 사도 세자의 평안도 여행이 영조와 외척 당 중심의 탕평파 관료인 김상로 등을 몰아내기 위한 군사 쿠데타 시도였을 가능성이 높다고 해석합니다. 세자의 평안도 여행은 시급히 처리해야 할 방책을 내기 위한 행동이었고, 그것이 바로 군사를 끌어모으기 위한 시도였다는 설명이지요. 이렇게 보아야 영조가 자기 아들을 비참하게 죽인 이유를 조금이나마 납득할 수 있을 것 같습니다.

자신의 왕위를 위협하는 아들을 그냥 두고 볼 절대 권력자를 상상하기란 어렵기 때문입니다. 물론 사도 세자의 쿠데타 시도 가능성이 높다고 해도, 그 뒤에는 탕평책에도 불구하고 뿌리 깊게 이어져 온 붕당의 대립이 있음을 지적할 수 있습니다. 노론에 대한 세자의 비판적 태도야말로 부자간의 갈등을 크게 만든 것입니다. 아직까지 사도 세자가 비명에 세상을 떠난 이유가 확실히 밝혀지지 않았지만, 부자 사이의 정을 끊어 버릴 만큼 충격적인 계기가 있었음은 분명합니다.

사도 세자는 1762년 한여름인 윤5월 13일에서 21일까지 8일 동안 뒤주 속에서 몸부림을 치다가 세상을 떠났습니다. 《한중록》과 《영조실록》의 기사만이 사도 세자의 죽음을 전할 뿐 그의 죽음과 관련된 많은 기록은 모두 사라져 버렸습니다. 사도 세자는 세상을 떠난 그

즉위한 뒤 장헌 세자로 추존되었습니다. 사도 세자를 죽음으로 몰고
간 영조의 처사가 정당했는지, 너무 지나쳤는지는 계속 논란거리가
되었습니다. 특히 정조에게는 결코 외면할 수 없는 문제였지요. 자
기 아버지를 죽인 할아버지를 선왕(先王)으로 받들어야 하는 후왕(後
王)이 되었기 때문입니다. 정조는 탕평책을 추진하면서 아버지와 할
아버지의 문제도 해결해 나가야 했습니다.

영조 때 추진된 탕평책은 사실상 탕평당이라는 새로운 정치 세력
을 낳았습니다. 탕평책에 발맞춰 탕평파가 형성되었고, 이들은 중요
한 자리를 손에 넣고 정책을 주도했습니다. 그리고 영조 후반으로
가면서 외척 출신 탕평 세력이 세력을 넓혀 나갔는데, 이들이 애당
초 왕권을 강화하려는 탕평책의 의도에 어긋나는 대상이었습니다.

창경궁의 선인문
창경궁 정문인 홍화문(弘化
門) 오른쪽 협문인 선인문의
일제 강점기 때 모습이다.
목책을 가로질러 문을 폐쇄
해 놓았다. 선인문 안뜰이
바로 사도 세자가 뒤주에 갇
힌 채 숨을 거둔 곳이다. 오
른쪽 사진은 선인문의 지금
모습이다.

개혁 군주 정조의 탕평 정치

정조, 준론 탕평을 실시하다

1776년 3월, 영조가 죽고 정조가 즉위합니다. 세손으로 있다가 아버지의 죽음을 목격하고 왕위를 물려받은 정조는 영조의 탕평책에서 나타난 문제점을 해결해야 했습니다. 영조 말년에 다시 나타난 외척 세력(척신이라고도 불림)은 권력 집단으로서 탕평책의 본뜻을 변질시키고 세도를 부렸습니다. 영조의 총애를 받던 옹주*들과 혼인한 부마 집안이 외척 세력으로 등장했습니다. 따지고 보면 외척 세력 등장은 영조 스스로 불러왔다고 볼 수 있습니다.

영조는 왕실의 지위를 강화하고 탕평책 추진을 후원받고자 정우량, 김흥경, 홍봉한 들을 외척으로 삼아 중용했습니다. 이들은 외척 세력으로 권력을 휘두르면서 1775년 영조가 세손인 정조에게 대리청정시키려는 것을 막기도 했습니다. 당시 홍인한은 세손의 대리청정을 극렬하게 반대하면서 정후겸과 더불어 정조의 즉위를 방해했습니다. 정우량은 화완 옹주(사도 세자의 여동생)의 남편 정치달의 아버지이고, 김흥경은 화순 옹주(사도 세자의 배다른 누나)의 남편 김한신의 아버지였습니다. 그리고 홍봉한은 사도 세자의 부인 혜경궁 홍씨의 아버지입니다.

정조는 즉위하면서 외척 세력을 몰아내겠다고 천명했습니다. 그리하여 세도를 부리던 홍인한(홍봉한의 아우), 정후겸(화완 옹주의 양자), 김귀주(영조 계비인 정순 왕후의 동생, 김한구의 아들)에게 사약을

옹주(翁主)
임금이 후궁에게서 얻은 딸을 가리키는 말. 공주는 왕비가 낳은 딸을 가리킨다.

① 정조 대왕 초상화
해마다 정조를 제사지내던 건물인 화령전에 모신 정조의 초상화이다. 정조의 아들 순조는 아버지의 지극한 효성을 본받기 위해 1801년 수원부의 행궁 옆에 건물을 짓고 화령전이라 이름 붙인 다음 정조의 초상화를 모셨다.

② 정조 대왕 태실 및 태실비
정조의 태를 모셨던 곳으로, 그 앞에는 태를 모신 것을 기록한 비가 놓여 있다. 정조가 태어난 다음 해인 영조 29년(1753)에 태실을 만들었고, 한참 뒤인 순조 즉위년(1800)에 비를 세웠다. 1929년 조선 총독부에서 전국에 있는 태실을 창경원으로 옮길 때 이 태실의 태항아리도 꺼내 갔다. 태실과 비는 광산 개발로 흩어졌던 것을, 1967년 KBS 영월 방송국 안으로 옮겼다가 지금의 자리에 다시 세웠다. 문화재청 관리, 강원도 영월군 영월읍 정양리.

③ 화령전 현판
순조가 쓴 화령전(華寧殿) 현판. 화령전은 경기도 수원시 장안구에 있다.

④ 정조 대왕 필파초도(正祖大王筆芭蕉圖)
정조가 그린 그림. 바위 옆에 서 있는 파초 한 그루를 그렸다. 정조는 시와 글뿐만 아니라 그림에도 뛰어났다고 한다. 그림 왼쪽 윗부분에 정조의 아호인 '홍재'가 찍혀 있다. 보물 743호.

내리거나 유배시켰습니다. 특히 김귀주는 정조를 해치려 했다는 죄목으로 흑산도로 유배를 가야 했습니다. 이어서 정조는 자신을 도와 즉위 초기에 친위 세력을 형성했던 홍국영마저 1779년에 제거했습니다. 홍국영은 영조 말년에 정조의 대리청정을 방해한 세력을 탄핵하면서 정조를 도운 인물입니다. 그는 정조가 즉위하자 군사권을 틀어쥐면서 권력을 행사했고 최초의 세도가로까지 지목되었지요. 정조는 이렇게 외척을 밀어낸 자리를 여러 붕당의 인사들로 나누어 채웠고, 특히 나이가 어리고 의리와 명분에 충실한 관료들을 중시했습니다.

정조 때의 탕평책을 '준론(峻論) 탕평'이라고 합니다. 정조는 왕위에 오른 뒤 준론을 따르는 각 붕당의 관료들을 등용했습니다. 탕평책을 적극 내세우면서 특정 세력과의 관계에서보다 의리와 명분이 분명한 공론 속에서 정국 안정을 꾀하기 위해서였지요. 그리하여 노론뿐 아니라 소론과 남인을 고루 관직에 기용하고 서얼이나 중인들의 역할도 중시했습니다.

왕권을 강화하기 위해서는 국왕 친위 세력을 키울 필요가 있었습니다. 그래서 정조는 규장각을 새롭게 설립합니다. 그리고 직접 인재를 뽑아 규장각에서 공부하게 했는데, 이들을 '초계문신(招啓文臣)'이라고 불렀습니다. 초계문신 제도에 따라 뽑힌 젊은 신하들은 규장각에 소속되어 공부에 전념했습니다. '초계문신'이란 당색이나 문벌에 관계 없이 젊은 관료 가운데 인재를 뽑아 국왕 아래에서 재교육하는 제도입니다. 일종의 관학(官學)으로, 탕평에 힘을 실어 줄 실력 있는 관료를 정조의 눈 앞에서 길러 내려는 의도였지요.

정조가 밤늦게까지 독서에 몰두한 이유

정조는 조선 왕조 임금 가운데 책을 밥 먹듯 읽은 독서광으로 꼽힌다. 영조도 스스로 학자 군주임을 자부했지만, 후대의 눈으로 볼 때 탁월한 학자 군주로 적당한 임금은 정조다. 독서의 양과 질, 그리고 성리학 공부 측면에서 그랬다. 정조의 독서는 계획적이었다. 그는 어릴 적부터 독서를 할 때 계획을 세워 두고, 그것을 하나하나 완수하는 방식으로 읽어 나갔다. 밤이 깊었어도 잠시도 쉬지 않고 촛불을 끌어당겨 반드시 읽기로 작정한 곳까지 책을 읽어냈다.

그런데 이런 광적인 독서의 이면에는 그의 삶과 죽음이 걸려 있었다. 아버지 사도 세자가 비명으로 죽은 뒤, 정조는 밤마다 잠자는 처소를 바꿀 정도로 끊임없는 암살 위협에 시달렸다. 밤에도 오로지 독서에 전념하여 새벽닭이 울 때까지 옷을 벗지 않고 공부하면서 신변 안전과 학문 도야를 함께 꾀한 것이다.

①, ② 홍재전서(弘齋全書)
정조가 지은 시문을 모은 《홍재전서》의 표지와 첫 면이다. 정조가 살아 있을 때 만든 것을 순조 때 다시 정리하여 총 100책짜리 활자본으로 간행했다. '정종대왕어제(正宗大王御製)'라 되어 있는 이유는 고종이 황제로 즉위한 뒤에 정종(正宗)을 정조(正祖)로 추존했기 때문이다.

③ 오경백선(五經百選)
정조가 《시경》, 《서경》, 《역경》, 《춘추》, 《예기》 등 5경 가운데서 99편, 주자의 저술 두 편을 뽑아서 만든 책이다. 정조가 만든 초고를 중앙의 관청이나 관리가 맡아서 교정하지 않았다는 점에서 편찬 과정이 특별한 책이다. 정조의 초고를 경상 감영에 보내 도내의 저명한 유학자를 뽑아 교정을 담당케 했고, 그 중 몇 명을 서울로 불러 최종 간행 작업을 맡겼다. 이런 과정을 거쳐 1795년(정조 19)에 내각(규장각)에서 간행했다.

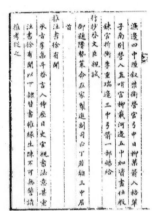

(왼쪽부터) 어제규장각지서
규장각의 연혁·기능 등을 정
리해 만든 《규장각지》 앞에
붙인 정조의 어제 서문이다.

《일성록》 중 초계문신 기사
정조가 직접 초계문신에게
시험 친 사실을 기록한 일성
록 기사이다. 정약용이 거수
(居首), 곧 수석을 차지했다.

규화명선(奎華名選)
《규화명선》은 정조의 왕명을
받아 규장각에서 만든 시문
집인데, 바로 초계문신이 지
은 여러 글 가운데 우수한
것을 모아서 엮은 책이다.

초계문신 제도는 경연과 비교하면 성격이 뚜렷해집니다. 경연에서는 경연관과 국왕이 스승과 제자 관계가 되면서 평소의 지위가 역전됩니다. 특히 세자 시절에 열리는 서연에서 서연관과 세자는 훨씬 돈독한 사제 관계를 맺는데, 이 관계는 세자가 국왕이 되었을 때 서연관 출신들이 권력을 행사하는 바탕이 되었지요. 그런데 초계문신 제도에서는 국왕이 스승과 비슷한 입장이 되고, 초계문신이 제자와 비슷한 지위였습니다. 초계문신에게는 강독이나 제술 등 달마다 해야 할 과제가 있었는데, 이를 국왕이 직접 살펴보았으니까요.

정조는 탕평의 기틀을 든든히 세우기 위해 군권을 확보하고 재정을 늘리는 데 힘썼습니다. 특히 왕권의 실질적 토대인 군권을 장악하기 위해 장용영을 설치하고, 장용영 외영(外營)을 화성에 나누어 두었습니다. 또 군영이 특정 가문이나 붕당과 친밀한 관계를 맺어 온 상황을 뒤바꾸려 했습니다. 이를 위해 장용영 별장직을 거쳐야 군영 대장에 천거될 수 있게 했고, 군영 대장을 선발할 때도 여러 천

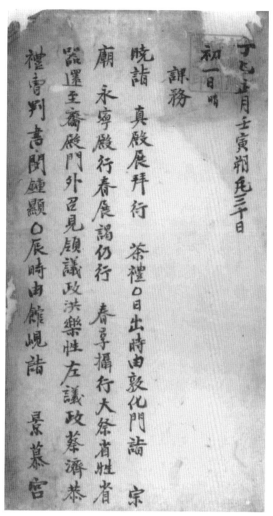

정조 수필 일기
정조 수필 일기
1797년 정월의 기록으로 정조가 손수 쓴 일기이다.

거자 가운데서 뽑았습니다.

경제 면에서 정조는 국가의 행정력과 군사력을 유지하기 위해 재정 기반을 마련하는 데 힘썼습니다. 그리고 지금까지 특권을 누리던 시전 상인들의 활동을 제약했습니다. 육의전을 비롯한 시전 상인들에게는 나라에 국역을 지는 대가로 특정 상품의 거래를 독점하는 특권이 있었지요. 난전을 금지할 수 있는 권리, 곧 금난전권입니다. 난전이란 시전 상인을 거치지 않고 이루어지는 상품 유통을 말합니다. 결국 난전을 하는 사상*을 규제할 수 있는 권리가 금난전권이었습니다.

시전 상인들은 그 동안 난전 행위를 하는 상인을 처벌하고, 난전으로 유통된 상품을 몰수해 왔습니다. 이러한 금난전권은 사상의 상행위를 제한하고 시전 상인에게만 특별한 이윤을 보장하기 때문에 물가 상승을 불러오고, 사상들의 권리를 빼앗는 등 많은 폐단이 나타났습니다. 그리하여 정조는 채제공의 건의를 받아들여, 육의전이 담당하는 몇 개 상품을 빼고 금난전권을 폐지하는 통공 정책(通共政策)을 시행하기에 이릅니다. 이 조처는 1791년 신해년에 공포되어 '신해 통공'이라고 합니다. 통공 정책은 사상 세력이 그만큼 성장했기 때문에 시행될 수 있었지요. 그리고 권세가들과 연결된 시전 상인들을 규제하여 그들의 경제력을 약화시키고, 사상들에게 세금을 많이 거두어 국가 재정을 마련하기 위한 방책이었지요.

규장각, 혁신 정치의 중심 기관

정조의 탕평 정치와 관련하여 우리 역사에서 절대로 잊혀질 수 없는 불멸의 유산이 바로 규장각입니다. 규장각은 각신*들이 공부하던 공간인 동시에, 정조의 개혁 정치를 지원하던 관청이며, 18세기 후반 조선 왕조가 거둔 문화적 성취를 보여 주는 상징물입니다. 규장각의 이모저모를 둘러보면 무엇과도 바꿀 수 없는 조선의 자부심과 저력

사상(私商)
시전에 속하지 않은 상인들로, 조선 후기에 등장한 이들은 시전 상인에 대항하는 큰 세력으로 거듭난다.

각신(閣臣)
규장각의 관원.

이 머릿속에 그려집니다. 지금은 창덕궁 후원 깊은 곳에 건물만 남아 있지만, 당시 정조를 중심으로 규장각 각신들은 이 자리에 모여 나라의 앞길을 열기 위해 고뇌했을 것입니다.

25세의 젊은 군주 정조는 즉위한 바로 다음 날 규장각을 정비하도록 지시합니다. 규장각은 본디 역대 국왕의 어제*, 어필* 등 왕실 관련 서적을 보관하기 위해 숙종 때 설립한 기구였지요. 정조는 이 규장각을 학문을 연구하고, 나라 정책을 논의하며 제안하는, 혁신 정치를 위한 중추 기관으로 거듭나게 했습니다.

규장각에 속한 건물에는 도서관에 해당하는 도서 보관용 건물이 있었습니다. 서고(西庫)에는 조선에서 만든 책을 보관했고, 열고관과 개유와라는 건물에는 중국 책들을 정리 보관했습니다. 또한 강화도에 외규장각을 두어 여러 도서를 보관했습니다. 정조 때 규장각에서 수집한 많은 책들은 현재 서울대학교 규장각에 보관되어 있습니다. 우리 나라 근현대사의 수난을 한몸에 받은 책들이지요. 일본의 식민지가 되었을 때 이리저리 옮겨다녔고, 1945년 해방 이후 서울대학교 도서관 한쪽에 보관되었다가, 한국 전쟁이 터지자 부산으로 피난을 가기도 했던 책들입니다. 지금도 한국 역사를 비롯한 한국학 연구자들에게 둘도 없는 귀중한 자료로 이용되고 있지요.

규장각에 소속된 관원으로는 먼저 각신을 들 수 있는데, 이들은 승정원과 홍문관 관원보다 우대를 받았습니다. 각신들은 규장각 건물에서 상당히 떨어져 있는 이문원에 머물렀습니다. 그리고 책을 인쇄하는 교서관은 아예 '외각(外閣)'이라는 이름이 붙어 있는 부속 시설이었습니다. 규장각의 별칭인 내각(內閣)과 대비되는 이름이지

어제(御製)
왕이나 왕비가 지은 책이나 글을 말한다.

어필(御筆)
임금이 쓴 글씨.

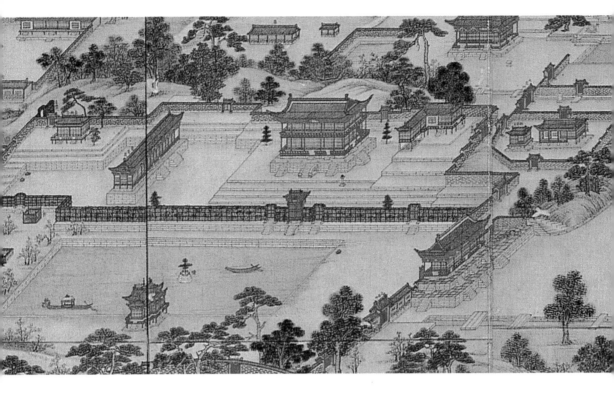

규장각 주변 – 동궐도 부분
정조가 설치한 규장각과 주변 건물들. 창덕궁 후원에 자리 잡은 규장각은 정조가 개혁 정책을 추진하는 데 주춧돌이었다.

요. 각신들은 사관(史官)도 겸하고, 국왕 가까운 곳에서 관료 생활을 하는 이른바 시종신(侍從臣)의 대표 격이었습니다. 각신은 제학 2명(종1품~종2품), 직제학 2명(종2품~정3품 당상관), 직각 1명(정3품~종6품), 대교 1명(정7품~정9품) 등 모두 6명으로 구성되었습니다. 각신은 1781년부터 다른 관직을 겸할 수 있어 임무가 크게 확대되었지요.

규장각에는 각신 말고도 실무를 담당한 관직으로 각감, 사권, 검서관 들이 있었습니다. 그 가운데 각신 보좌를 담당한 검서관에는 서얼 출신 학자들을 임명했습니다. 정조의 탕평책이 신분제를 유연하게 적용했음을 증명하는 보기입니다. 변화하는 사회 현실을 능동

적으로 받아들여 각계 각층의 인물을 왕
권 아래 포용하기 위함이었지요. 규장각
에 소속된 신하들 가운데 유명한 인물이
사검서(四檢書)라고 불린 서얼 출신의 검
서관 네 명입니다. 바로 이덕무, 박제가,
유득공, 서이수이지요. 이들은 당대의 재
주 많은 사람으로 이름을 떨쳤고, 지금까

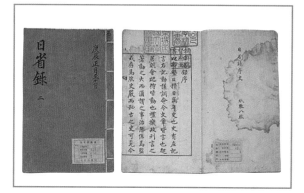

지 전하는 이들의 시문은 높은 평가를 받고 있습니다. 이 밖에 이서
구, 정약용 등 문장가이자 경세가*들이 규장각에서 활약했습니다.

정조는 백성들이 넉넉하게 살기를 바랐으며, 인재를 키우고, 국방
을 강화하고, 국가 재정을 확충하는 따위의 정책을 제시했습니다.
이러한 개혁 정치를 이끌어 가려면 무엇보다도 인재가 필요했고, 그
래서 규장각에서 인재를 기르려 한 것이지요. 초계문신 선발과 각신
임용으로 이를 이루고자 했습니다.

규장각 각신은 본디 어제 등의 정리와 보관, 서적 수집과 편찬을
맡았습니다. 그런데 각신은 과거 시험 감독관(시관: 試官), 국왕 명령
에 따른 문서 작성, 《일성록》 편찬을 담당했습니다. 또한 언론 활동
을 펼쳤는데, 각신의 언론은 사헌부와 사간원의 언론보다 더 중시되
었습니다. 백관을 탄핵하거나 국왕에게 제언을 올릴 수 있었고, 공
식적인 경연관 직함이 없으면서도 경연에 참석할 수 있었습니다.

이렇듯 규장각은 정조의 탕평책을 실현하는 데 특별한 의미가 있
었습니다. 정조는 영조 때와 달리 의리와 명분을 강조하는 노론과
소론 및 남인의 강경론자들도 탕평에 참여시켰지요. 굳건하게 탕평

일성록(日省錄)
1752년(영조 28)부터 1910년
(융희 4)까지 국왕의 동정과
국정을 중심으로 기록한 연
대기. 《조선왕조실록》, 《승정
원일기》, 《비변사등록》과 더
불어 조선 왕조의 대표적인
관찬 사서 가운데 하나이다.
처음에는 정조 자신이 기록
했고, 규장각이 설치된 뒤에
는 각신이 대신 편찬했다. 각
기사마다 강(綱)이라는 제목
을 두어 전체 기사의 요지를
파악하게 했고, 그 밑에 목
(目)이라는 본문을 실었다.
《실록》은 국왕이 열람하기
어려웠지만, 《일성록》은 수시
로 꺼내 볼 수 있어서 국정
에 참고할 수 있었다.

경세가
나라를 다스리고 세상을 이
끄는 방책을 따지고 만드는
사람.

을 주도하는 사람들, 의리와 명분을 중시하는 사람들을 규장각 각신으로 등용했습니다. 규장각 각신을 거친 인물을 나중에 대신으로 활용하여 탕평책이 튼실히 자리 잡게 하려 한 것이지요.

조선의 신도시, 화성

정조는 필생의 과업으로 지금의 수원에 화성(華城)을 쌓고 신도시를 건설하는 데 온 힘을 쏟았습니다. 이 사업을 화성 성역(城役)이라 불렀지요. 정조의 아버지 장헌 세자(사도 세자)의 묘를 수원 읍치가 있던 곳으로 옮기고, 그 곳에 있던 수원 관아를 지금의 수원으로 옮겨 성곽을 새로 쌓은 것이 바로 '화성 성역'입니다.

　1789년(정조 13), 본디 양주 배봉산 기슭(지금의 서울시립대학교 부근)에 있던 장헌 세자의 묘소 수은묘를 수원의 관아가 있던 화산(花山) 기슭으로 옮겨 새로 만들고, 여기에 '현륭원'이라는 이름을 붙였습니다. 현륭원 때문에 졸지에 살 곳을 잃어버린 수원 읍치 주민을 이전시키고, 또 새로운 주민을 모으면서 실행한 계획이 화성 축조입니다. 팔달산 아래에 새로운 고을 자리를 잡아 성곽를 쌓고 계획 도시를 건설했지요.

　화성 성역은 1794년(정조 18) 봄에 시작되어 1796년(정조 20) 가을에 공사를 마쳤습니다. 공사 중단 기간을 빼고 28개월 걸린 이 공사는 투입 인부가 연 70여만 명에 비용이 80만 냥 가량 들어간 대공사였습니다. 성곽을 쌓는 데는 중국을 통해 들어온 서양 과학 기술을 활용하기도 했습니다. 거중기, 녹로 같은 서양 기술을 응용하여 거

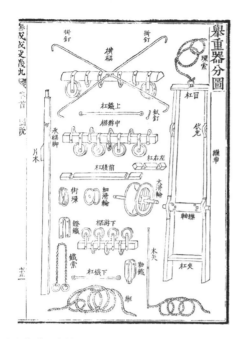
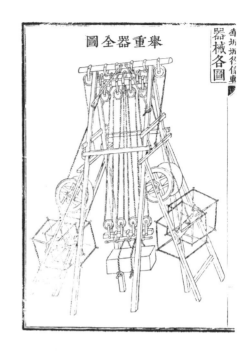

거중기 전도와 분도

화성 성역에 동원한 기계 장치 가운데 거중기의 전체 모습과 분해한 모습을 그린 그림이다. 거중기는 정약용이 고안한 것인데, 도르래의 원리를 이용하여 작은 힘으로 무거운 물건을 들어 올리는 장치이다.

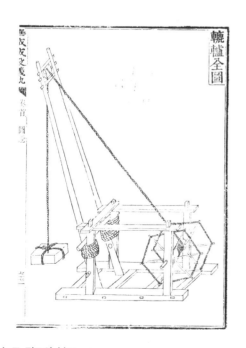
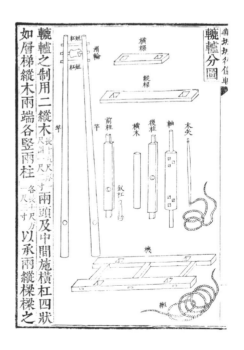

녹로 전도와 분도

화성 성역에 사용된 녹로의 전체 모습과 부품. 녹로는 도르래를 이용하여 무거운 물건을 들어 올리는 데 이용하는 기계 장치이다.

화홍문과 방화수류정
화성 북쪽 수문인 화홍문과 동북쪽 각루인 방화수류정이다. 화성 북쪽에서 흘러내려오는 하천 물이 방화수류정 앞의 용연을 거쳐 화홍문의 7개로 나뉜 물길을 따라 남쪽 수문으로 내려간다. 방화수류정은 다가오는 적의 동태를 감시할 수 있는 시설물인 각루 가운데 동북쪽에 있는데, 정자 자체가 빼어나게 아름답다.

화성 전도(오른쪽)
《화성 성역 의궤》에 실려 있는 화성 전도. 화성 성역을 마친 뒤의 성곽과 주변 모습이 눈에 선하게 그려져 있다.

대한 돌을 들어 올려 성곽을 쌓았지요. 실제로 수원 화성을 답사해 보면 이렇게 엄청난 성곽을 3년도 못 되는 기간에 완성했다는 사실에 놀라게 됩니다.

화성의 절반 정도는 산성이고, 나머지는 평지성, 읍성 형태를 띱니다. 읍성은 고려 말 왜구가 연해 지역 여러 군현을 습격하여 노략질하면서 만들어지기 시작했지요. 산성이 군사 요충지를 보호하고 수비하기 위한 시설이라면, 읍성은 말 그대로 사람들의 주거지를 지키고 사람들을 보호하기 위한 시설이었습니다. 《반계수록》을 지은 유형원은 특히 읍성 강화를 주장했지요. 화성은 산성과 읍성이 혼합된 건축물로 성곽 문화의 꽃이라고 할 수 있습니다.

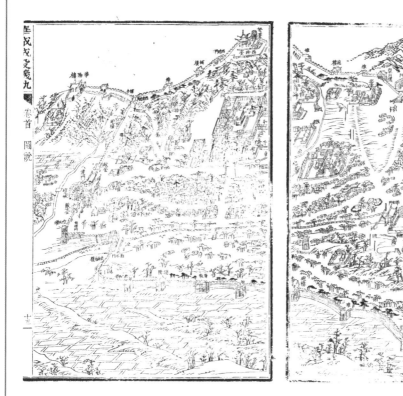

　　정조는 백성들의 노동력을 무상으로 이용하지 않고 전문 기술자에서 단순 일꾼에 이르기까지 모두 일당을 주는 방식으로 동원했습니다. 그리고 화성 성역 때문에 어쩔 수 없이 철거한 민가에게는 보상을 아끼지 않았습니다. 물론 논밭이 성곽 축조 자리에 들어갈 때에도 그 대가를 치러 주었습니다. 이렇게 우리가 화성 축조를 자세히 살펴볼 수 있는 것은 화성 건설 보고서에 해당하는 책이 남아 있기 때문입니다. 화성 축조 바로 뒤에 만든 《화성 성역 의궤*》라는 책이 바로 그것입니다.

　　《화성 성역 의궤》에서 우리는 화성 축조 전체 과정과 세부 사항을 자세히 살펴볼 수 있습니다. 여기에는 화성의 여러 부대 시설물의 형

의궤(儀軌)
의궤란 국가와 왕실의 주요 행사의 모든 것을 기록한 책을 말한다. 예를 들어 국왕이나 왕비가 죽게 되면 장례를 치르고 능을 만드는데, 이를 주관하는 국장도감, 산릉도감과 같은 임시 관청이 설치되었다. 국장은 국왕과 왕비의 장례를 가리키고, 산릉은 능을 만드는 일을 가리킨다. 국장과 산릉의 모든 과정을 정리하여 기록한 것이 바로 '국장도감 의궤', '산릉도감 의궤'이다.

환어행렬도(부분)
정조와 혜경궁 홍씨를 비롯한 행렬이 화성에서 한성부로 되돌아가는 모습을 그린 그림이다.

태, 화성 축조 당시 사용한 기구들이 그림과 함께 실려 있습니다. 그리고 성 축조 과정에서 정조와 대신들이 주고받은 주요한 논의 과정, 성역을 맡은 신하와 조정 사이에 오고 간 문서 내용들이 실려 있습니

다. 무엇보다 놀라운 것은 공사를 주관한 대신, 감독관, 그리고 실제로 공사를 수행한 목수, 석수 등 장인에 이르기까지 성 축조에 참여한 인원 명단이 그대로 기록되어 있다는 점입니다. 여기에 장인 등에게 지급한 일급 형태의 급여 액수, 전체 성역에 들어간 재원 등 재정 측면도 포함되어 있습니다. 그러니 화성 성역의 전체 규모를 한눈에 살펴볼 수 있는 종합 보고서라고 할 수 있겠지요? 투철한 기록 정신과 현장의 생생한 모습을 그대로 보여 주는 책입니다.

그런데 정조는 왜 화성을 건설했을까요? 흔히 아버지 사도 세자의 무덤을 이 곳으로 옮기고 자주 참배하여 효성을 다하기 위해서라고들 말합니다. 그게 이유의 전부일까요? 아닙니다. 정조는 오늘날 서울 근교처럼 화성에 신도시 건설을 계획한 것입니다. 신도시 화성에 거주할 사람들을 모집하고, 이들에게 적당한 생업을 마련해 주었습니다. 게다가 이 곳에 인근 부호들을 옮아와 살게 하고, 장용영이라는 친위 부대를 배치했으며, 서울과 화성 사이에 신작로을 개설하고, 화성에서 주요 정사를 집행했습니다. 종합 신도시를 건설한 것이지요. 역사를 제대로 이해하려면 한 가지 측면만이 아니라 종합적인 시각으로 접근하는 자세가 필요함을 보여 주는 대목입니다.

수원성에 남아 있는 유적

수원성은 전체 둘레가 5.5킬로미터에 달하고, 서쪽으로 팔달산(128미터)을 끼고 동쪽으로는 낮은 구릉의 평지를 따라 축성된 성곽이다. 또한 이 성은 사람이 드나드는 성문, 물이 들고 나가는 수문, 그리고 갖가지 군사 시설물을 갖춘 복잡한 성격의 건축물이기도 하다. 지금은 여러 차례 복원 작업을 거쳐 수원성을 한 바퀴 돌 수 있는 기회를 가질 수 있게 되었다.

장안문(長安門)과 팔달문(八達門) : 수원성 북문인 장안문(長安門)과 남문인 팔달문(八達門)은 주변의 성곽과 잘 어울린 모습을 보여 준다. 특히 남문인 팔달문은 서울의 남대문보다도 더 정교하고 섬세한 건축물이라는 평가를 받는다. 장안문에서 팔달문으로 이어지는 도로는 사람들이 남쪽 지방에서 한성부로 드나드는 주요한 거점이었다. 한편 수원성 북쪽인 광교산에서 흘러내려오는 광교천이 수원성을 북쪽에서 남쪽으로 가로지르는데, 수원성 남쪽과 북쪽에 수문을 만들어 이 개천의 흐름이 자연스레 이어지게 했다. 그 가운데 북수문은 화홍문이라는 아름다운 이름이 붙여졌다.

방화수류정(訪花隨柳亭) : 방화수류정은 용연(龍淵)이라는 연못이 내려다보이는, 높은 바위 위에 세워진 정자인데, 수원성 동북쪽 경비 초소(角樓 : 각루)이다. 위에서 내려다보면 불규칙하게 겹쳐진 지붕 모습이 한눈에 들어오는 빼어난 건축물로, 각루 가운데 가장 유명하다. 그런데 이 곳은 창덕궁 규장각 앞의 부용지 곁에 자리한 부용정과 모습이 비슷하여, 규장각을 세운 정조의 의지를 찾아볼 수 있어 흥미롭다.

화성 행궁(華城 行宮) : 수원성 성곽을 따라 팔달산 동쪽 기슭으로 내려서면 나오는 유적이다. 행궁은 임금이 임시로 머무는 건물을 가리키는데, 수원에 행궁을 만든 것은 사도 세자의 묘소인 현륭원에 정조가 자주 참배했기 때문이다. 화성 행궁은 신풍루, 봉수당, 유여택, 장락당, 낙남헌 등 여러 건물로 구성되어 있었는데, 그 규모가 570여 칸에 달했다. 행궁은 평상시에는 수원 유수가 집무하는 지방 행정의 관아로 사용하다가 왕이 현륭원에 참배할 때에는 왕의 거처로 이용되었다. 화성 행궁의 많은 건물들이 일제 강점기를 거치면서 도시 발달과 더불어 자취를 감추고 낙남헌과 노래당 건물만 남아 있어 오랫동안 행궁 터로 불렸다. 그러다가 1970년대부터 복원 정비 사업이 진행되어 봉수당, 장락당, 유여택, 신풍루가 복원되었고, 계속 복원될 예정이다. 이 행궁은 팔달산 기슭이라는 지형적 여건 때문에 건물 대부분이 동쪽 방향으로 앉아 있다. 정문에 해당하는 신풍루에서 정전에 해당하는 봉수당이 동서 방향의 중심축을 이루고, 다른 건물들이 중심축 좌우로 대칭되는 배치이다.

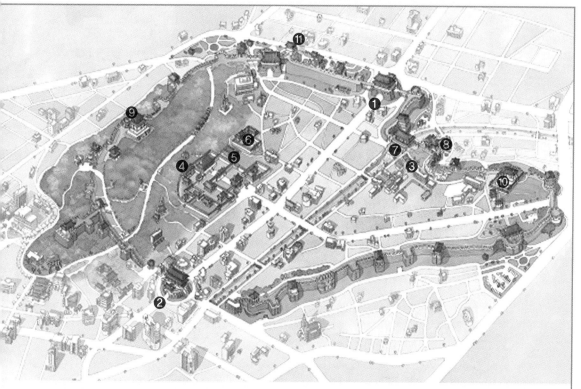

① 장안문 ② 팔달문 ③ 방화수류정 ④ 화성 행궁 ⑤ 낙남헌 ⑥ 화령전 ⑦ 화홍문 ⑧ 용연 ⑨ 서장대 ⑩ 동장대
⑪ 서북 공심돈(☞http://hs.suwon.ne.kr 사진 자료실에서 자세히 감상하세요.)

낙남헌: 화성 행궁의 옛 모습을 보여 주는 건물인 낙남헌은 봉수당 북쪽에 자리하고 있다. 정면 5칸, 측면 4칸 집인데, 팔작 지붕 집이다. 정조는 이 건물에서 혜경궁 홍씨의 회갑연을 기념하여 군사들에게 회식을 내려주었고, 특별 과거 시험으로 선발한 문과 5명과 무과 56명의 급제자에게 합격증을 내려주는 행사도 이 곳에서 행했다.

화령전: 낙남헌에서 다시 북쪽으로 자리를 옮기면 화령전이 보인다. 순조가 부왕 정조의 어진을 모시고 부왕의 지극한 효성을 본받기 위해 지은 건물이다. 수원성 축조와 더불어 화성 행궁이 만들어지면서 정조가 추진한 신도시 건설 사업은 마무리되었다.

그 밖에 수원성은 여러 군사 방어 시설을 갖추었다. 적군 몰래 드나드는 통로인 암문(暗門) 다섯 곳, 무기를 갖추어 두거나 적군을 감시하는 적대(敵臺) 네 곳, 적군의 움직임을 살피는 공심돈(空心墩) 세 곳, 포를 쏘는 포루(砲樓) 다섯 곳, 군사를 지휘하는 장대(將臺) 두 곳, 경비 초소인 각루(角樓) 네 곳이 그것이다. 장대는 성 주변을 돌아보면서 군사들을 지휘하는 곳인데, 서장대와 동장대가 각각 서쪽과 동쪽에 있었다. 서장대는 팔달산 정상에 자리해 성 안팎이 모두 한눈에 들어오는 위치이다. 공심돈은 내부가 비어 있는 일종의 망루인데, 현재 서북 공심돈이 남아 있다.

백성들의 억울함을 풀어 주다 – 상언과 격쟁

정조 때 개혁 정책의 결과물이자 그 진행 과정에서 나타난 대표적인 모습이 격쟁(擊錚)과 상언(上言)이 크게 늘어났다는 사실입니다. '격쟁'은 임금이 행차하는 길에 꽹과리를 울리면서 억울한 일을 호소하는 행위입니다. 억울한 일을 당한 백성이 임금에게 직접 하소연하기 위해 임금이 행차하는 길가에서 징이나 꽹과리를 칩니다. 그런 뒤 담당 관리에게 앞뒤 사정을 설명하면, 관리가 이를 받아 적어서 국왕에게 보고합니다. 이 문서를 '원정(原情)'이라고 불렀습니다. 그리고 '상언'은 백성이 국왕에게 올린 청원서를 가리킵니다. 격쟁을 한 사람이 나중에 심문을 받으면서 호소할 내용을 적어서 낸 것도 상언이라고 불렀습니다.

영조 때 격쟁과 상언의 조건을 손질한 일이 있습니다. 본디 백성들에게 격쟁은 네 가지 경우로 제한되어 있었습니다. 형벌이 자신에게 미치는 일, 부자 관계를 밝히는 일, 처첩을 가리는 일, 양민과 천민을 가리는 일로, 이를 사건사(四件事)라고 불렀습니다. 그런데 격쟁이 많아지자, 영조 때 자손이 조상을 위하여, 처가 남편을 위하여, 동생이 형을 위하여, 종이 주인을 위하여 격쟁할 수 있게 다시 제한 조건을 걸었습니다. 이를 신사건사(新四件事)라 부르기도 하지요.

정조는 격쟁과 관련하여 눈에 띄는 조건을 두 가지 만들었습니다. 먼저 사건사, 신사건사 말고도 백성들이 고통스러워하는 일에 대해 격쟁할 수 있게 허용했습니다. 그리고 능행*할 때 격쟁 기회를 많이 제공했습니다. 24년 동안 왕 노릇을 한 정조가 능행이나 원행*을 한 횟수는 60여 회가 넘습니다. 1년에 2회 이상 능행이나 원행을 할 때

능행(陵幸)
임금이 왕실의 능묘에 행차하는 것.

원행(園幸)
정조의 아버지 사도 세자의 무덤인 현륭원을 다녀오는 경우.

 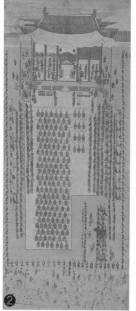  

   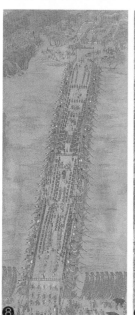

정조의 명을 받아 김홍도의 책임 아래 이인문, 김득신, 최득현 등 화원들이 함께 그린 〈원행을묘 정리의궤〉

정조가 화성에 다녀오는 모습을 모두 8폭으로 그린 그림이다. 국왕의 능행은 격쟁을 하려는 사람들에게 더없이 좋은 기회였다.

그림❶ 정조가 화성에 가서 치르는 첫 행사로, 공자를 모신 사당에서 참배하는 장면이다.

그림❷ 같은 날 문과와 무과 과거시험을 치른 뒤, 낙남헌에서 합격자에게 상을 내리는 두 번째 장면이다.

그림❸ 봉수당에서 열린 회갑 잔치 장면이다.

그림❹ 낙남헌에서 정조의 어머니 혜경궁 홍씨가 베푼 노인 위로 잔치 장면이다.

그림❺ 서장대에서 군사들이 훈련하는 장면이다.

그림❻ 정조가 득중정에서 불꽃놀이를 구경하는 여섯 번째 장면이다.

그림❼ 어머니 혜경궁 홍씨를 모시고 화성을 떠나 시흥을 돌아오는 일곱 번째 장면이다.

그림❽ 정조 행렬이 새로 착안해서 만든 배다리를 건너는 마지막 장면이다.

면 정조는 거의 일상적으로 격쟁과 상언을 받았습니다. 정조가 받은 상언과 격쟁이 모두 4000건이 넘으니, 한 번 행차에 70건 정도의 격쟁과 상언을 받은 셈이지요. 그리고 아예 도성 안에서 종로의 혜정교(지금의 광화문 우체국 앞), 철물교(지금의 종로2가 종각 동쪽), 파자교(지금의 종로 3가 단성사 앞) 등 세 곳을 상언과 격쟁을 허용하는 장소로 정해 놓았습니다. 게다가 정조는 격쟁 사건의 처리 과정을 처음부터 끝까지 확인하는 관심을 보였습니다.

당시 기록을 보면 일반 백성뿐만 아니라, 억울하게 아버지가 죽임을 당했다는 사족에서부터 누군가의 사주를 받아 격쟁한 것으로 보이는 어린아이에 이르기까지, 다양한 사람들이 격쟁을 실행했습니다. 격쟁을 한 사람은 자신의 억울함을 호소할 기회를 가졌지만, 임금의 심기를 어지럽혔다는 죄목으로 장형을 받았습니다. 그러나 엉덩이가 아파도 억울함을 풀 가능성을 얻는다는 사실만으로도 해 볼 만한 일이 바로 격쟁이었지요. 국왕과 백성 모두 격쟁과 상언을 하나의 의사 소통 수단으로 적극 활용한 것은 격쟁이 지닌 파격적인 절차 때문입니다.

당시에는 억울한 일을 당한 사람이 수령이나 관찰사에게 호소문을 제출하는 절차가 있었습니다. 그렇지만 시간이 오래 걸리고 억울함을 풀 수 있다는 기대를 갖기도 어려웠습니다. 이런 상황에서 하층민이나 향촌 사회의 권력 아래 짓눌린 사람들에게 격쟁 제도는 최상의 선택이었습니다. 한 나라의 최고 권력자에게 직접 호소할 수 있고, 또 임금이 사건의 모든 과정과 결과에 관심을 가졌으니까요.

정조는 특히 소민*을 보호해야 한다는 기본 입장을 끝까지 잘 지

소민(小民)
조선 시대에 대민(大民), 곧 권세를 부리는 신분 높은 양반에 대비되는 평민을 달리 이르던 말. 상민(常民).

막강한 궁차를 처벌받게 한 격쟁

1781년(정조 5), 충청도 덕산에서 백성들을 침탈한 궁방의 중간 관리인이 처벌을 받았다. 덕산에 사는 백성 김성옥의 격쟁으로 일어난 일이었다. 정조는 궁차(宮差)라고 불린 궁방전의 관리인이 함부로 날뛰는 것을 엄히 금지한다면서, 다른 지역의 지방관도 이러한 사정을 조사하여 보고하도록 지시를 내렸다.

격쟁으로 남편을 죽인 전직 현감을 유배 보낸 아내

1777년(정조 1) 7월, 고령 현감이었던 김수묵이 강진현에 귀양 갔다. 그가 고령 현감이었을 때, 고을 아전 이진신 3형제를 장(杖)으로 심하게 때려 죽였는데, 이진신의 아내가 격쟁한 것을 조사하면서 이 사실이 밝혀졌기 때문이다. 정조는 세 사람을 죽인 김수묵을 사형에 처하라고 했다가, 의금부의 조사와 관찰사의 보고를 참고하여 귀양 보내는 것으로 낮추었다. 아내가 격쟁을 하여 남편의 억울함을 푼 보기이다.

켜 나갔습니다. 억울한 죽음은 사라져야 한다는 생각에서 밤을 지새우며 살인 사건 기록을 살폈으며, 격쟁 사건 하나하나에 깊은 관심을 보였습니다. 또한 정조는 국왕의 호위대 밖에서 격쟁하는 위외 격쟁(衛外擊錚)을 허용했을 뿐 아니라, 국왕 행차시 어가 앞에서 문자로 호소하는 가전 상언(駕前上言)을 적극 받아들였습니다.

정조가 한강에 놓은 배다리

1789년(정조13) 정조가 한강에 놓은 아주 특별한 다리가 주교(舟橋, 배다리)이다. 정조는 이 때 아버지 장헌 세자(사도 세자)의 무덤 영우원을 옛 수원의 읍치 근처로 옮겨 현륭원이라고 이름 붙였다. 10월에 정조의 지휘로 배다리가 설치되어 무덤을 옮기는 사업이 진행되었는데, 이 때 정약용이 배다리 설치 실무를 담당하기도 했다.

정조는 배를 타고 한강을 건너려면 비용이 들고 많은 인력을 동원해야 하며, 배 주인에게 많은 피해를 준다는 점을 지적하면서 배다리를 놓는 것이 편하다고 하였다. 능행이나 원행을 할 때 수많은 문무 관원이 정조를 수행했기 때문이다. 수많은 인원이 배를 타고 한강을 건너는 것보다 배다리를 놓는 것이 비용이 절약되었다. 정조는 비변사가 만들어 올린 배다리 설치와 운영 방안이 미흡하다고 지적하고는, 직접 배다리를 만들어 운영하는 방책을 제안했다. 그것이 《홍재전서》 권59에 실려 있는 〈주교지남(舟橋指南)〉이다.

〈주교지남〉을 살펴보면, 당시 한강에 놓인 배다리의 이모저모를 알 수 있다. 먼저 경강 가운데 배다리를 설치할 만한 곳을 찾다가 마지막으로 선택한 곳이 바로 노량진, 곧 노들나루였다. 강력한 경쟁지 동호(東湖, 현재 옥수동 앞)를 제치고 결정된 곳이다. 다음으로 배다리로 쓸 선박을 결정하는 것이 큰 문제였다. 당시 아산에 소속된 조선(漕船)이나 훈련도감 배와 소금 운반용 배 들을 쓰자는 논의가 있었다. 하지만 정조는 경강선 가운데 상태가 좋은 것을 선택하여 영구히 기호를 정해 놓고 쓰는 방법을 제시했다. 만약 낡아서 빠지는 배가 생기면 그때 그때 보충하게 했다.

배다리는 전체적으로 가운데가 높고 양쪽 끝이 낮게 되어 있었다. 그리고 큰

배는 수심이 깊은 가운데에, 작은 배는 수심이 낮은 양쪽 끝에 배당하는 안배도 했다. 이 밖에도 배와 배를 연결하는 방식, 배 위에 횡판(橫板)을 놓아 사람, 가마, 말 들이 지나갈 수 있게 하는 방법, 난간 설치법 등을 구체적으로 마련했다. 또 한강 양쪽 강가에 홍살문을 세워 어로(御路)의 권위를 드높였다. 노량마루 건너편 남쪽 연안에는 용양봉저정(龍驤鳳翥亭)이라는 정자를 마련하여 강을 건넌 다음 잠시 쉬어 가는 곳으로 삼았다. 1789년 12월에는 이 일을 전담하는 관청으로 주교사(舟橋司)가 설치되었다. 그리고 비변사에 주교사를 전담하는 당상(주교사 당상)을 임명했다.

경강선을 가지고 있는 선상(船商)에게 배다리 작업에 동원되는 부담을 지우고, 그에 따른 대가를 지급하는 것이 〈주교지남〉에서 정조가 피력한 방안이었다. 이에 따라 경강선 일부를 주교선으로 소속시켜 동원하는 대신, 호남과 호서의 세곡을 운반할 수 있는 이권을 주었다. 그 이권이란 경강선으로 곡물을 운송하면서 운임을 가질 수 있는 권리이다. 그런데 이후 주교사에 소속된 경강선의 주인들은 배삯뿐 아니라 여러 명목을 내세워 백성들을 경제적으로 괴롭혔다. 전라도 강진에서 유배 생활을 하던 정약용이 《목민심서》에 정리한 바에 따르면, 법에 규정된 운임 이외에 함부로 거두는 것이 3배에 이를 정도였다.

배다리와 주교사는 정조가 한강을 넘나드는 데 들어가는 갖가지 불편을 덜기 위해 만들어졌다. 하지만 좋은 생각이나 좋은 의도가 언제나 좋은 결말로 이어지지는 않는다는 사실을 앞에서 언급한, 배다리를 둘러싼 역사 속에서 알 수 있다.

정조가 추진한 사회 개혁 조치

영조를 이어 왕위에 오른 정조는 무엇보다도 탕평 정책을 지켜 나가야 한다는 부담감이 컸습니다. 더불어 탕평의 원칙을 무너뜨릴 수도 있는 외척 세력을 처음부터 막아야 했지요. 그런데 정조가 추진한 여러 사회 개혁안이야말로 당대에 행한 탕평책의 본모습이라고 할 수 있습니다. 정조의 개혁안은 당시 조선 사회가 안고 있는 사회 문제가 무엇인지를 제대로 보여 주었습니다. 여기에서는 그 개혁안 가운데 노비제 개혁 추진, 형벌 제도 개혁, 새로운 농서 편찬 추진, 《대전통편》 등 여러 문헌 출판을 살펴보겠습니다.

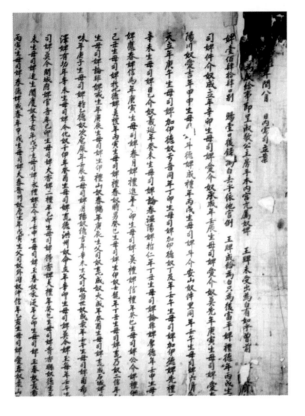

내수사 입안
내수사에서 1680년 숙경 공주방(淑敬公主房)에게 노비 149여 구(口)를 내주면서 만든 문서. 숙경 공주는 효종의 여섯째 공주이다.

내시 노비(內寺奴婢)
조선 시대 공노비 가운데 내수사와 각 궁방에 소속된 내노비, 중앙 관청에 소속된 시노비를 한꺼번에 일컫는 말이다. 시노비의 시(寺)는 절을 뜻할 때는 '사'로 읽고, 관청을 뜻할 때는 '시'로 읽는다.

정조가 추진한 사회 개혁안은 완성된 것도 있고, 계획만 세운 것도 있으며, 도중에 무산된 것도 있습니다. 그 가운데 노비제 개혁은 정조 때 골격이 완성되어 순조 초반에 실행되었습니다. 먼저 순조 초반에 시행된 노비제 개혁을 살펴볼까요?

순조가 즉위한 다음 해인 1801년에 내시 노비* 해방 조처가 내려집니다. 이에 따라 왕실 재정을 담당하던 내수사라는 관청과 중앙 관청, 각 궁방 등에 소속되어 있던 노비 6만 6067명을 기록한 노비 장부를 불태웠습니다. 이러한 내시 노비 해방은 노비 정책의 변화를 가장 극적으로 보여 줍니다.

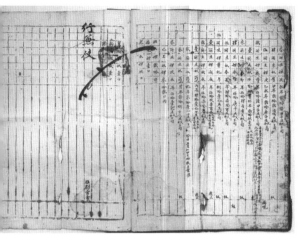 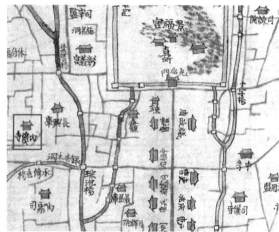

18세기 이후 노비가 계속 도망하고 신분 상승을 위한 투쟁이 격화되면서, 조정에서는 노비의 신공을 줄여 주고 노비 신분에서 벗어날 수 있는 길을 넓혀 주는 정책을 펼쳤습니다. 이미 영조 때 노비 추쇄관 파견을 폐지한 바 있지요. 추쇄관이란 도망간 노비를 찾아 내기 위해 파견한 관리를 가리킵니다. 이전에는 노비 주인이 군현에 도망 노비를 신고하면, 이를 모아 중앙에서 파견한 추쇄관이 여러 군현을 돌아다니면서 도망 노비를 찾아냈습니다. 그러다가 추쇄관 파견을 폐지한 뒤에는 지방 군현의 수령이 대신 도망 노비를 찾아내는 일을 맡았습니다. 그런데 목민(牧民)의 모든 측면을 담당하는 수령이 다른 군현으로 도망친 노비를 찾아내는 일은 매우 어려웠습니다.

정조는 노비를 없애고 양인으로 신분을 상승시키는 것이 국가 재정을 충당하는 바른 방책이라고 보아 이를 시행하려 했습니다. 그리고 추쇄관이라는 이름 자체를 없앴지요. 당시 노비와 양인은 실질적인 신분 차별이 거의 없는데도, 주로 노비에게 지방 향리 등의 침탈

석왕사 노비 추쇄안(왼쪽)
함경도 안변에 있는 석왕사에서 1730년부터 1739년까지 도망하거나 사망한 노비 32구를 정리한 기록. 석왕사는 이성계가 건립했다고 전하는 절이다.

내수사 위치
김정호가 만든 지도 《청구요람》의 도성 전도에 보이는 내수사 위치. 육조 거리에서 서쪽으로 빠져나오는 샛길을 따라오면 내수사가 나온다.

이 집중되었습니다. 결국 노비들의 신분 해방 투쟁이 더욱 거세게 일어났지요. 이러한 상황에서 나라에 신공을 납부하는 공노비는 빠르게 줄어들었고, 노비제 자체의 존재 여부를 따져야 하는 지경에 이르렀습니다. 정조 때 조정에서는 노비제 폐지를 둘러싸고 치열한 논란이 일어납니다. 특히 내수사와 중앙 관청, 각 궁방에 소속된 내시 노비 문제를 놓고 열띤 토론이 벌어졌지요.

남인들은 내시 노비를 그대로 두고 노비 신공을 거두는 과정에서 일어나는 문제를 해결하자고 주장했고, 노론들은 내시 노비를 없애 양민으로 삼자고 주장했습니다. 정조 때 불을 지펴 치열한 논란이 거듭된 노비제 개혁론은 결국 1801년 내시 노비 혁파로 이어졌습니다. 정조 때의 노비제 개혁 방안은 크게 형벌 제도 개혁과 더불어 대동* 사회를 지향하는 정책이라고 볼 수 있습니다.

둘째, 정조는 형벌 제도를 개혁하려고 노력했습니다. 정조는 영조의 시책을 이어받아 사람 몸에 가하는 가혹한 고문을 금지하고, 이를 위해 《흠휼전칙》이라는 책을 만들어 배포했습니다. 그리고 "돈이 있으면 무죄가 되고, 돈이 없으면 유죄가 된다"고 언급하면서 범죄에 대한 철저한 조사를 강조했습니다. 정조 때야말로 "여인이 한을 품으면 오뉴월에도 서리가 내린다"는 조선 시대 형률 시행의 유의 사항을 가장 잘 실천한 시기라고 할 수 있습니다. 다시 말해서 선량한 사람이 억울한 원한을 품지 않도록 국왕부터 나서서 올바른 형률을 적용하려고 애쓴 시기였지요.

특히 정조는 살인 사건을 한 치의 의심 없이 확실한 판결을 내리기 위해 관련 문서를 밤을 새우며 살펴보아 눈병이 날 지경이었다고

대동(大同)
《예기》의 〈예운(禮運)〉 편에 나오는 이상적인 사회 또는 그러한 상태를 말한다. 큰 도(대도 : 大道)가 행해져서 사람들이 모두 자기 할 일을 하고, 재물과 힘이 제대로 쓰여서 나쁜 꾀와 도적이 생기지 않는 상태를 대동이라고 한다는 설명이다. 유가(儒家)뿐만 아니라 도가에서도 이상적인 모습을 대동이라 했고, 유교적 이상 사회를 지향하는 많은 사람들에게 영향을 주었다.

《심리록》에 담긴 정조의 마음

《심리록(審理錄)》은 18세기 후반 정조 때 살인범을 비롯한 중죄인에 대한 심리 및 형벌 결정 과정을 모은 판례집이다. 1776년(정조 즉위)부터 1799년(정조 23)까지 결정된 판례가 수록되어 있다. 정조는 즉위한 뒤 1000건 이상의 살인 사건에 최종 판결을 내렸다. 이들 살인 사건을 비롯하여 형사 사건의 중죄인 처벌 과정 기록을 모은 책이 바로 《심리록》이다. 1798년에 편집이 시작되었고, 활자본으로 간행하여 전국의 관청에 나누어 주려고 계획했다. 그런데 1800년 정조가 세상을 떠남에 따라 몇 개의 필사본만 남았다.

필사본 《심리록》 중에는 형사 사건을 연도별로 정리한 것이 있고 지역별로 정리한 것이 있다. 연도별로 정리한 것은 특히 정조가 처리 지시를 내린 때를 기준으로 수록했다. 개별 사건에 대한 기록은 먼저 사건 발생의 대략적인 내용을 밝히고, 각 관서의 처리 과정 및 보고 사항, 그리고 형조의 처리 결과, 마지막으로 정조의 결정 내용 순서로 실려 있다.

《심리록》에는 피해자가 억울하게 죽임을 당해서도 안 되고, 또한 더러운 누명을 뒤집어쓰는 죄인이 생겨서도 안 된다는 정조의 마음이 잘 담겨 있다. 특히 정조는 살인 사건이 일어났을 때 그에 관한 여러 문서를 밤을 새워 가며 검토했다. 사실 시신에 대한 검시 보고서를 비롯하여 용의자와 주변 인물에 대한 신문 기록 등은 차분하게 꼼꼼히 살펴보아야만 내용을 제대로 파악할 수 있다. 정조는 《대전통편》을 편찬할 때에도 〈형전〉을 증보하면서 사형에 해당하는 조목을 추가로 더 넣지 않으려고 했다. 범죄 사건을 다룰 때조차 백성들의 목숨을 소중히 다룬 정조의 태도가 《심리록》 속에 잘 남아 있다.

《심리록》은 정조가 사형(死刑) 판결을 내리는 데 신중하고 또 신중했음을 보여 준다. 정조는 공문서 가운데 살옥에 관련된 문서를 가장 어렵게 생각했는데, 문서를 작성할 때 한 글자를 바꿔 적는 것이 곧 생사가 달린 문제라고 여겼기 때문이다. 최근에 《심리록》을 연구하여 박사 논문을 쓴 심재우 교수에 따르면, 사형 대상 죄인 1112명 가운데 실제 사형 집행은 3.2%(36명)에 불과했으며, 수감 중 숨진 '물고(物故)' 또한 8.9%에 그쳤고, 반면 43.8%(487건)는 감형, 30.9%(344명)는 석방되었다고 한다. 여기에서 사형 판결을 무척 신중히 내리면서 가능하면 사형 판결을 내리지 않으려 했던 '정조의 마음'을 엿볼 수 있다. 또한 사람의 생명을 중시하면서 관용으로 조선을 이끌려 한 '정조의 생각'도 알 수 있다.

합니다. 정조의 서안(書案, 앉아서 글씨를 쓰거나 책을 볼 때 사용하는 책상) 위에는 사체 검사 소견서인 시장(屍帳), 범인 심문 기록, 증인의 증언 등을 포함한 검안* 뭉치가 산더미처럼 쌓여 있었습니다. 정조는 한 명이라도 억울하게 사형당하는 사람이 있어서는 안 된다면서 관련 서류를 뒤적였지요. 그리하여 조금이라도 의심이 생기면 다시 한 번 범인, 증인, 시신을 조사하게 했고, 의심스러우면 가볍게 처벌한다는 원칙을 몇 번씩 확인했습니다.

셋째, 정조는 농업 부문의 개혁안도 찾았습니다. 그것이 곧 《농서대전》 편찬을 추진한 일이지요. 16세기 중반부터 18세기 말까지 조선의 농서 편찬은 지역 농서 편찬과 종합 농서 지향이라는 흐름으로 이어졌습니다. 이 두 흐름을 하나로 묶어서 새로운 농서를 펴내려고 한 것이 《농서대전》 편찬 계획입니다. 정조는 1798년(정조 22) 11월 30일 〈권농정구농서윤음〉이라는 왕명을 반포합니다. 한성부와 팔도 관료, 유생, 백성 들에게 농서를 올리고, 농정에 대한 대안을 제출하라는 내용이었지요. 정조는 특히 농업 기술의 가장 중요한 요소로 수리(水利, 물을 이용하는 일), 토질, 농기구 세 가지를 강조했습니다. 조선 팔도에서 지역마다 농사 관행을 자세히 확보하여 종합 정리하는 작업이 곧 《농서대전》을 펴내는 과정이었지요.

정조가 추진한 《농서대전》 편찬 계획은 예전과는 다른 형식을 띠었습니다. 세종 때 《농사직설》을 펴낼 때는 하삼도 관찰사가 올린 농서를 기본 자료로 활용한 반면, 《농서대전》은 각 도의 유생을 비롯한 여러 성격의 인물이 올린 〈응지 농서〉*를 기본 자료로 활용했습니다. 하삼도 관찰사가 올린 농서가 지역의 농사 관행을 한 차례 정리한 2

차 자료라면, 〈응지 농서〉는 지역의 농사 관행이 그대로 담긴 1차 자료였지요. 1차 자료를 기본 자료로 활용했기 때문에 각 지역의 농사 관행을 원형대로 반영할 수 있었겠지요.

그러나 안타깝게도 《농서대전》 편찬 계획이 중단되는 바람에 내용이나 구성, 체제 등 자세한 파악이 어렵습니다. 단지 토질, 천시(天時) 등 자연적인 농업 환경을 서술하고, 이어서 수리 시설과 농기구 같은 생산 여건, 그리고 기경(起耕, 논밭 갈기), 파종, 제초, 수확으로 이어지는 구체적인 농작업에 설명을 자세히 덧붙이는 체제였을 것으로 봅니다. 《농서대전》 편찬 또한 규장각이 중심이 되어 진행했습니다. 이 사업은 조선의 기후와 토질이라는 조선만의 농업 여건을 면밀히 파악하고, 이에 따라 나라 차원에서 새로운 농업 기술을 마련하여 농업 생산의 안정성을 꾀하려 했다는 데 의의가 있습니다.

마지막으로 《대전통편》 편찬을 살펴보겠습니다. 《대전통편》은 먼저 조선 후기에 마련된 여러 법전류를 종합 정리했다는 점에 커다란 의의가 있습니다. 앞서 영조 때 《속대전》을 펴냈는데, 불과 몇 십 년이 지나지 않아 정조가 《대전통편》을 펴냈습니다. 그 속사정을 살펴볼까요? 《경국대전》 이후 《속대전》을 만들 때까지 2세기 반이 지나는 동안 《수교집록》 등 여러 법전이 만들어졌습니다. 따라서 《속대전》은 이러한 여러 법전을 종합 정리해야 했는데, 웬일인지 영조는 《경국대전》을 전혀 이어받지 않은 새로운 법전으로 《속대전》을 펴냈습니다. 그런 터라 법전 조목을 적용하려는 관리는 《속대전》뿐만 아니라 《경국대전》도 참고해야 했습니다. 따라서 정조는 《경국대전》 내용을 수록하면서 《속대전》 편찬 뒤에 만들어진 왕명을 종합 정리

정조 독살설과 〈오회 연교〉

정조 독살설은 정조가 죽기 한 달 전인 1800년 5월 말에 내린, 이른바 〈오회 연교〉라는 왕명과 관련이 있다. '오회'란 5월 말이라는 뜻이고 연교(筵教)란 경연 석상에서 내린 왕명이라는 뜻이다. 〈오회 연교〉에서 정조는 시대 상황에 따라 의리가 달라진다고 지적하고, 재상을 쓸 때에는 8년 정도 시련을 준 뒤 다음 8년 동안 믿고 쓴다고 언급했다. 이는 노론의 의리가 정당하다고 인정받았던 것 자체가 달라질 수 있다는 뜻과, 남인측 인물 가운데 재상을 선발하겠다는 뜻으로 해석할 수 있었다. 이에 따라 노론측 인사들은 자기네 의리와 명분이 무너질 수 있다는 위기 의식에 사로잡힌 반면, 남인측 인사들은 이제 우리도 조정에 크게 나아갈 수 있다는 기대감을 품었다.

그 때 정조는 아마도 자신의 목숨이 경각에 달려 있다는 사실을 알지 못했을 것이다. 하지만 6월 28일 정조가 온몸에 번진 악성 종양으로 사망하면서 〈오회 연교〉는 현실화될 가능성 자체가 사라지고 만다. 남인들이 정조 독살설에 집착한 것도, 정조의 〈오회 연교〉로 기대에 부풀었던 만큼 그로 인한 상실감이나 박탈감에서 쉽게 헤어나지 못했기 때문이다.

하는 법전으로 《대전통편》을 펴내게 했습니다. 《대전통편》에 수록된 《경국대전》 항목은 '원(原)'이라는 표지 아래 수록하고, 《속대전》 내용은 '속(續)', 《대전통편》에 새롭게 들어간 조목은 '증(增)'이라는 표지로 구별했습니다. '원속증(原續增)'이라는 표지는 글자를 음각하여 붙여 놓았지요. 나중에 고종 때 《대전회통》이라는 또 다른 법전이 편찬되는데, 이 때 정조 때부터 고종 때까지의 수교를 묶어서 '보(補)'라는 표지 뒤에 실었습니다.

이와 같이 《대전통편》은 서로 다른 시기에 편찬된 각 법전의 내용을 하나의 법전으로 통합 편찬, 곧 '통편(通編)'하는 방식으로 만들어

정조 상왕설

1800년 6월, 한창 일할 나이인 49세에 정조가 세상을 떠났다. 그런데 정조의 죽음과 관련해 전하는 이야기 가운데 정조 상왕설(上王說)이 있다. 정조가 왕위를 세자에게 물려주고, 자신은 화성으로 은퇴하여 상왕 노릇을 하면서 개혁안 추진을 뒤에서 지원하려고 했다는 주장이다. 이는 구체적으로 '갑자년 구상'이라는 추론까지 더해져, 1804년에 15세가 되는 세자에게 왕위를 물려주려 했다는 설명까지 나온다. 나름대로 그럴듯한 내용을 담고 있지만 정조 상왕설을 사실로 보기는 어렵다.

조선 왕조에 상왕이 존재한 경우는 태종과 세종 시기밖에 없다. 그 뒤 수백 년 동안 이루어지지 않은 일을 정조가 구상했다는 것 자체가 의심스럽고, 조선 역사를 누구보다 정확하게 파악하고 권력의 속성을 잘 아는 정조가 국왕 자리를 누군가에게 물려주고 상왕이 되어 더 큰 권력을 향유할 수 있다고 생각했을 가능성은 희박하다. 이러한 점에서 상왕설을 믿기 어렵다. 그럼에도 불구하고 상왕설은 정조가 좀더 생존했더라면 더 큰 개혁이 가능했을 거라는 아쉬움과 기대감을 반영한다.

졌습니다. 또한 성종 때 완성된 《경국대전》에 '대전(大全)'이라는 성격과 지위를 부여하고, 각 항목을 그대로 계승했습니다. 그리고 《대전통편》은 숙종 후반부터 정조 때까지 활발히 진행된 여러 편찬 사업 가운데 하나였습니다. 사실 《대전통편》이 편찬되는 중에도 《춘방지(春坊志)》, 《궁원의(宮園儀)》, 《전율통보(典律通補)》 등을 비롯한 다른 책 편찬도 진행되었습니다.

정조가 사회 개혁을 위해 마련한 정책과 계획은 무척 많았습니다. 그래서 정조의 급작스러운 죽음은 더욱 아쉬움을 남기지요. 정조가 죽은 뒤 나이 어린 세자가 즉위하고, 영조의 계비 정순 왕후 김씨가 몇 년에 걸쳐 수렴청정하면서 정조가 이룩한 개혁 정치의 모습은 온데간데없이 사라졌습니다. 이렇다 보니 정조가 49세의 나이로 죽은 것은 종기 때문이 아니라 누군가가 독살한 것이 아닌가 하는 의심이 생겼습니다. 특히 영남 남인을 비롯하여 정조가 더 살았다면 정치 일선에서 활동할 기회가 많았을 세력을 중심으로 정조 독살설이 제기되었습니다. 게다가 정순 왕후 김씨는 정조와 특별히 나쁜 인연이 있었습니다. 정순 왕후는 김한구의 딸로, 정조가 즉위하자마자 귀양보내 버린 김귀주의 누나였습니다. 정순 왕후와 김귀주는 사도 세자의 죽음에 큰 역할을 하기도 했지요. 사정이 이러하니 왕실 계보상할머니와 손자 사이인 정순 왕후와 정조가 서로를 어떻게 생각했을지 짐작할 수 있습니다. 더군다나 당시는 아버지의 원수와 같은 하늘 아래에서 사는 것을 최대의 불효로 생각한 때였으니까요.

　개혁 군주로 일컬어지는 정조이지만, 그에게 한계가 있다는 지적을 눈여겨볼 필요가 있습니다. 정조를 서양의 절대 왕정 시기에 나타난 계몽 군주와 비교하기도 하고, 정조 때가 정치 이념이 민본*에서 민국(民國)*으로 전환되는 과도기라고 평가하기도 하면서 그의 개혁 혹은 진보성에 많은 찬사가 이어집니다. 하지만 정조가 왕조 국가의 군주라는 지위를 벗어 던진 모습은 찾아보기 어렵습니다. 또 자신이 추진한 여러 정책을 완결시키지 못했다는 점 또한 미흡함으로 지적할 수밖에 없습니다. 개혁의 시작과 추진에만 역사적 의의를 부여하지 말고, 개혁의 미완성에도 냉정한 역사적 평가를 해야 마땅합니다. 이러한 점에서 정조 때를 미완의 개혁 정치 시기라고 평가해도 틀리지 않을 것입니다.

민본(民本)
백성을 근본으로 삼는 입장. 물론 백성이 주인이 되는 민주(民主)와는 다르다.

민국(民國)
정조 때 백성을 통치의 대상에서 끌어올려 협조자로까지 파악했다는 생각에서 나온 개념. 하지만 군주국을 뜻하는 왕국(王國)과 대비하여 백성의 나라(民國, 民主國)라는 의미를 부여할 수 없다는 한계가 있다.

2

세도 정치의 늪에 빠지다
대외 관계와 세도 정치

조선 후기의 대외 관계

조선과 청나라의 국경 분쟁과 백두산 정계비

조선 후기의 대외 관계는 청, 일본과 사신을 왕래하는 일과 더불어 몇 가지 문제가 발생하고 이를 처리하면서 전개되었습니다. 먼저 조선과 청나라 사이에 백두산 정계비 건립 문제를 놓고 상당한 소란이 벌어졌습니다. 청나라는 만주 지역을 자기 나라의 발상지로 성역화하기 위해 '봉금'이라고 하여 울타리를 치고 사람들이 드나들지 못하게 했습니다. 그런데 예전부터 조선 사람들이 이 지역을 드나들었기 때문에 조선도 나름대로 기득권이 있었습니다. 따라서 청과 조선의

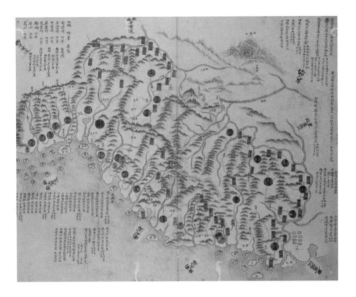

백두산
18세기 군현 지도집 《해동지도》 가운데 함경도 지도에서 백두산의 모습을 뚜렷하게 찾을 수 있다. 지금 천지(天池)라고 부르는 백두산 정상의 호수 이름이 대택(大澤)이라고 되어 있다.

경계를 분명히 나누기란 쉽지 않았습니다.

조선과 청나라 사이의 국경 분쟁은 영토 분쟁이라기보다는 양국 주민의 생존권 확보라는 성격이 훨씬 강했습니다. 국경 근처에 사는 조선 사람들은 압록강을 넘어가 산삼을 캐거나 수렵을 해서 생활을 꾸려 나갔습니다. 이러한 행위를 청은 '월경(越境, 나라와 나라 사이의 경계선을 넘는 행위)'이라고 지목하고, 이를 금지하라고 요구했습니다. 조선 관원은 산삼을 채취하려고 월경한 조선인을 처벌하기도 했지만, 완전히 단속할 수 없음을 잘 알고 있었습니다. 청은 월경에 계속 항의하면서, 다른 한편으로 조선의 위협 가능성을 확인하려고 했습니다. 17세기 중반 청은 중원을 장악하고 만주에 대한 봉금책(만주에 접근을 불허한 정책)을 실시한 뒤, 조선 사람들이 압록강을 넘어와 산삼을 캐고 수렵하는 것을 크게 문제 삼지 않았습니다. 이를 허용해도 청을 향한 조선의 군사적 위험이 없음을 알았기 때문이지요.

18세기로 들어설 무렵 청은 조선에 백두산을 포함한 양국의 경계를 확정하자고 계속 요구했습니다. 그리하여 숙종 말기인 1712년 백두산 정계비를 세우면서 이 문제가 마무리되는 듯했습니다. 그러나 백두산 정계비는 분쟁을 마무리하는 대신 더 혼란스럽게 만드는 요인이 되고 말았습니다. 비문에 나오는 '토문(土門)'의 위치, 백두산 정계비의 위치 문제 들이 꼬리를 물었고, 여기에 조선인의 간도 이주 문제까지 섞여 더욱 복잡해졌습니다.

그런데 청나라와 조선이 백두산 정계비를 세운 이유는 무엇일까요? 백두산 주변의 조선 사람과 청나라 사람 사이에 크고 작은 충돌이 이어졌기 때문입니다. 청나라는 백두산이 청나라에서 발원한 영산(靈山)이라고 주장하면서 줄기차게 귀속을 주장했습니다. 조선 또한 당시 지도에서 알 수 있듯이 백두산을 우리 나라 태조산*으로 받들었기 때문에 청의 주장을 받아들일 수 없었습니다. 이러한 상황에서 백두산 주변 주민들 사이에 분쟁이 자주 일어나다가 1710년 압록강 일대에서 조선 사람이 청나라 사람을 살해하는 사건이 일어났습니다. 청나라는 이를 빌미로 1712년 오라총관 목극등을 보내 국경 문제를 해결하자고 통보했습니다. 조선에 온 목극등(穆克登)은 협상해야 할 조선 접반사를 길을 안내하는 길잡이로만 취급했지요.

목극등 일행은 조선의 접반사 박권과 함경 감사 이선부가 늙어서 험난한 산행이 불가능하다며 따돌리고, 백두산 남동쪽에 있는 무산에 가서 기다리게 했습니다. 그리고 목극등 자신이 조선측 군관 이의복, 조태상, 통관 김응헌만 거느리고 백두산에 올라가 일방적으로 정계비를 세웠습니다. 그런데 정계비를 세운 지점은 백두산 정상이 아니라 남동방 4킬로미터, 해발 2200미터 지점이었습니다. 정계비위에 대청(大淸)이라 쓰고 그 밑에 "오라총관 목극등이 황제의 명을 받들어 변경을 답사하여 이 곳에 이르러 살펴보니 서쪽으로는 압록이고 동쪽으로는 토문이어서, 분수령 위에 돌을 새겨 기록한다"는 글귀를 적어 넣었습니다.

태조산(太祖山)
풍수지리에서 우리 나라 모든 산의 기원으로 여기는 산을 가리킨다.

이렇게 하여 백두산 정계비가 세워졌으니 문제가 생길 수밖에요. 첫 번째 문제로 비석의 위치를 들 수 있습니다. 비석은 백두산 정상이 아니고 조선 땅인 남동쪽에 세워졌고, 비문 가운데 압록이 압록강임이 확실하기 때문에, 토문이 두만강이라면 백두산 천지가 청의 국경 안으로 들어가 버립니다. 청은 비석 위치에서 백두산을 자기네 국경 안에 넣으려는 의지를 그대로 드러냈습니다.

하지만 백두산 정계비에서 가장 중요한 문제는 토문이 도대체 어떤 강을 가리키느냐입니다. 토문강이 두만강을 가리키는지, 아니면 쑹화 강 상류의 지류를 가리키는지 살펴보아야 합니다. 정계비를 세운 지 백 수십 년이 지난 1880년(고종17), 청나라는 두만강 상류가 도문강(圖們江)이고 도문강이 곧 토문강(土門江)으로, 조선과 청의 국경선은 압록강 –두만강이라는 주장을 펼쳤습니다. 토문이 두만강이라는 주장이지요. 여기에서 우리는 토문이 두만이 아닐 가능성이 높기 때문에 청나라가 굳이 토문=두만임을 강조한 것이 아닐까 의심할 수 있습니다. 그러한 의심은 너무나 당연했습니다. 실제로 토문강이 만주를 흐르는 쑹화 강 상류에 엄연히 존재했으니까요.

1881년(고종18) 당시 청나라에서 길림 장군 명안, 흠차대신 오대징을 보내 간도 개척에 들어가자, 1883년 조선은 어윤중·김우식을 보내 정계비를 조사하게 하고, 그 뒤 9월에 안변 부사 이중하, 종사관 조창식을 보내 조선의 영토임을 주장했습니다. 그러나 청이 토문이 두만강이라고 주장하여 아무런 해결을 보지 못했지요. 청은 토문이 두만강이므로 간도가 청나라 땅이라고 주장했습니다.

고종 때 사정을 감안하여 1712년의 상황을 추론해 봅시다. 목극등

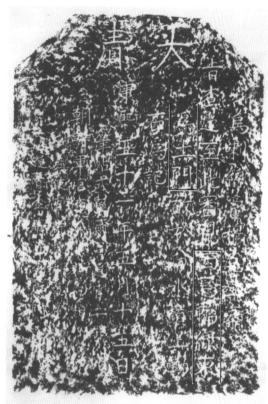

백두산 정계비와 탁본
1712년 청나라 목극등(穆克登)이 세운 백두산 정계비 탁본으로, 일본 학자 이나바 이와키치(稻葉岩吉)가 소장하던 탁본이다. 탁본을 잘 살펴보면 오른쪽 둘째 줄 아래 5번째 글자부터 "서위압록(西爲鴨綠) 동위토문(東爲土門)"이라는 글자가 새겨져 있음을 알 수 있다.

북계 지도
함경도의 지세와 하천, 주요 통로를 자세히 나타내어 행정
및 군사 목적으로 작성된 지도. 지도의 방위와 축척을 무시
하고 두만강 유역을 상세히 그렸는데, 특히 상류의 우리 나
라와 청국과의 경계를 자세히 그렸다. 정계비에서 흐르는 물
은 두만강 상류가 아니고 분계강(分界江)으로 흐르고, 분계강
은 간도 지방을 거쳐 두만강 중류에 합류하는 모습이다.

정계비

분계강

이 비문을 세우면서 위치를 일부러 조선 땅에 잡았지만, 조선과 청의 실제 경계인 토문을 두만이라고 바꿀 수 없었기 때문에 어쩔 수 없이 토문이라는 강 이름을 그대로 넣었을 것입니다. 따라서 백두산 정계비를 둘러싼 문제는 토문이 어느 강을 가리키느냐 하는 역사 해석의 문제였고, 고종 때와 마찬가지로 양측 입장에 계속 분쟁의 싹이 남아 있었다고 할 수 있습니다.

조선을 식민지로 삼고 식민사관을 만들어 우리 역사를 왜곡한 일본은 우리 영토, 국경 문제도 자기네 입맛대로 흔들었습니다. 1909년 일본은 청나라와 소위 간도 협약을 맺으면서 조선과 청의 국경을 두만강으로 확정하여 간도 지방까지 청에 넘겨 주었습니다. 일본은 만주까지 자기네 식민지로 만들 계획이었기 때문에, 두만강 너머의 땅을 청나라에 넘겨 주는 것은 큰 문제가 아니었습니다. 그러나 간도 협약은 국제법상 문제가 될 소지가 충분히 있습니다. 조선 영토에 관한 문제를 일본이 결정할 수 있는지부터 문제이지요. 1931년 만주 사변이 일어난 뒤 일본은 만주 지역에 만주국을 세웠습니다. 그 뒤 일제가 백두산 정계비를 철거하여, 지금은 처음 위치가 어디였는지 확인할 길마저 사라지고 말았습니다.

조선 통신사, 일본에 가다

임진왜란이라는 처참한 상처 때문에, 일본과의 외교 관계는 마지못해 국교를 회복하는 수준이었습니다. 게다가 숙종 때 안용복의 '울릉도 수호 사건'이 곁들여지면서 크게 나아가지 못했습니다. 하지만 일본의 적극적인 요구에 따라 통신사로 이름 붙은 사행(使行)이 가끔씩 이어졌고, 일본은 조선 통신사가 전해 주는 문화적 충격을 흡수하려고 노력했습니다.

임진왜란이 한창일 때 도요토미 히데요시가 세상을 떠나고, 세키하가라 전투에서 도요토미 추종 세력을 격파한 도쿠가와 이에야스*가 명실상부한 일본의 패자가 되었습니다. 그는 조선 실정에 밝은 쓰시마 도주에게 외교권을 맡기고 여러 차례 조선에 통교를 간청했습니다. 이에 광해군은 1609년 제한 조건을 달아 쓰시마 도주와 기유 약조를 맺었습니다. 일본과 국교를 다시 맺을 수밖에 없는 상황, 그리고 일본이 다시는 침략하지 않겠다는 국서를 보낸 것을 고려한 조치였지요. 쓰시마 도주에게 해마다 내리는 미두(米豆)를 100석으로 한정하고, 쓰시마 도주가 조선에 보낼 수 있는 선박 크기를 제한하고 사람의 왕래도 크게 제약하는 내용이었지요. 이는 앞서 맺은 임신 약조, 계해 약조보다 훨씬 엄격하여 일본이 만족할 정도는 아니었습니다.

조선은 일본에 통신사를 비롯한 여러 이름으로 사신을 파견했습니다. 일본은 '조선 통신사'라 불린 외교 사절을 통해 무엇보다도 조선의 문화를 접하고자 했습니다. 임진왜란 전 조선에서는 주로 왜구 금지를 요청하기 위해 통신사를 파견했습니다. 통신사의 일본 왕래는 1510년(중종 5) 삼포왜란 이후 단절되었다가, 도요토미 히데요시의 끈질긴 요구로 임진왜란 직전인 1590년(선조 23) 황윤길, 김성일을 각각 정사와 부사로 파견했습니다. 이 때까지 조선이 일본에 사신을 보낸 횟수가 62회인 반면, 일본이 조선에 사신을 파견한 횟수

도쿠가와 이에야스
도쿠가와는 1603년 정이대장군(征夷大將軍 : 세이타이쇼)에 올랐고, 1605년 장군 직을 아들에게 물려준 뒤에도 막후에서 실권을 휘둘렀다. 도쿠가와가 에도(江戶)에 세운 도쿠가와 막부는 조선과 국교를 다시 열기 위해 온힘을 기울였다. 막부란 대장군(大將軍, 쇼군)의 본영을 뜻하는데, 쇼군을 수장으로 하는 무신 정권 자체를 말한다.

동래 부사 접왜도 1
동래 부사가 왜의 사신을 접
대하는 그림으로, 동래부 성
에서 초량 객사까지 부사의
행렬을 그렸다. 그림 속 경관
에서 당시의 포구와 인접 촌
락을 볼 수 있다.

는 비교할 수 없을 정도로 많았습니다.

　임진왜란이 끝나고 1607년, 일본이 보낸 국서에 회답하고, 일본의
국제 정세를 탐색하며, 끌려간 조선 포로를 데려오기 위한 회답 겸
쇄환사를 파견했습니다. 그리고 같은 목적으로 1617년, 1624년에도
사신을 파견했습니다. 그러다가 1636년(인조 14)부터 본격적으로 사
신을 파견하기 시작했습니다. 이 때부터 통신사의 주된 임무는 막부
장군 계승을 축하하는 것이 되었지요. 1811년(순조 11)의 마지막 통신

사까지 모두 아홉 차례 파견했습니다. 도쿠가와 막부에게 조선 통신
사를 맞이하는 일은 자신들의 권위를 과시하고, 선진 문물을 접할
수 있는 좋은 기회였습니다. 그래서일까요? 그들은 조선 통신사를
일본 최상급 국빈으로 대접했습니다.

　통신사 일행은 중앙 관료로 구성된 정사, 부사, 종사관*이 대표 사
절 임무를 수행했고, 수행 인원이 무려 300~500명에 이르렀습니
다. 한성부를 출발하여 부산까지는 육로로, 부산부터는 쓰시마 도주

종사관(從事官)
일본에 통신사로 파견된 정
사, 부사를 수행하는 일을 맡
은 관직. 군영이나 포도청의
주장(主將)을 보좌하는 관직
도 종사관이라 불렀다.

동래 부사 접왜도 2
동래 부사가 왜의 사신을 맞
이하는 광경을 볼 수 있다.

의 안내를 받아 바닷길을 이용했습니다. 쓰시마를 거쳐 시모노세키를 통과하여 일본 각번의 향응을 받으며 오사카의 요도우라(淀浦)에 상륙했지요. 오사카에서 막부 장군이 있는 도쿄까지는 다시 육로를 이용했고요. 일본에 갔다가 돌아오기까지는 대개 6개월에서 1년이 걸렸습니다. 대규모 일행인지라 먹는 데 들어가는 쌀만 해도 10만 석 정도로 엄청난 비용이 들었지요.

통신사 일행이 지나가면서 묵는 객사에서는 조선 사신과 일본 관

리 사이에 문장 교류와 학술 교류가 이루어졌습니다. 조선 통신사의
문장을 받기 위해 일본 사람들 사이에 경쟁이 치열했고, 조선 통신
사들은 가는 곳마다에 시문과 서화 등 많은 작품을 남겼다고 합니
다. 통신사 일행에 화원이나 의원들도 포함되어 예술과 의학 분야에
서도 교류가 이루어졌습니다.

바다로 들어오는 서양 세력을 막아라 - 해방론

19세기 이후 조선의 대외 관계에서 주목해야 할 점이 있습니다. 바로 조선과 접촉하려는 서양 세력입니다. 조선 근해에 서양 함선인 이양선이 자주 나타났고 통상을 요구하기도 했지만, 세도 정권의 권력자들은 통상 거부로 맞섰습니다. 오히려 조선에 더 큰 영향을 준 것은 중국 땅에서 벌어진 서양 세력과 중국의 전쟁 소식이었지요.

조선에서 경계하는 서양 세력은 저 멀리 떨어져 있는 서양 제국이 아니라 나라 안에 있는 천주교도였습니다. 천주교도가 나라 안에서 변란을 일으키고 밖에서는 서양 세력을 끌어들일 계책을 세울 거라고 여겼기 때문입니다. 그래서 서양 세력 자체에는 크게 주의를 기울이지 않았지요. 조선에 전해진 서양 서적, 그것도 한문으로 번역된 서적을 통해서 서양의 실체를 짐작하는 정도였습니다.

19세기 초반 서양에 대한 조선 정부의 인식은 아주 소박했습니다. 1820년 북경에 다녀온 사신 가운데 서장관 이영순이, 영국이 비록 청을 보호한다는 명분을 내걸었지만 실제로는 토지를 점탈하여 이익을 꾀할 음모라고 보고한 것이 유일했습니다. 1820년대까지 청에 다녀온 사신들의 견문 기록에는 서양에 관한 내용이 거의 없습니다. 조선이 서양과 특별한 원한 관계를 맺은 적이 없으니, 서양도 조선에 별다른 해를 끼치지 않을 거라고 생각한 것이지요. 조선 정부는 오로지 천주교의 유입 가능성을 미리 막기 위해 청이나 일본과 허락된 외교 통로 말고는 접촉 통로를 철저히 막았습니다.

이런 터에 1차 중영 전쟁* 소식은 서양에 대한 조선의 인식을 질적으로 변화시키는 계기가 되었습니다. 1839년 9월 구룡에서 영국 함

1차 중영 전쟁
예전에는 아편 전쟁으로 불리던 중국과 영국 사이에 벌어진 전쟁. 아편을 중국에 자유롭게 수출하려던 영국의 선제 공격으로 시작되었다.

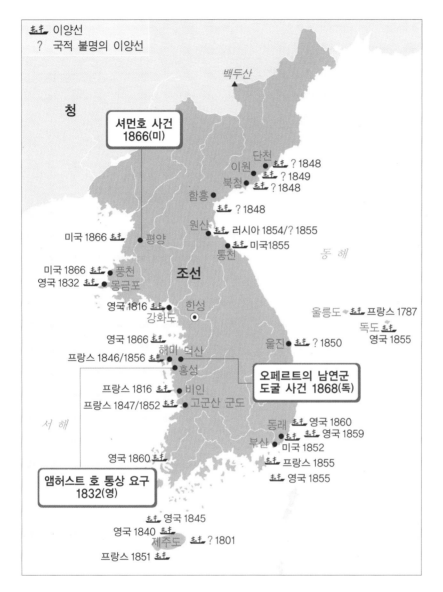

이양선
? 국적 불명의 이양선

청

백두산

셔먼호 사건
1866(미)

단천 ? 1848
이원 ? 1849
북청 ? 1848
함흥
? 1848
원산 러시아 1854/? 1855
미국 1866 평양 통천 미국1855
동 해

미국 1866 풍천
영국 1832 몽금포 조선

영국 1816 한성
강화도 울릉도 프랑스 1787
독도
영국 1866 덕산 울진 ? 1850 영국 1855
프랑스 1846/1856 해미
홍성 오페르트의 남연군
프랑스 1816 비인 도굴 사건 1868(독)
프랑스 1847/1852 고군산 군도

서 해 동래 영국 1860
부산 영국 1859
미국 1852
영국 1860 프랑스 1855
영국 1855

앰허스트 호 통상 요구
1832(영)

영국 1845
영국 1840
제주도 ? 1801
프랑스 1851

대와 청 해군 사이에 포격전이 벌어지면서 시작된 1차 중영 전쟁 소식이 1840년 조선에 알려졌고, 다음 해에는 전쟁 내용이 상세히 전해졌습니다. 전투에서 청나라 병사가 많이 부상당했으며, 청이 교역

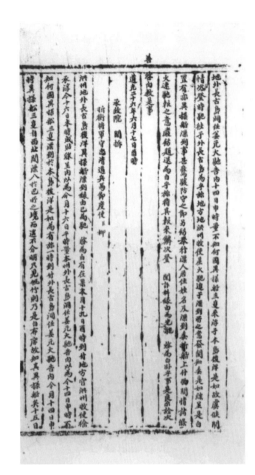

미국 극동 함대 팔루 호
1871년 신미양요 당시 강화도를 침략한 미국 극동 함대 중 포함(砲艦)인 팔루(Paloo) 호가 돌격 부대 선박을 예인하는 모습이다.

이양선 보고
1846년 충청도 홍주 지역에 이양선 3척이 표류한 사실을 보고한 충청 병영 계록.

을 허락하지 않은 것이 전쟁의 원인이며, 청이 서양과 강화를 맺을 것이라는 점 등이 알려졌습니다.

1차 중영 전쟁 소식이 자세히 전해지면서 서울을 중심으로 지식인들 사이에 서양에 대한 위기 의식이 커졌습니다. 중화를 차지한 청나라가 영국의 공격에 제대로 대응하지 못했다는 소식은 큰 충격이었습니다. 서양의 침략이 조선으로 이어질지 모른다는 위기감에 휩싸였지요. 막연한 존재로만 알았던 서양이 이제 가상 적국이 되었습니다. 무엇보다 서양 세력에 대한 대책이 필요했습니다. 하지만 손에 닿지 않는 위협이었을 뿐 서양 세력의 본질에 대한 이해가 부족한 상황에서 제대로 된 대응책을 마련하기란 쉽지 않았습니다. 이양선에 대한 조선 정부의 처리는 그러한 점을 잘 보여 줍니다.

　19세기 중반 이후 조선 근해에 서양 함선인 이양선이 계속 나타났습니다. 이양선은 1848년 6월 함경도 앞바다에 나타났고, 이 해 12월 경상·전라·황해·강원·함경도 해안에 연거푸 나타났습니다. 이후 이양선은 조선 근해에 계속 나타나 통상을 요구했습니다. 이미 일본이나 중국을 거쳐 조선 근해에 다다른 서양 함선들은 조선 근해를 측량하기도 했습니다. 1855년(철종 6) 6월에는 강원도 통천에 선박이 침몰하여 표류한 미국인 네 명을 구출하여 청나라에 보내기도 했습니다.

　1848년, 이양선이 나타나자 헌종은 혹시 그들이 무력 침략을 하지 않을까 불안해했습니다. 이미 1차 중영 전쟁 소식을 들은 터라 더욱 두려웠겠지요. 이에 대해 영의정 권돈인은 조선에서 먼저 공격하지 않으면 저쪽에서도 함부로 무력을 쓰지 않을 것이라고 말합니다. 이러한 인식은 이양선에 대한 일반적인 태도였고, 조선의 공격 의사와 상관없이 서양 세력이 조선을 침략할지도 모른다는 위기 의식은 아직 그다지 크지 않았습니다.

　그러다가 1860년 북경이 함락된 2차 중영 전쟁은 조선 사회를 뿌리째 흔들었습니다. 1856년 애로 호 사건을 빌미로 중국을 침공해 톈진 조약을 맺은 서양 세력은, 1860년 톈진 조약 비준서 교환 문제로 다시 중국을 공격했습니다. 영국과 프랑스 연합군은 함풍제가 러허〔熱河 : 열하, 중국 허베이성(河北省)에 있는 지금의 청더(承德)〕로 피난 간 상황에서 1860년 10월 베이징을 점령했습니다. 사태 수습을 위임받고 베이징에 남아 있던 공친왕은 연합군과 접촉한 뒤 베이징 조약을 맺었지요. 베이징 조약으로 청은 영국과 프랑스에 막대한 배상

강화아문도
서양인이 그린 강화아문 그림. 현재 영국박물관에 소장되어 있다.

동지사행(冬至使行)
조선에서 중국으로 동지를 맞이하여 파견한 사신.

금을 지불하고 영토를 내주어야 했습니다.

조선에도 2차 중영 전쟁 소식이 전해졌습니다. 1860년 12월 역관이 보고했지요. 영국과 프랑스 연합군의 공격으로 베이징이 함락되고 함풍제가 러허로 피난했으며, 서양 나라들이 조약을 통해 천주교를 마음대로 전파하고 각 항구에서 자유롭게 통상할 수 있게 되었다는 갖가지 소식이었습니다. 1861년 3월에 귀국한 동지사행*의 정사 신석우도 이러한 사정을 알렸습니다.

조선에서는 서양 세력이 이익을 위해 무력을 동원하고 있으니 바다에서부터 서양 세력이 들어오지 못하도록 막아야 한다는 주장이 크게 일어났습니다. 바다에서 침략을 막는다 하여 바다 해(海), 막을

방(防)이라는 한자를 써서 해방책(海防策)이라고 불렀습니다. 조선의 해방책은 서양 세력의 위협을 최전방에서 막으려 했던 청나라의 해방론과 성격이 같았습니다.

서양을 해방(海防)의 주된 대상으로 설정한 것은 1차 중영 전쟁 이후지만, 서양 세력에 대한 대비가 필요하다는 인식은 18세기 후반부터 있었습니다. 이덕무와 유득공이 서양 국가의 화력에 대비해야 한다고 주장하면서 해방의 필요성을 제기했지요. 그리고 정약용은 서양 세력이 상업적 이익을 위해 강력한 무력을 이용하여 영토를 점거하고, 점거한 곳에 자기네 종족을 거주시켜 세력 근거지로 삼는다는 점을 잘 파악하고 있었습니다.

이렇게 서양에 대한 대비의 필요성이 18세기 후반에 제기되었지만, 19세기 초반까지도 주된 우려 대상은 일본이었습니다. 그러다가 1840년대 이후 서양 세력의 중국 침탈을 목격하고, 그들이 조선으로 향하고 있다는 사실이 확실해지자 해방의 주된 대상이 서양으로 바뀌었습니다. 그리하여 청나라 위원이 《해국도지》에서 제기한 해방책에 관심이 쏠렸습니다. 위원은 "오랑캐의 재주와 기술을 배워 오랑캐를 제압한다"는 방책을 최우선으로 제기했으며, 전함, 화기, 군사 훈련 세 가지를 배워야 할 서양 기술로 제시했습니다. 조선에서 김정희, 박규수, 최한기가 《해국도지》에 관심을 두었지만, 서양의 군사 기술을 배우는 방법을 구체화하려는 노력은 없었습니다. 서양의 과학 기술을 받아들이려면 무엇보다 정부의 제도적 뒷받침이 필요한데, 세도 정권은 관심이 없었습니다. 해방론에 따라 서양 세력에 대한 방비가 필요하다고 인식하면서도 실제로 실천 능력이 없었던 것입니다.

19세기 조선을 휘어잡은 세도 정치

세도 정치를 원망하랴

19세기 조선의 정치를 한 마디로 표현한다면 세도 정치라고 해도 지나치지 않습니다. 순조의 즉위와 함께 시작된 세도 정치는 헌종을 거쳐 철종이 죽고 고종이 즉위한 뒤에도 대원군의 세도로 계속됩니다. 세도 정치란 소수 권력 집단이 상대적으로 약해진 왕권을 억누르고 정치 권력을 거머쥐는 체제를 말합니다. 본디 세도 정치 또는 세도가의 세도(勢道)란 부정적인 뜻만 담고 있는 게 아니라, 국왕의 특별하고 두터운 신임을 받는 특정 인물이 왕권을 대행하는 정치 권력을 지녔다는 뜻이었습니다.

조선의 세도 정치는 정치 권력이 소수 가문, 일부 권력 집단에 집중된 형태였습니다. 세도 가문, 그리고 세도 가문의 대표 격인 세도가는 외척이라는 지위를 정치 권력의 기반으로 삼았습니다. 권력의 핵심부를 이룬 세도 가문은 당시 정치 권력이 집중되었던 비변사를 장악하는 방식으로 권력을 휘둘렀습니다.

먼저 세도 정치의 성립 배경부터 살펴볼까요? 이제 세도 정치 하면 탕평책과 바로 연결시킬 수 있지요? 영조와 정조 때 탕평 정국 아래 왕권이 강화되었지만, 이는 국왕의 정치 능력이 막강했기 때문이지 정치 체제가 완벽히 자리 잡아서 그런 게 아니었습니다. 또한 탕평 정국 아래 군주의 신임을 받은 유력한 관료 중에 왕실과 혈연 관계에 있는 외척들이 많았지요. 게다가 순조 이후 국왕들이 모두 나

이가 어려 왕실과 외척 사이인 양반 관료가 실제 정치 권력을 쥐는 일이 현실 정치에 그대로 나타났습니다.

순조는 11세, 헌종은 8세, 철종은 19세에 왕위에 올랐습니다. 철종은 나이가 차서 왕이 되었지만, '강화 도령'이라고 불렸듯이 정치력을 발휘할 바탕이 전혀 없었지요. 외척이 정치 권력에 참여하여 주도했다는 점에서 이 시기를 '외척 세도 정치기'라고 부르기도 합니다.

세도 정치를 가능케 한 배경에는 경제적 성장이 놓여 있었습니다. 이 무렵은 농업 생산력이 커지면서 사회 분업이 발달하고, 상품 화폐 경제가 발달하여 상인들의 자본 축적이 크게 늘어났습니다. 막대

강화에 있는 천주성전
현재까지 강화에 남아 있는 초기 천주교 성당. 요즘 성당 건물과 달리 기와 지붕인데다가 연꽃 문양 등 불교 모습도 섞여 있다.

강화도 행렬도(부분)
1849년 6월 헌종 뒤를 이어 왕위에 오를 철종을 모시러 강화도로 가는 행렬을 그린 그림이다. 지형에 따라 구불구불 길게 늘어선 긴 행렬과 강화의 전경을 12폭 병풍에 담았다. 요란한 행렬을 중심으로 성의 다양한 시설물, 바닷가 풍경, 관광 나온 백성들 모습까지 생동감 있게 표현했다.

한 상업 이윤으로 자본을 모은 상인들은 사실상 세도 가문의 보호 아래 장사를 해 나갔지요. 이들은 18세기 이래 발전하던 상품 화폐 경제의 이권을 독점하여 존립 기반을 마련했습니다. 그리고 이를 계속 유지하기 위해서는 세도 권력과 밀접한 관계를 맺어야 했지요. 그 속에서 세도 권력은 더욱 강해졌고요.

정치적 배경으로는 무엇보다 탕평 정치의 영향을 찾을 수 있습니다. 탕평책 실시로 재야 산림의 지위와 권위가 쇠퇴하면서 서울 주

변에서 세력을 키워 나가던 경화 사족이 세도 가문으로 나섰습니다. 중앙 정치는 국왕과 친위 관료가 주도했고, 중앙과 지방의 정치적 단절은 더 깊어졌습니다. 서울과 시골의 정치·경제·문화적 격차는 "사람은 태어나서 서울로 보내고, 말은 제주로 보낸다"는 말에 잘 드러났습니다. 다산 정약용도 후손들에게 "서울 주변을 떠나지 말고 지내야 할 것"이라는 교훈을 남겼다지요.

세도 정치 시기에 조선은 내부의 사회 체제를 정비하면서 외부의 압력에 대비해야 하는 중요한 시점을 맞이하고 있었습니다. 이 시기 권력자들도 중국을 통해 세계 정세를 파악하긴 했지만, 그것이 나라의 운명을 좌우하는 흐름인지를 살펴볼 겨를이 없었습니다. 조선의

정선이 그린 경강의 광진
한강과 마주치는 아차산 아래에 있던 나루가 광진이다. 지금 워커힐이 들어서 있는 아차산 일대 광장동 부근이다. 경화 사족이라 불린 세력가의 별장들이 터를 잡고 있는 모습이 잘 그려져 있다. 1741년 무렵.

정치 권력을 손에 넣는 데 집중했을 뿐, 외국 세력에 대응하기 위한 준비에는 별 관심을 두지 않았지요. 세도 가문의 관심은 자기 손아귀에 쥐고 있는 조선의 권력에 쏠렸을 뿐, 조선 팔도에서 살고 있는 백성들의 운명은 아랑곳하지 않았습니다. 그렇게까지 멀리 눈길을 돌릴 만한 안목이 없었던 것이지요.

세도 정치 전개 과정

정조가 세상을 떠난 뒤 어린 순조가 왕위를 이었습니다. 절대자 국왕이자 학문 군주요 신하들의 스승이었던 정조. 만천명월의 주인옹*임을 자부하던 정조가 왕위에서 사라진 다음, 정국의 숨통은 순조가 아니라 영조의 계비인 정순 왕후 김씨가 틀어쥐었습니다. 이제 세도 정치의 기틀이 마련되고 세도 가문이 등장하면서 본격적인 세도 정치가 시작됩니다.

　　정순 왕후는 순조를 대신하여 3년에 걸쳐 수렴청정을 하는데, 먼저 친정 인물인 경주 김씨 인물들을 등용하여 정국을 주도합니다. 이 시기에 정조와의 친분 관계, 그리고 노론의 의리에 대한 충성도에 따라 시파(時派)와 벽파(辟派)가 뚜렷이 나뉩니다. 정순 왕후를 등에 업은 벽파는 1801년 신유사옥을 일으켜 천주교 신자를 박해하면서 남인 세력 대부분을 제거합니다. 시파 입장에서 천주교와 남인 세력에게 온건한 입장을 가졌던 정조가 죽자, 정권을 잡은 벽파 정권이 남인에게 혈연과 군신 관계를 무시하는 천주교도라는 혐의를 씌워 대대적인 숙청을 가한 것입니다. 이가환, 정약용 등 재상감으

만천명월의 주인옹
정조가 스스로에게 붙인 별호(別號). 1798년 12월에 지은 《만천명월주인옹자서(萬川明月主人翁自序)》라는 글에서 정조는 만 갈래 하천(萬川: 만천)을 서민에 빗대고, 만천에 빛을 비추는 명월(明月)을 자신에 대응시켰다. 이는 스스로 국왕 지위를 수행하고, 그리하여 백성들을 이끌어 나갈 충분한 능력을 갖추었음을 과시하는 것이었다. 이제 탕평 군주로서 자신감을 만천하에 선포할 만하다는 정조의 자부심이 그대로 드러나는 이름이 바로 '만천명월 주인옹'이었다.

시파와 벽파는 어떻게 나뉘었나?

정조가 말년에 사도 세자와 관련해 새롭게 제기한 입장, 이른바 임오 의리에 대한 해석에 동조한 관료 세력을 '시파(時派)'라 부르고, 정조의 입장에 크게 반대한 세력을 벽파(僻派)라 부른다. 임오 의리는 1762년 임오년에 사도 세자가 죽었을 때 이에 관련된 인물들의 행적에 관한 평가 문제였다. 정조가 왕이 되고 10년 지난 뒤 드디어 아버지 문제를 제기한 것이다.

정조는 영조가 추진한 인재 등용의 탕평책을 계승하면서도 사대부로서의 의리와 명절을 중요하게 여기는 청류들을 폭넓게 기용했다. 척신 세력을 비판한 노론계 인사뿐만 아니라 규장각과 초계문신 제도 등을 통해 채제공 같은 남인·소론계 인사들도 기용했다. 그리하여 즉위하여 10년이 지난 뒤부터 정조는 탄탄한 왕권을 배경으로 아버지 사도 세자의 죽음에 관련된 임오 의리 문제를 제기했다.

임오 의리 문제는 1762년 당시 영조가 사도 세자를 죽음으로 몰아넣은 처분이 정당했는지 여부를 따지는 것이고, 사도 세자가 죽임을 당할 만한 죄를 지었는지를 살피는 문제이며, 또한 사도 세자의 죽음과 관련된 대신들(주로 노론측 인사)의 처사가 올바른 것이었는지를 판단하는 문제였다. 정조는 영조가 사도 세자를 죽인 처분 자체는 정당하나 사도 세자가 죽을 만한 죄를 지은 것은 아니었기 때문에, 결국 사도 세자를 자신의 아버지로 대우해야 한다는 입장을 내세웠다. 이러한 입장은 영조가 아니라 그 당시 대신들에게 사도 세자 죽음의 책임을 묻는 것이었다. 정조 입장에 동조하지 않는 세력은 영조의 처분을 있는 그대로 유지해야 한다고 내세웠다. 다시 말해서 사도 세자가 죽은 것은 당연하며, 이에 관련된 노론 대신들의 처신도 온당하다는 입장이었다. 사도 세자에 대한 정조의 입장에 동조하는 세력은 시파, 반대한 세력은 벽파가 되었다.

시파와 벽파가 점차 분명하게 나뉘면서 중앙 관료들은 거의 대부분 두 파의 어느 한쪽에 속했다. 정조가 살아 있을 때에는 당연히 시파가 우세했고, 때문에 정조가 죽은 뒤 벽파는 거세게 시파를 탄압했다. 정조가 죽고 어린 순조가 즉위하자, 영조의 계비 정순 왕후(순조의 증조할머니)가 수렴청정했다. 정순 왕후를 왕실로 보낸 경주 김씨 세력이 정치의 주도권을 쥐고 벽파와 결탁하여 시파를 탄압했다. 이 때 벌어진 일 가운데 하나가 천주교 신자들을 박해한 신유 박해(1801년)이다. 그 뒤 1803년 김조순을 중심으로 안동 김씨가 정권을 잡으면서 시파와 결탁하여 경주 김씨 일문과 벽파에 반격을 가했다. 1807년 시파가 벽파를 조정에서 완전히 몰아내면서 이제 조선 왕조의 정치는 안동 김씨, 풍양 조씨 등 세도 가문의 손에 넘어가고 말았다.

김조순 초상화
순조 이후 안동 김씨 세도의
길을 연 김조순 초상.

조만영 초상
풍양 조씨 가문의 대표적 인
물인 조만영의 초상. 프랑스
국립 기메동양박물관 소장
한국 문화재(목록).

로 인정받던 남인 인사들이 이 때 정계에서 밀려났습니다. 정조 때 남인 세력의 기둥으로 이미 1799년 1월 세상을 떠난 채제공의 관직도 빼앗았습니다.

순조 초반에 세도 정치가 서서히 시작되었지만, 세도 가문의 대표 주자로 널리 알려진 안동 김씨 세력은 아직 몸을 숙이고 있었습니다. 하지만 1802년 안동 김씨의 대표 김조순의 딸이 왕비로 책봉되면서 사정은 달라집니다. 규장각 초계문신 출신으로 정조의 총애를 받았던 김조순은 점차 비변사와 훈련도감을 기반 삼아 핵심 권력을 장악해 나갔습니다.

1804년 정순 왕후의 수렴청정이 끝나고 순조가 직접 나랏일을 돌보는 시기가 1811년까지 이어집니다. 이 시기부터 김조순 가문의 봄날이 찾아오지요. 김조순 세력은 순조의 생모 수빈 박씨의 친정인 박준원 가문의 협력을 얻었습니다. 그리고 풍양 조씨 가문 조만영의 8촌 조득영은 김조순의 움직임에 적극 협력했고, 나중에 세자빈 자리에 조만영의 딸을 앉히면서 세도 가문의 기반을 마련합니다.

순조는 정치적 영향력을 강화하려고 암행어사를 파견하거나 《만기요람》*을 펴내는 움직임을 보였습니다. 하지만 자신을 도와 국정을 운영해 나갈 친위 세력을 갖추지 못한 상태였지요. 또 영조나 정조처럼 자신의 정책을 뒷받침해 줄 관료 세력을 스스로 꾸리기도 어려운 처지였습니다. 따라서 1811년 평안도 농민 전쟁이 발생한 뒤

순조는 뒷전에서 세
도가의 처분을 지켜
보며 인정해 주는
역할에 만족해야 했
습니다.

장동(壯洞)
안동 김씨 김조순 가문의 집
이 한성부 장동에 있었다. 그
래서 '장동 김씨'라고 불리기
도 했다. 지도에 보이는 것처
럼 장동은 경복궁 바로 옆
서쪽에 있었는데, 서북쪽으
로 인왕산과 북악산으로 이
어지는 어귀였다. 〈대동여지
도〉 중 도성 전도.

계속해서 1812년
부터 효명 세자(순조
의 아들이자 헌종의
아버지. 나중에 익종으로 추존됨)의 대리청정이 시작되는 1827년까지
는 김조순 가문이 조득영 가문과 협력하면서 박준원 가문을 견제하
고 정국의 주도권을 확실히 손에 넣은 시기입니다. 세도 가문들의
이해 관계에 따른 이합집산이 일어나고, 그 속에서 김조순 가문이
절대 권력을 휘둘렀지요.

효명 세자가 대리청정을 시작한 1827년부터 갑자기 세상을 떠난
1830년 5월까지는 세도 정치와 잘 어울리지 않는 시기입니다. 효명
세자는 대리청정하면서 정국을 주도하려 했고, 왕실과 인척 관계를
맺지 않은 새로운 권력 집단을 하나로 모아 왕권을 강화하려고 했습
니다. 그는 김조순 세력을 견제했는데, 특히 비변사를 배제하고 정
승도 빼놓은 상태에서 직접 나랏일을 처리하려고 했습니다. 그리고
자신의 세력을 모으기 위해 정조가 초계문신에게 한 것처럼 신하들
에게 글 짓는 과제를 많이 주어 국정 운영을 도울 관료를 키워 나갔
습니다.

효명 세자의 대리청정 시기에 새로운 세력으로 등장한 사람이 연

기축 진찬 의궤

순조의 성수 40년과 등극 30년을 맞이하여 거행된 진찬 전체 진행 과정 등을 정리한 의궤이다. 진찬(進饌)이란 왕실에서 행하는 공식적인 연회의 하나인데, 진연(進宴)보다 작은 규모의 행사이다. 당시 효명 세자가 대리청정하고 있었는데, 부왕의 탄신을 기념하는 대대적인 연회를 열어 국왕 중심으로 정국을 운영하려는 의지를 표현했다.

안 김씨인 김로(金鏴)입니다. 세자 시강원 관원으로 있으면서 세자의 신임을 받은 사람으로, 세자가 의도한 새로운 권력 집단의 중심 인물이었지요. 그리고 세자가 죽은 뒤 김로와 함께 사간(四奸, 네 명의 간신)으로 지목된 이인보, 홍기섭, 김노경 들도 새로운 인물이었습니다. 하지만 1830년 세자가 갑자기 죽자 그의 시도는 실패하고 맙니다. 또다시 세도 가문 중심으로 정국이 움직였지요. 이후 순조 말년 4년여 동안은 김조순 가문이 효명 세자 때 새로 등장한 세력을 제거하고 자신들 중심으로 권력을 다시 정립한 시기입니다. 1832년 김조순은 세상을 떠났지만, 그의 집안은 계속 세도를 떨쳤습니다.

순조의 손자 헌종이 1834년에 8세라는 어린 나이에 왕위를 이어받으면서 순조비 순원 왕후 김씨(김조순의 딸)는 6년 동안 수렴청정을 합니다. 순원 왕후가 대리청정하는 동안 김조순 가문은 세도 기반을 튼튼히 다졌습니다. 그리고 순조에게 헌종을 돌봐 달라는 부탁

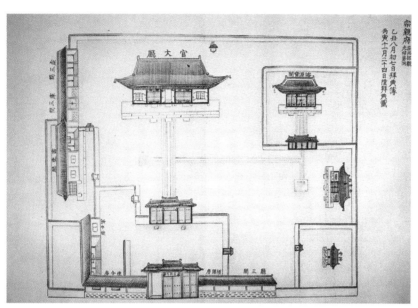

선원보략 수정 의궤
1853년(철종 4) 1~2월에 행해진 《선원보략》 수정에 관한 기록이다. 《선원보략》은 《선원계보기략》을 줄여서 부르는 말인데, 조선 왕실 계보 기록으로 숙종 때부터 왕별로 만들어졌다. 책 이름에서 알 수 있듯이 왕실 자손을 모두 망라하여 기록하는 '대동보'가 아니라 특정 왕의 내외 후손을 6대까지만 수록했다. 조선 왕실의 대동보로 《선원속보》가 작성되기 시작한 것은 철종 11년에 이르러서이다.

종친부 건물 배치도(왼쪽)
종친부는 왕실의 계보와 초상화, 왕과 왕비의 의복 등을 관리하던 관청이다. 그리고 왕실의 여러 자손을 관리하는 기능을 수행했다. 《서울의 옛지도》 114쪽, 1878년.

을 받은 조인영(조만영의 동생. 헌종의 어머니 신종 왕후의 외삼촌)이 정국에 적극 참여해 김씨와 조씨 두 세력 사이에 균형이 유지되었습니다. 그런데 헌종이 몸소 정치에 나선 1841년부터 세상을 떠나는 1849년까지는 조인영, 조병구 중심의 조만영 세력이 김조순 가문 세력보다 우세했지요.

1849년 철종이 강화도에서 불려와 왕위를 이으면서 세도 정치의 판도가 뒤바뀝니다. 순원 왕후 김씨가 두 번째 수렴청정에 나서면서 김좌근을 중심으로 김조순 가문 세력이 권력을 잡고, 1863년 철종이 죽을 때까지 권력을 잡습니다. 철종이 왕위를 계승하는 과정에 이미 안동 김씨의 입김이 크게 작용했지요. 순원 왕후의 명으로 사도 세자의 후손 전계 대원군의 셋째 아들인 원범이 새로운 국왕으로 간택되었습니다. 그런데 이 때 순원 왕후 세력은 왕위 계승의 계보(왕통:

王統)와 집안 혈통 관계의 계보(가통 : 家統)를 크게 어그러뜨리는 기묘한 관계를 만들었습니다. 이 점을 좀더 살펴볼까요?

영조 이후 왕위 계승은 영조-진종(효장 세자)-정조-순조-익종(효명 세자)-헌종-철종으로 이어집니다. 이 때 진종과 익종은 실제로 왕위에 오르지 못했으나 왕 자리에 추존되었습니다. 진종은 정조가 즉위하면서, 익종은 헌종이 즉위하면서 곧바로 추존되었지요. 따라서 왕위 계승으로 보면 순조와 철종 사이는 증조부와 증손 관계에 해당합니다.

그런데 왕실의 혈연 관계에서 보면, 영조-사도 세자-은언군(정조의 이복 동생)-전계 대원군-철종(원범)으로 이어집니다. 순조는 사도 세자의 손자니까 전계 대원군과 같은 항렬로, 철종에게는 아버지뻘인 종숙(從叔)에 해당합니다. 그러니까 순조는 철종에게 왕통으로 보면 증조부뻘이고, 가통으로 보면 아버지뻘이 됩니다. 마구 헷갈리는 문제는 이뿐만이 아닙니다. 순조를 중심으로 파악하면, 왕위 계승이 아들(익종), 손자(헌종)를 거쳐 다시 조카(철종)로 이어집니다. 이렇게 순조의 아들 항렬에서 헌종 뒤를 이을 후왕을 선택한 것은 순원 왕후가 철종에 대한 영향력을 높이기 위함이었습니다. 다시 말해서 새 국왕 철종을 좀더 가깝게 대하려면, 순원 왕후에게는 증조할머니가 아니라 어머니 지위가 필요했던 것이지요.

이렇게 왕실 계승 관계가 매우 복잡해지는데도 원범을 새 국왕으로 선택한 이유는 무엇일까요? 그것은 김조순 가문의 대표 김좌근을 중심으로 권력 독점을 철저히 유지해 나가려는 움직임 때문이었습니다. 이러한 노력에 힘입어 김조순 가문은 철종 재위 기간 내내 경쟁 세력을 밀치고 막강한 권력을 독점하면서 세도 정치의 실상을 낱낱이 드러냈습니다.

이렇게 조선 왕조 말기이자 19세기 대부분을 이끌어 나간 세도 정치는 몇 가지 특징을 지닙니다. 먼저 권력을 틀어쥔 인물들이 외척이라는 점, 겉으로는 국왕의 권위를 세력의 주요 기반으로 삼았다는 점을 들 수 있습니다. 그리고 세도 정치 초반에는 개인의 역량과 임금의 신임을 바탕으로 권력에 접근하는 모습이 두드러졌지만, 후반에는 개인의 역량이나 권력의 정당성을 국왕한테 검증받는 절차 없이 가문 안의 서열이나 역량에 따라 권력의 정점에 이르렀습니다.

둘째는 유력 가문 중심의 집권 세력들이 강한 동질성을 바탕으로 긴밀한 협력 관계를 맺었다가 서서히 대립 관계로 변화해 갔다는 점입니다. 보기를 들면, 김조순과 조득영은 순조 초년에 서로 협력하여 박준원 가문을 몰아냈습니다. 하지만 헌종에 이르러 서로 공격하기 시작했고, 철종 때에는 조만영 가문의 중심 인물이 사약을 받아 죽는 상황에 이르렀습니다.

세도 정권의 디딤돌이 된 비변사

세도 정치 시기의 대표적인 권력 기구는 비변사입니다. 비변사는 나름대로 역사 과정을 거쳐 조선 왕조의 최고 권력 기구로, 그리고 세도 가문이 권력을 잡는 데 요긴하게 활용하는 관청으로 자리를 잡았습니다. 따라서 비변사의 권력 구조와 권력 행사 방식을 이해하는 것은 곧 세도 정치의 진면목을 확인하는 것과 마찬가지입니다.

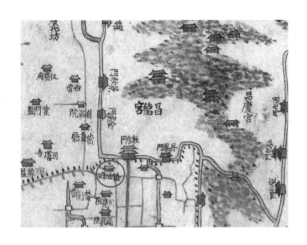

비변사
김정호가 만든 《청구요람》의 〈도성전도〉에 보이는 비변사의 위치. 창덕궁 돈화문 바로 앞에 위치한 비변사가 꽤 커 보인다.

비변사는 16세기 초 조선 역사에 처음 등장했습니다. 1510년 삼포왜란이 일어났을 때 국경 지대의 일을 아는 주요 관직자들이 모여서 임시 회의체를 만들어 회의한 것이 첫 등장이었지요. 그 뒤 1555년(명종 10)에 정식 관료 기구로 자리 잡았지만, 군사 관련 업무만 수행할 따름이었습니다. 비변사가 군사적 성격을 벗어 버린 때는 공교롭게도 군사적 임무 수행이 가장 절실했던 임진왜란 당시였습니다.

임진왜란 당시 비변사는 군사뿐만 아니라 정치·행정에 관한 직무도 총괄하면서 기능과 권한이 크게 확대되었습니다. 그리고 임진왜란이 끝나자 비변사의 기능을 처음처럼 축소해야 한다는 주장이 일어났습니다. 그러나 전쟁 이후 복구 사업을 주관하고 국방력 강화를 집행할 기관이었기 때문에 확대된 비변사의 기능은 계속 유지되었습니다. 또 인조 이후 붕당 정치가 굴러가는 정치 상황에서 조정 안의 여론을 수렴하고 공론을 형성하기 위한 회의체가 필요했는데, 비변사가 이에 적합했습니다. 이러한 배경에서 비변사에 소속된 비변사 당상*의 숫자가 증가했고, 숙종과 영조를 거치면서 그 기능이 매우 커졌습니다.

비변사의 기능과 업무는 17~18세기를 거치면서 정리되었습니다. 외교 문제와 더불어 재정과 지방 행정도 총괄했습니다. 비변사 당상이 공인과 시전 상인 등을 감독하고, 나아가 팔도를 나누어 맡는 체제가 자리 잡혔습니다.

비변사 당상(堂上)
비변사의 실무를 맡아 실제 권한을 행사하던 고위 관원들. 실무를 담당하던 당하관을 낭청이라고 불렀다.

세도 정치 시기에 비변사 당상은 숫자가 크게 늘어났고, 운영 방식도 세도 정치에 맞게 이루어졌습니다. 비변사의 기능이 매우 커졌는데도 탕평 정치 시기에는 특정 세력의 온상이 되지 않았던 데 비해, 세도 정치 시기에는 비변사가 세도 가문의 권력 원천으로 움직였지요. 여기에서 우리는 사람들이 비변사를 어떻게 운영하느냐에 따라 비변사의 성격이 결정되었음을 알게 됩니다. 자, 그럼 비변사의 기능과 구성, 운영 방식을 살펴보지요.

먼저 군사 면에서 비변사는 군영 대장이 비변사 당상을 겸해 군대를 동원하는 군사 조치와 군사 시설 설치, 수도 외곽 방위 체제를 강화하는 등의 기능을 담당했습니다. 그리고 재정 측면에서는 삼정(三政)과 대동(大同)을 관장하고, 사신 행차에 필요한 은(銀)을 조달하며, 공시 당상을 통해 공인과 시전 상인을 관할하고, 주전(鑄錢) 등을 시행하는 업무를 담당했습니다. 비변사 당상들은 뜻을 모아 주요 관직의 인사권을 행사했습니다. 4도 유수*, 양계 감사, 요충지 수령, 갖가지 사행들을 천거할 수 있었지요. 또한 지방 행정을 도맡았습니다. 팔도 구관 당상*은 각 도 관찰사의 장계*를 검토하고, 이를 비변사에서 논의한 다음 국왕에게 보고했습니다.

권력의 노른자위였던 비변사에는 여러 관원이 소속되어 있었습니다. 전직 의정(議政, 영의정, 우의정, 좌의정 3정승)과 현직 의정으로 채운 자리가 도제조(都提調)였습니다. 그리고 도제조 아래에 제조와 부제조가 있는데 정원이 따로 없었고, 도제조 이하가 바로 비변사 당상입니다. 도제조는 4~8명으로 구성되었는데, 그 가운데 현직 의정

의 발언권이 가장 컸고, 대표 1명이 임금과 마주하여 비변사의 의견을 보고하고 의논했습니다. 17세기에 20명 수준이던 비변사 당상이 19세기에는 30여 명으로 늘어났습니다.

비변사 당상에는 두 부류가 있었습니다. 하나는 다른 관직을 수행하면서 비변사 당상을 겸하는 예겸 당상이고, 다른 하나는 오로지 비변사 당상 일만 수행하는 전임 당상입니다. 예겸 당상은 대체로 대제학, 공조를 제외한 5조 판서, 4도 유수, 4군영 대장 등 총 14명 정도였습니다. 이들은 본직이 바뀌면 비변사 당상의 지위를 자연히 상실했지요.

특정한 임무를 수행한 전임 당상은 비변사의 핵심 관원으로 파직되거나 외직으로 나가지 않는 한 거의 오랫동안 당상 자리를 유지했습니다. 전임 당상은 팔도 구관 당상이 4명, 유사 당상이 4명, 공시 당상이 2명, 제언사 당상이 3명, 주교사 당상이 1명이었습니다. 그리고 당상 밑에는 당하관으로 채워지는 낭청이 있었습니다.

그렇다면 비변사는 어떻게 운영되었을까

요? 한 마디로 매우 특별한 방식으로 움직였습니다. 먼저 회의가 비밀리에 진행되었습니다. 비변사는 《비변사등록》이라는 방대한 회의 기록을 남겼습니다. 하지만 특정 안건에 대한 토론 과정을 생략한 채 결과만 기록했고, 누가 토론 과정에서 주도적 발언을 하고 누구의 의견이 주로 반영되었는지는 밝히지 않았습니다. 따라서 특정 시기의 권력 집단, 예를 들어 세도 가문이 자기네 입장에 맞는 회의 결과를 끌어내기가 쉬웠습니다.

세도 가문을 대표하는 비변사 유사 당상이나 도제조가 다른 비변사 당상들에게 이번 안건을 이렇게 처리하자는 식으로 통보하여 결론을 끌어낼 수 있었지요. 상급자가 결정하면 하급자가 따르는 의사

오제순 초상에서 보이는 문관의 복장(이명기, 1791년, 왼쪽)

신응주 초상에서 보이는 무관 복장
조선 시대에 조정에 나오는 문무 관료는 평상시 근무복으로 사모관대, 곧 사모(紗帽, 모자), 단령(團領, 깃이 둥글고 소매가 넓으며 길이가 발까지 내려오는 관복), 흉배(胸背, 무늬를 새긴 사각형의 장식), 대(帶, 허리띠), 목화(木靴, 신발)를 착용했다. 단령 색깔은 홍색, 청색, 녹색 등 여러 가지였다. 문관의 흉배 문양은 날짐승, 무관의 것은 길짐승으로 구분했다. 18세기.

친척들은 같은 관청에서 근무할 수 없다! – 상피제

조선은 가까운 친척 관계에 있는 사람들이 같은 관청 또는 서로 관련 있는 관직에 근무할 수 없게 하는 제도를 운영했다. 이렇게 어떤 사람들이 같은 자리에서 근무하는 것을 서로 피하는 것을 상피(相避)한다고 하고, 이러한 제도를 상피제(相避制)라 했다. 고려 시대에도 상피제가 시행되었다. 대개 친족, 처족, 외족의 4촌 이내와 그 배우자가 같은 관청에서 근무할 수 없었다. 하지만 문벌 귀족 중심으로 관료제가 운영되어 상피제가 엄격히 실시되지 않았다.

조선 시대에 들어 상피제는 더 엄격히 운영되었고, 그 규정도 자세히 마련되었다. 《경국대전》을 보면 상피해야 할 관청, 관직 등을 자세히 규정해 놓았다. 대개 4촌 범위의 친족과 외족, 장인과 처남 그리고 동서 등과 상피했다. 부계를 중심으로 파악하는 종법 원리가 강조되었기 때문에 고려 시대와 달리 외족과 처족에 대한 제한이 완화되었다.

조선의 상피제는 중앙 관청의 관리뿐만 아니라 지방관에도 적용되었다. 그리고 과거 시험에 응시한 사람과 시험관 사이에도 적용했다. 또한 재판 과정에도 적용되어 재판 담당 관리는 자신의 친척이 관련된 소송 사건을 맡지 못했다. 만약 관직 임명 과정에서 상피 관계에 있는 두 사람이 드러나면 대개 낮은 관직인 사람을 다른 관직에 임명했다. 또 개별 관리들은 자신을 어떤 자리에 임명한다는 왕명이 내려왔을 때, 자신이 해당 관청의 누구와 어떠한 친척 관계이기 때문에 상피해야 한다는 점을 아뢰는 상소를 올리는 것이

결정 구조가 아니라 회의체이기 때문에 일어날 수 있는 일이었지요. 이러한 과정을 거치면서 특정 세도 가문의 의견이 국가 공식 의결 기구인 비변사의 의견으로 탈바꿈하기란 그리 어렵지 않았습니다. 결국 비밀 회의를 하고 회의 기록을 자세히 남기지 않았다는 점은, 권력 핵심 집단이 비변사를 장악하기 쉬운 구조였음을 알려 줍니다.

평소 잘 아는 사람들끼리 서로 도우며 비변사 관원을 채웠다는 점

의례적인 일이었다. 다만 겸직인 도제조와 제조는 해당 관청의 당상관과 상피하지 않았고, 특별한 왕명이 있으면 상피하지 않았다.

조선의 상피제 운영의 예를 보면, 승정원의 승지 가운데 이방 승지(吏房承旨, 도승지)는 이조의 관원과 상피했다. 만약 사촌 형제가 승정원 도승지이면, 이조 관원이 될 수 없었다. 어찌 보면 개인의 능력이 출중해도 친족 관계 때문에 특정 관직에 나아갈 수 없다는 점에서 상피제는 불합리한 것처럼 보이기도 한다.

조선 시대에 상피제를 널리 적용한 이유는 무엇보다 친족 관계에 있는 사람이 같은 관청에 근무하면서 벌어질 수 있는 폐단을 막기 위해서였다. 곧 국가 운영의 근간인 관료제를 바르게 운영하려는 목적이 담겨 있었다. 그리고 제한된 관직 자리를 더 많은 사람에게 기회를 주기 위함이기도 했다. 관료제 운영 과정에서 나타날 수 있는 권력의 집중과 횡포를 막으려는 생각도 깔려 있었다.

그런데 조선 후기 정치 운영에서 권력이 가장 막강했던 비변사는 상피제 적용 대상에서 벗어나 있었다. 비변사는 세도 가문이 19세기 조선 왕조의 국정을 마음대로 운영할 수 있게 한 관청이다. 그렇게 된 이유 가운데 하나가 비변사 당상은 상피의 제한을 받지 않았기 때문이다. 세도 가문의 인물들이 같이 비변사 당상이 되어 비변사 회의에 참석하여 국정을 논의한 것이다. 권력이 막강하면 반드시 그 권력을 행사할 수 있는 길을 찾아내게 되는데, 19세기 세도 가문은 상피제 적용에서 벗어나 있던 비변사를 활용한 것이다.

도 비변사의 특성 가운데 하나입니다. 중요한 전임 당상 자리를 비변사가 알아서 선발했고, 특히 가까운 친척끼리 같은 관서에서 근무하지 못하게 막던 상피제를 적용받지 않는 특혜를 누렸습니다. 따라서 세도 가문의 일원이 비변사에 자리 잡는 데에는 어려움이 없었지요.

그리고 비변사를 거쳐야 조선 왕조의 권력 집단에 접근할 수 있을 만큼 비변사는 인사권까지 장악했습니다. 비변사는 이조·병조·호조

판서와 각 군영 대장을 추천할 수 있는 천망권을 가졌습니다. 이러한 인사 구조와 비변사의 인사 권한은 앞서 말한 것처럼 세도가가 정치 의도를 쉽게 이룰 수 있는 바탕이 되었습니다.

이와 같이 비변사는 비변사 당상의 회의 기구라는 점에서, 특정 세력이 정치 권력을 독점하면서도 외형상으로는 다양한 지배층의 의견을 조정하고 수렴하는 기구로 보이기에 적당했습니다.

비변사를 딛고 선 중앙 정치 세력

세도 정치 시기에 최고 권력 기구인 비변사에 몸담은 관료 집단을 묶어서 중앙 정치 세력의 최상층부라고 부를 수 있습니다. 이들은 과거 급제에서부터 많은 단계를 하나씩 거쳐 비변사 당상, 나아가 정승 자리에 오를 수 있었습니다. 이처럼 여러 관문을 통과하는 과정을 '중앙 정치 세력의 형성 과정'이라고 할 수 있습니다. 그렇다면 세도 정치 시기에 중앙 정치 세력이 만들어지면서 나타난 특징을 살펴볼까요?

관품과 관직을 얻어 중앙 정치에 참여하거나 영향력을 행사하는 계층이 바로 중앙 정치 세력입니다. 그리고 이들이 가장 먼저 거쳐야 하는 과정이 문과 합격이었지요. 물론 때에 따라서는 대가*라든지 납속 등으로 관직이나 관품을 얻었지만, 대과인 문과 급제가 관직과 관품에 제대로 접근할 수 있는 통로였습니다. 과거 시험 과정에서 여러 부정이 발생하긴 했지만, 문과는 정치 세력의 핵심을 선발한다는 기본 기능을 계속 유지했습니다.

대가(代加)
문무반 현직 관료가 정3품 당하관에 이르면 자신에게 별가(別加)된 품계를 자기 대신 아들, 아우, 사위, 조카 등에게 주는 것을 대가라고 한다. 국가적인 큰 행사, 예를 들어 대군이 탄생하거나 국혼 같은 큰일이 벌어지면 현직 관료의 품계를 더해 주는데, 이를 가자(加資) 또는 별가(別加)라고 했다. 별가가 자주 있으면 정3품 당하관이 쉽게 될 수 있었다. 정3품 당하관이 된 다음 1품계만 더하면 정3품 당상관이 될 수 있었지만, 눈물을 머금고 자신이 받을 별가를 대가하지 않을 수 없었다. 왜냐 하면 정3품 당상관으로 1품계 올라서기 위해서는 반드시 정3품 당하관 품계에 합당한 관직을 맡아서 수행한 경력이 있어야 했기 때문이다. 즉 품계만으로 당상관이 되는 길을 막아 놓고 있었다.

문과에 급제한 뒤에는 도당록이라는 명부에 이름을 올리는 과정을 거쳐야 했습니다. 도당록에 이름이 올라가면 학문이나 덕행 따위에서 당상관 자격을 인정받았습니다. 그런데 도당록은 당사자의 능력을 선배 관원들이 평가하여 작성하는 명부였습니다. 도당록이란 홍문관 관원이 될 수 있는 후보자 명부로, 문과 급제자 가운데 먼저 홍문록이라는 명부를 작성하고, 이 홍문록에 등재된 사람 가운데 도당록 인원을 선발했습니다. 홍문록은 가문과 학행을 고려하여 권점(圈點), 곧 투표 방식으로

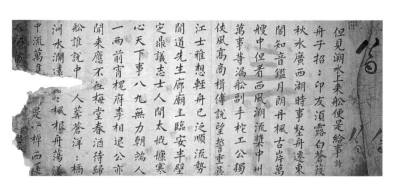

시권(위)
과거에 응시한 사람이 제출한 시권(試券). 1814년 부여에 거주하는 황호성이 33세 때 청양의 향시에 응시하여 제출한 시권이다.

피봉
과거에 응시한 사람이 시험지 끝부분에 본인의 관직, 이름, 나이, 본관, 거주지와 4조(부, 조, 증조, 외조)의 성명을 다섯 줄로 썼다. 시험을 감독하는 관리가 기재 내용과 응시 자격 여부를 확인하고, 채점관들이 볼 수 없도록 그 부분을 접어서 감추고, '근봉(謹封)'이라는 확인 도장을 찍어 주었는데, 이 부분을 '피봉(皮封)'이라고 한다.

선발된 관원의 명부입니다. 마찬가지로 도당록도 홍문록에 이름이 오른 사람을 대상으로 권점하여 선발했습니다.

홍문록에서 도당록으로 이어지는 명부는 기존의 권력 집단과 학

연이나 혈연, 지연을 맺어 온 사람이 다음 단계로 들어가는 데 든든한 발판이 되었습니다. 당연히 도당록을 거쳐야 정치 권력의 중심부인 정3품 당상관에 오르기가 쉬웠지요. 그리고 다음 단계가 비변사 당상 자리입니다. 이 과정을 정리하면, 문과 급제 —도당록 입록 —당상관 승진 —비변사 당상으로 나아가는 구조라고 할 수 있습니다.

문과 급제에서 비변사 당상으로 올라가는 길은 매우 비좁았습니다. 그 좁은 문을 거친 사람이 정치 권력을 행사하는 중앙 정치 세력이 되었고, 이 과정이야말로 세도 가문이 중앙 정치 권력을 독점하는 방식이기도 했습니다. 이러한 사정은 세도 정치 시기의 문과 급제자와 도당록에 이름을 올린 사람들을 분석한 연구에서도 찾아볼 수 있습니다. 도당록에 입록된 사람의 비율이 서울에 거주하는 문과 급제자는 65%인 반면, 전체 문과 급제자는 33%에 불과했습니다. 도당록에 이름을 올린 사람들 중 서울 출신이 압도적으로 높은 것은, 그만큼 서울 출신이 높은 관직으로 나아가는 데 유리했음을 보여 줍니다.

조선 후기 정치 기구에서 행정을 총괄하면서 정치적 결정권을 행사한 비변사 당상 자리는 연안 이씨, 안동 김씨, 풍양 조씨, 풍산 홍씨, 대구 서씨, 반남 박씨 등 서울 중심의 유력 가문이 거의 차지했습니다. 정치 권력의 집중 현상을 잘 보여 주지요.

그렇다면 세도 정치기에 중앙 정치 세력이 형성된 요인은 어디에 있을까요? 19세기 이전에는 정치 집단이 출신 가문이나 친인척 관계(혈연), 출신 지역 혹은 연고 지역(지연), 수학한 스승과 동문(학연), 기존 권력자 내지 권력 집단과의 관계 등 여러 요인에 의해서 생겨났습니다. 그런데 탕평 정치를 거치면서 현실적으로 정치 권력을 주도해 나가는 국왕과의 관계에 따라 결정되었습니다. 그리고 유력한 가문이 왕실과 인척 관계를 맺으면서 등장했지요. 곧 중앙 정치 무대에서 혈연이 가장 비중 있게 떠오른 것입니다. 이리하여 세도를 장악한 세도가가 정치 권력의 주도자 지위를 한껏 누렸습니다.

세도 정치가 주는 교훈

한 마디로 세도 정치 등장은 조선 역사에서 피할 수 없는 일이었습니다. 그렇기에 더욱 당시의 과제에 무기력하고 무관심했던 잘못에 역사적 평가를 내려야겠지요. 1862년 전국에서 농민 항쟁이 일어날 때까지 새로운 제도 개혁과 개선의 움직임이 없었다는 사실 자체가, 현실적인 권력을 제대로 담당하지 못한 세도 정치의 문제점을 그대로 보여 줍니다. 권력 장악만 잘 해 나갔지, 그에 따른 책무를 올바로 감당하지 않은 것이지요.

　세도 정치의 문란과 부패 양상은 당대의 기록에 수없이 등장합니다. 그 중에서도 특히 과거제 문란과 함께 관직을 사고 파는 일(賣官賣職 : 매관매직)이 많았다는 점은 특기할 만합니다. 수령직이 2만 냥에서 3만 냥 사이에 거래되었다고 합니다. 이러한 매관매직은 많은 관료들을 부패시키고 타락시키는 배경이자, 중앙에서 지방으로 이어지는 통치 질서를 무너뜨리는 촉진제였습니다. 벼슬 자리를 재산을 불리는 수단으로 여긴 세도 가문은 탐욕에 어두워 공공연히 부정을 저질렀습니다.

부세 수탈은 삼정 문란이라는 최악의 상태를 가져왔습니다. 지방 군현의 수령들이 백성을 착취하고, 중간 관리를 맡은 아전들이 농간질하고, 유력한 양반들은 여기에 불을 질렀습니다. 수많은 부가세가 넘쳐나고, 힘없는 백성들은 각종 세금과 수령과 아전의 침탈에 허덕였습니다. 새로 성장한 상공업자들도 수탈의 대상이었습니다.

조선 왕조의 국가 체제를 원활히 운영하기 위해서는 제도 개혁과 개선이 필요했습니다. 하지만 세도 정치는 사회적 압제, 경제적 수탈, 사상적 경색(막히고 굳은 상태)을 숨김없이 보여 주면서 정치를 어지럽히고, 시대적·역사적 과제와 무관한 행태만 보여 주었습니다. 본디 세도 정치란 사회를 교화시켜 세상을 올바르게 다스리는 도리에 따르는 것이지만, 이는 거추장스러운 공염불일 따름이었습니다. 조광조처럼 사회 개혁을 실천하는 인물이 세도를 감당하는 모습을 19세기 세도 정치에서는 생각조차 할 수 없었습니다.

3

새로운 길로 들어선 조선의 산업
산업 변동과 사회 변화

농업의 변동

수리 시설 축조와 관리

물은 농사를 짓는 데 반드시 필요합니다. 오늘날 농사에서도 작물에
적당한 양의 물을 제때에 공급하는 일은 아주 중요합니다. 조선 시
대 농민들에게 하늘에서 내리는 빗물과 땅 위를 흘러가는 냇물과 강
물은 그냥 내버려 둘 수 없는 천금 같은 자원이었지요. 자연에 존재
하는 물을 농사에 활용하기 위해 가두어 두거나 모아 두는 시설이
바로 수리 시설입니다. 수리 시설은 농민에게 반드시 필요했고, 국
가 차원에서도 관심 대상이었습니다.

용두레와 용두레질하는 모습(①, ②)
한쪽에 괸 물을 옮기거나 낮은 곳에 있는 물을 높은 곳으로 퍼 올리는 데 사용하는 물대기 도구이다.

맞두레와 맞두레질하는 모습(③, ④)
두 사람이 마주 서서 물을 퍼 올리는 물대기 도구가 맞두레이다. 목판처럼 바닥이 좁고 위가 넓은 나무그릇 네 귀퉁이에 줄을 달아, 두 사람이 마주 서서 두 줄씩 잡고 물을 떠 올린다.

그냥 비에 의존하여 농사를 짓는 것보다 저수지 같은 수리 시설을 갖추어 제때에 물을 공급하면 농업 생산이 안정되어 높은 생산성을 거둘 수 있었습니다. 조선의 농업 기술 수준은 수리 시설을 축조하고 관리하는 일과 여러 수리 도구를 보급하는 것에서 찾아볼 수 있습니다.

조선의 여러 수리 시설 가운데 큰 부분을 차지하는 것이 제언입니다. 제언이란 산골짜기에 둑을 쌓아 물을 가두어 두는 수리 시설을 말하지요. 《조선 1》에서 살핀 천방(川防), 곧 보는 하천에 흐르는 물을 논밭에 이용하는 시설입니다. 곧 산에 자리한 제언은 물을 가두어 두는 시설이고, 하천에 위치한 천방은 물을 끌어들이기 위한 시

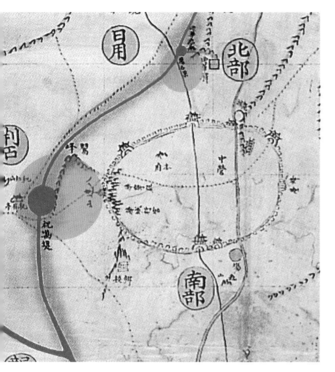

설입니다. 두 가지 모두 수리(水利)를 일으켜 가뭄에 대비하려는 조치였지요. 조선 후기에도 정부 차원에서 제언과 보를 축조하고 관리하기 위해 많은 노력을 기울였습니다.

조선 정부는 제언을 만들고 관리를 전담하는 기구로 제언사를 설치했습니다. 조선 전기에는 필요할 때만 제언사를 설치했지요. 그러다가 17세기 초 임진왜란으로 많은 수리 시설이 관리 소홀로 기능을 잃자, 정부는 제언 설치와 복구를 도맡아서 관리할 제언사를 다시 설치했습니다. 제언사 소속 낭관이나 따로 선발한 선전관 또는 어사를 파견하여 제언을 감시하고 조사했습니다. 그리고 비변사에 제언사 당상을 전임 당상으로 따로 두고 제언과 천방 등 수리 시설에 관

영화정과 만석거(오른쪽)
정조 때 화성 성역을 진행하면서 만든 만석거와 만석거 앞에 지은 정자인 영화정 그림. 《화성 성역 의궤》에 실려 있다.

화성부 축만제
정조 때 만석거를 축조한 뒤 화성에 만든 제언이 축만제이다. 지도에서 보이듯 화성 서쪽에 자리 잡고 있다. 지금까지 남아 있어 서호라고 불린다.

무자위질
수차(水車)를 무자위라고도
부른다. 낮은 곳의 물을 높은
논밭으로 끌어올리기 위해서
는 오랜 시간 동안 땀을 흘
려야 했다.

한 업무를 맡겼습니다.

17세기 중엽 이후에는 보가 대형화되면서 큰 하천의 물을 관개수로 이용하기 시작했습니다. 1664년 조정에서 만든 〈진휼청 제언사목〉이라는 규정을 보면, 대부분 하천수를 관개수로 이용하는 내용이었습니다. 그리고 큰 하천을 보로 개발하여 이용하는 쪽이 제언보다 낫다는 평가를 내렸습니다. 이러한 추세는 18세기에 이르러 눈에 띄는 성과를 거두었지요. 호남 지역은 하나의 커다란 보에 여러 개 혹은 수십 개의 자그마한 보가 서로 얽혀 있는 복합보라는 특색을 보여 줍니다.

18세기 후반 팔도의 수리 시설 현황을 살펴보면 삼남 지역에 특히 제언이 많았습니다. 1780년대 삼남 지역의 각 도별 군현당 평균 제언 수는 충청도와 전라도에 비해 경상도에 훨씬 많습니다. 15세기부터 18세기 후반까지 경상도 지역에 제언 숫자가 크게 늘어난 것은 상도(上道, 지금의 경상 북도) 지역에서 제언을 주된 수리 시설로 이용했기 때문입니다. 한편 충청·전라도 지역은 세부 지역에 따라 제언과 보의 비중이 달랐지만, 대체로 보의 비중이 높은 편이었습니다.

하천에 흐르는 물을 논밭으로 길어 올리는 데는 '수차(水車)'라는 수리 도구가 필요했습니다. 조선에서도 17세기 중반 수리 기술에 관심 있는 학자들이 수리 지식을 쌓고 수리학 체계를 마련했지만, 조선의 환경에 맞는 수차를 개발하지는 못했습니다. 중국의 용골차와 일본의 왜수차는 물론 용미차, 옥형, 항승 같은 서양식 수차를 보급하자는 논의가 계속 있었지만 실제 농사에 쓰지는 못했지요.

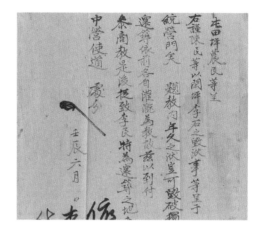

18세기 후반 정조에게 〈응지 농서〉를 올린 사람들 대부분이 수차를 수입하고 천방을 축조하자고 제안합니다. 그 가운데 몇몇 사람이 비상한 수리 방식을 제안하는 등, 수리 진흥이라는 당면 목표를 이루기 위한 의지를 보여 주었습니다. 그 중에 전라도 영암 지역의 유학(幼學) 정시원은 설통 인수법(設筒引水法)이라는 새로운 수리 방식을 제안했습니다. 파이프 모양으로 통을 구워 내고 이를 흙 속에서 서로 연결시켜 수원(水源)에서 전답까지 물을 끌어들이는 방식입니다. 설통 인수법을 사용하면 높고 낮은 곳, 멀고 가까운 곳을 가리지 않고 물을 댈 수 있다고 주장했지요. 설통 인수법의 타당성을 검토한 호조 판서 조진관은 통을 구워 내는 비용이 많이 들고, 흙이나 모래 때문에 통이 막힐 우려가 있다는 이유를 들면서 실제로 이 방식을 시험해 볼 것을 요청했습니다. 이에 정조는 호남에서 시험해 보도록 지시했지만, 결과가 어떻게 나왔는지를 확인할 길은 없습니다.

당시까지 조선에서 농업 생산에 이용한 수리 시설은 자연 재해를 극복하기에는 불안하고, 저수지나 보가 직접 혜택을 주는 논밭이 그리 많지 않다는 점 등의 한계가 있었습니다. 하지만 이러한 문제를 해결하기 위한 노력이 계속되었습니다.

관개 다툼에 관한 등장
조선 후기에 작성된 것으로 보이지만 확실한 연대와 지역을 알 수 없는 등장(等狀)이다. 등장은 다수의 사람이 같이 올리는 진정서를 가리킨다. 이 문서를 올린 진정인은, 이석(李石)이 자신들이 이용하던 보를 무너뜨린 것을 호소하고 다시 세울 것을 요청하고 있다.

지역에 맞는 농법이 발달하다

농경이 시작된 뒤 오랜 기간에 걸쳐 마련된 농업 기술은 농민들이 자기가 살고 있는 지역의 기후 환경, 토질 등에 적합하게 만들어 낸 것으로 지역성을 띱니다. 이렇게 지역마다 특색을 갖추면서 만들어진 농사 관행을 지역 농법이라고 부를 수 있지요. 지역 농법이 정립된 시기를 정확히 파악하기는 어렵지만, 이미 고려 말 조선 초 이래 지배층들은 하삼도 지역과 다른 지역의 농사 관행이 다름을 지적했습니다.

지역 농법의 특색 몇 가지를 보도록 할까요? 첫 번째가 농사일을 하는 시기가 지역마다 차이가 난다는 점입니다. 예를 들어 논갈이 시기, 모내기 시기, 파종 시기 등은 각 지역의 기후 조건과 토질에 따라 달랐습니다. 각 지역의 자연 환경에 맞춰 농사 시기를 가늠했기 때문이지요. 예를 들어 감나무가 많은 지역에서는 감꽃이 피고 지는 것에 맞춰 씨앗을 뿌리기도 했습니다.

두 번째는 각 지역마다 특정한 농사 관행이 있다는 점입니다. 농사일을 할 때 주로 사용하는 농기구가 있고, 또 그 지역에서만 잘 자라는 작물이 있었습니다. 벼의 경우 특정 지역에서 잘 자라는 품종이 개발되기도 했지요. 19세기에 서유구가 벼 품종을 정리하면서 특정 구역의 선호 품종이라고 소개한 것들이 그런 예입니다. 지역에 따라 논밭을 가는 방식이 다르고, 깊이 갈거나 그렇게 하지 않기도 했습니다. 이것은 모두 토질을 잘 꿰뚫고 있는, 해당 지역에 살아온 노농의 경험에서 나왔지요.

지역 농법은 각 도 차원에서뿐만 아니라 군현이라는 더 작은 단위에서도 찾아볼 수 있습니다. 게다가 한 군현 안에서도 지질과 하천 등의 조건에 따라 농법, 특히 수전 경종법*이 뚜렷이 차이 나기도 했습니다. 정조에게 〈응지 농서〉를 올린 유종섭은 자신이 거주하는 화성 지역에서도 수전 경종법이 각 면마다 차이가 난다고 지적했습니다. 군현 내부의 면리 단위에서도 농사 관행이 달랐음을 알 수 있습니다. 이렇게 18세기 후반에 보이는 지역 농법의 특색들은 정조가 추진한 《농서대전》에 실릴 내용이었습니다.

종합적이고 현실적인 농서를 펴내다

18세기 초에 홍만선이 펴낸 《산림경제》는 단순한 농서가 아니라 산림에 거처하는 처사*가 알아야 할 여러 내용을 담은 책입니다. 산림의 경제라니, 책 제목이 의미심장하지요? 산림(山林)을 조정(朝廷)과 대비시켜 놓고, 벼슬한 사람은 조정에서 경제를 실행하고, 벼슬하지 않은 사람은 산림에서 경제를 실행한다는 뜻입니다. 물론 경제란 지금 사용하는 개념보다 훨씬 넓은 의미로, 나라를 다스리고 세상을 구제한다는 의미입니다. 곧 '산림경제'라는 말은 벼슬하지 않은 사람이 알아서 실행해야 할 모든 것이라는 뜻이 됩니다.

《산림경제》 가운데 〈치농〉은 곡물과 채소, 나무 등의 재배법을 종합하여 실은 종합 농서 성격을 지녔습니다. 홍만선은 관직에 있는 동안 지방 수령으로 보낸 세월이 많아 농사일에 익숙했습니다. 그는 지방관으로 일하면서 얻은 경험을 바탕으로 은퇴한 뒤 향촌에 나아갔을 때를 준비하는 의미에서 《산림경제》를 펴냈고, 그렇기 때문에

수전 경종법
벼농사를 지을 때 논을 갈아 볍씨를 뿌리는 과정을 경종(耕種)이라 하고, 이에 관한 기술을 경종법이라고 한다.

처사(處士)
관직에 나아가지 않은 선비.

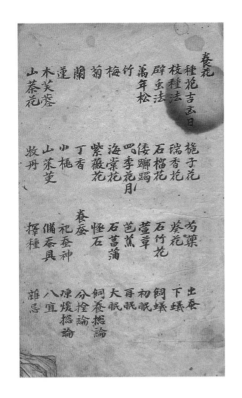

**홍만선이 펴낸 《산림경제》
목차의 일부**
양화(養花), 양잠(養蠶)이라는
글자가 보인다.

'치농(治農)'에 한 편을 할애했습니다.

《산림경제》〈치농〉의 내용은 크게 두 부분으로 구성되어 있습니다. 하나는 《농사직설》 등 이전에 편찬된 여러 농서에서 인용한 부분이고, 다른 하나는 듣거나 전해 들은 속방(俗方), 곧 조선만의 기술을 기록했습니다.

많은 사람들이 《산림경제》를 베껴 적어 집안에 소중히 보관하고 필요할 때마다 들춰 보곤 했습니다. 그러다 보니 18세기 중반 이후 《산림경제》를 보충한 책들이 잇따라 나왔습니다. 이러한 책들을 묶어서 '산림경제 증보서'라고 부를 수 있겠지요. 산림경제 증보서 가운데 가장 대표적인 것이 의관이었던 유중림이 편찬한 《증보 산림경제》입니다.

18세기 후반에 이르면 농서 편찬이 대대적으로 이루어집니다. 전국의 많은 사람들이 거주 지역의 농사 관행을 정리하여 농서를 만들고 이를 조정에 올려보냈지요. 1798년 11월 정조가 〈권농정구농서윤음〉을 반포하면서 전국의 백성들에게 당부한 결과입니다. 이렇게 왕명에 따라 중앙 관리와 지방 수령을 포함한 전국의 수많은 백성들이 올린 〈응지 농서〉는 《일성록》과 《승정원일기》 등 국가 기록에 수록되었고, 개인 문집에도 많이 실렸습니다. 이들이 제출한 〈응지 농서〉가 바로 각 지역의 농업 현실을 반영한 지역 농서라고 할 수 있지요.

정조의 《농서대전》 편찬 계획이 무산되고 19세기 들어 서유구가

《임원경제지》라는 방대한 농서를 펴냈습니다. 그 동안의 농서를 집대성하고 영농의 이모저모를 모아 만들어 낸 종합편이지요. 서유구는 흉년을 극복하기 위해 감저(甘藷 : 고구마)를 널리 재배하여 그 때까지 알려진 감저 재배법을 종합 정리하여 《종저보》를 펴내기도 했습니다. 그의 집안은 아버지 서호수가 《해동농서》를, 할아버지 서명응이 《본사》라는 농서를 펴낸 집안이었습니다. 3대가 모두 농서를 펴냈다니 이 집안이 추구하는 학문이 농학(農學)이었나 봅니다.

서유구는 농업 기술 가운데 농법 개량에 역점을 두었고, 《행포지》라는 또 다른 농서에서 여러 곡물의 수많은 품종을 소개했습니다. 그에 따르면, 벼 품종 가운데 특정 지역에서 특별한 관심을 기울여 아예 해당 지역의 이름이 붙은 품종도 있었습니다. 이러한 현황을 잘 보여 준다는 점에서, 서유구의 《임원경제지》는 가장 조선적인 입장에서 농업 기술을 정리하려 한 결과물이라고 할 수 있습니다.

임원경제지
서유구가 지은 종합 농서 《임원경제지》의 표지와 서문이다.

토지 소유의 변동 – 요호·부민이 나타나다

조선 후기는 토지를 둘러싸고 여러 가지 복잡한 변화가 나타난 시기입니다. 한편에서는 토지 소유가 집중되어 대토지 소유자가 나타나 토지 소유 문제를 어떤 식으로든 개혁해야 한다는 목소리가 높아졌습니다. 또 다른 편에서는 토지를 잃거나 아주 작은 규모만 소유하는 토지 소유 영세화 현상이 나타나 토지 소유 문제를 시급한 개혁 과제로 만들었습니다. 그리고 농업 생산력이 높아지면서 농민 한 사람이 꾸려 나갈 수 있는 경작 규모도 확대되었습니다. 반면에 토지 소유에서 제외된 농민 가운데 일부는 소작농에도 끼지 못하고 농업 임금 노동자가 되어 생계를 꾸려 나가야 했습니다.

신분제가 흔들리면서 하층민 가운데 경제력을 쌓아 지주 또는 부농으로 성장하거나, 반대로 양반층 가운데 일부가 몰락하여 소작농이 되는 모습도 나타났습니다. 평민이나 천민 가운데 많은 농지를 소유하고 경작한 부류를 당시 기록은 '요호(饒戶)' 또는 '부민(富民)'이라고 불렀습니다. 보통 향촌의 양반 신분인 대지주층을 '토호(土豪)'라 부르는 것과 달라, 이 명칭으로 이들이 상민 출신임을 쉽게 알 수 있지요.

조선 후기에 토지 소유 면에서 이러한 변화가 나타난 이유는 무엇일까요? 먼저 잦은 매매를 통해서 토지가 일정한 수익을 낳는 상품으로 여겨지면서 토지의 상품화가 빠르게 진행된 점을 들 수 있습니다. 박지원이 지적한 바와 같이, 토지를 팔려는 사람들이 곳곳에서 토지 문서를 들고 토지 부호들의 문간에 줄을 서면, 그 부호들은 날마다 사들이기만 하면 되는 상황이었지요.

두 번째로 농업 생산력이 발달하고 상품 작물 재배가 확산된 점을 꼽을 수 있습니다. 농업 기술 발달로 농업 생산력이 높아지면서 토지를 많이 소유하고 농업 생산을 충실히 수행하면 부를 쌓을 가능성이 높아졌습니다. 따라서 한편에서는 토지를 축적하는 부류가 나타나고, 다른 한편에서는 이러한 흐름에 따르지 못하고 자기 토지를 내다 파는 부류가 등장한 것입니다. 그리고 상품 작물 재배는 상품으로서의 토지 가치를 높이는 배경이었기 때문에 토지 소유의 변동을 가져왔습니다.

세 번째로는 상품 화폐 경제 발달 등 사회·경제 면의 변화를 들 수 있습니다. 쌀 시장이 활성화되면서 더 많은 벼를 수확하면 더 많은 수익을 거둘 수 있었기 때문에, 지주들은 토지를 늘리는 데 몰두했습니다. 반면 영세한 토지 소유층은 토지를 아예 잃어버리고 농촌 사회에서 벗어난다고 해도 상업이나 수공업, 광업 등 생산 활동을 할 수 있는 가능성이 열려 있어 토지 매각에 나설 수 있었습니다. 게다가 고리대나 부세 납부를 위해 어쩔 수 없이 토지를 팔아야 하는 경우도 있었습니다. 이렇게 조선 후기의 사회·경제적 변화와 맞물려 토지 소유에서 변동이 나타났습니다.

1720년 경자 양전(庚子量田)으로 만들어진 〈경자 양안〉에서 당시 토지 소유 현황을 어느 정도 살펴볼 수 있습니다. '양안'이란 경작지 현황을 조사하고 해당 필지의 소유자를 확인하는 양전 과정에서 작성한 토지 대장입니다. 양안은 토지에 대한 많은 정보를 담고 있지요. 특히 논밭 필지마다 정리한 정보이기 때문에 토지 현황을 제대로 보여 주고, 각 필지마다 토지 주인을 기록해 토지 소유 현황을 전해 주는 자료였습니다.

현재 남아 있는 전라도와 경상도 일부 군현의 〈경자 양안〉을 볼까요? 먼저 토지 주인 한 사람이 소유한 토지 규모가 이전보다 줄어들고, 몇몇 대지주가 많은 농지를 소유했음을 알 수 있습니다. 또 양반

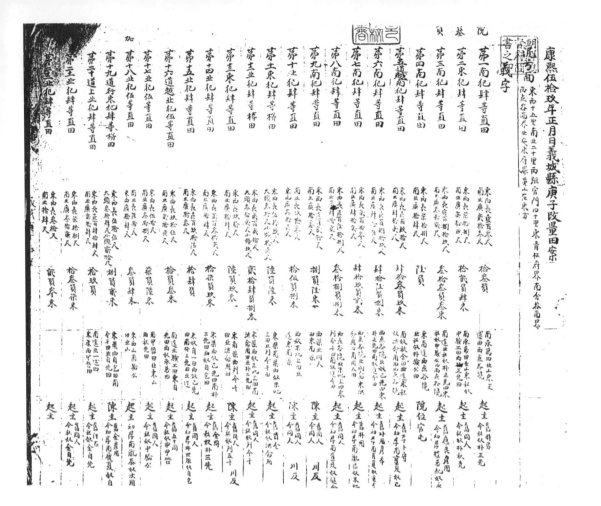

경상도 의성현 경자 양안
1719년부터 1720년에 걸쳐 수행된 경자 양전(庚子量田)의 결과물로 완성한 경자 개량 전안이다.

진전, 황전
진전(陳田)은 경작지로 활용되다가 묵혀서 농사를 짓지 않는 논밭을 말하고, 황전(荒田)은 전혀 농사를 짓지 않은 자연 상태의 땅을 말한다.

층이 비옥한 전답을 많이 소유하고, 토지 소유 면적도 다른 신분층보다 많습니다. 하지만 평민이나 천민층이 소유한 농지도 많이 보입니다. 양반, 토호 같은 지배층과 일부 부민들은 주인 없는 진전이나 황전*을 개간하여 더 많은 토지를 끌어모았습니다. 대토지 소유자가 된 거지요. 그리고 평민, 상인 들도 개간에 적극 나서서 지주층으로 성장하기도 했고요. 그래서 〈경자 양안〉에는 많은 토지를 소유한 일부 평민과 천민층의 이름이 기록되어 있습니다.

평민과 천민층이 토지 소유를 넓혀 나가는 모습에서, 우리는 토지 소유 규모가 신분의 상하 관계와 반드시 일치하지 않게 된 시대 변

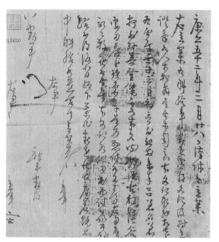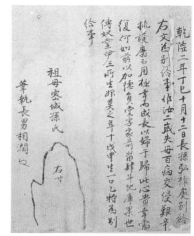

화를 읽을 수 있습니다. 달리 말해 신분제가 토지 소유 크기에 강제적 힘으로 작용하던 시기에서, 오직 경제 능력이 그 크기를 결정하는 시기로 변한 것입니다. 여기에서 토지 소유 변동 같은 경제적 변동이 신분제 변동과 서로 영향을 끼치면서 변화를 재촉한 모습을 짐작할 수 있습니다.

한편 농지 소유가 영세화하면서 영세 농민이 많이 생겨났습니다. 그들은 남의 땅을 빌려 농사짓는 소작농으로 생계를 꾸려 나가기도 했지만, 고공* 등 임노동으로 생계를 유지할 수밖에 없는 사람들도 생겨났습니다. 그도저도 못 할 경우 고향을 등지고 타향 땅으로 떠나거나, 국왕의 은혜를 받기 위해 한성부 부근으로 모여들어 도시 빈민으로 살아가기도 했습니다.

18세기 이후 농업 경영에서 많은 임노동자가 등장한 것은, 토지 소유 변동 과정에서 토지를 잃은 농민이 늘어났기 때문입니다. 또한 노비 소유 규모가 크게 줄어 노비 노동력으로 농사를 짓는 일 자체

고공(雇工)

조선 시대에 고용살이하던 노동층. 나중에 머슴, 품팔이, 더부살이 등으로 불리던 계층이다. 조선 후기에는 상민, 천민뿐만 아니라 양반도 몰락하여 고공이 되었다.

가 아주 어려웠습니다. 결국 양반층을 비롯한 노비 소유자들은 18세기 이후 단기 고공 등을 고용하여 농업을 경영하는 단계로 접어들었습니다. 또한 미리 일정한 작업량(대개의 경우 이앙과 제초)을 예약하는 방식으로 노동력을 사고 팔기도 했습니다.

농업 경영의 변동

18세기 이후 지주를 중심으로 펼쳐진 농업 경영에 여러 변화와 변동의 소용돌이가 복잡하게 일어났습니다. 지주는 소작농에게 자신의 부담을 떠넘기기도 했고, 이와 반대로 소작농의 위세에 눌려 소작료를 줄여 주는 방식으로 지대 수취 방식을 바꾸기도 했습니다.

농업 경영에 큰 변화를 일으킨 첫 번째 요인은 아무래도 농업 기

김홍도 그림에 나타난 농사를 감독하는 모습들
농사짓기의 여러 단계를 감독하는 양반의 모습이 보인다. 밭갈이, 김매기, 타작을 하는 각 단계마다 감독하는 양반 모습이 반드시 들어가 있다. 이러한 감농(監農)은 양반들에게 빼놓을 수 없는 일이었다.

왼쪽부터 〈밭갈이〉, 〈김매기〉, 〈타작〉

술이 발달한 점입니다. 이앙법 채택으로 단위 면적당 필요한 노동력을 절약할 수 있었고, 같은 노동력으로도 농사짓는 면적을 더 확대할 수 있었습니다. 그리하여 일부 양반 토호들은 이른바 광작(廣作) 방식으로 토지를 경영했습니다. 광작을 하려면 많은 노동력이 필요하므로 노비를 많이 소유해야 했고, 나아가 드넓은 토지에서 벌어지는 농업 노동을 감독할 수 있어야 했습니다. 그리하여 가을이면 넓은 농지에서 수확한 것을 모두 지주 집 곡식 창고에 저장하면 되었지요. 하지만 양반 신분층 안에서도 이런 조건을 충족시키기란 그리 쉽지 않았습니다. 대체로 소작농에게 토지를 빌려 주고 그 대가로 소작료, 곧 지대를 받는 손쉬운 방법을 택했습니다. 물론 소작료보다 광작으로 얻는 수확량이 훨씬 많았지요.

대토지 소유자들은 대개 일부 토지만 노비 노동력을 이용하여 직접 경영했고, 나머지는 소작농에게 빌려 주었습니다. 소작료를 받는 방식은 직접 경영에 비해 지주 손아귀에 떨어지는 부분이 많이 줄었습니다. 조선 후기에 지주가 소작인에게 지대를 받아 내는 방식이 바뀌는데, 실제로 지대 양이 줄어드는 쪽으로 변했습니다. 지주 입장에서 보면 한 움큼 쥐었던 모래가 손가락 사이로 슬슬 빠져나가는 느낌이었겠지요. 하지만 소작인을 충실히 관리하고 소작료를 제대로 받아 내기만 한다면, 소작 경영이 결코 불리하지만은 않았습니다. 그리고 곡물 시장이 활성화되어 지주 경영을 제대로 한다면 경제력을 쌓아 가는 데 큰 어려움이 없었습니다. 경영을 잘 꾸려 가지 못한 지주 가운데 일부는 소금 같은 상품 교역으로 진출하기도 했지만, 가계 수입에 도움을 주는 정도에 그쳤습니다.

지주 경영에서의 변동은 소작료, 곧 지대 수취 방식 변화에서 잘 나타납니다. 오래 전부터 행해지던 지대 수취 방식이 타작법(打作法) 또는 타조법(打租法)입니다. 지대 액수를 미리 정하지 않고 분배율만 정해 두었다가 해마다 수확한 생산물을 그 비율에 따라 분배하는 방법이지요. 대부분 지주와 소작인이 반씩 나누었습니다. 타작법은 수확량이 많고 적음에 따라 소작료가 달랐기 때문에, 지주 는 농사를 열심히 지으라고 소작인을 잘 독려할수록 더 많은 지대를 거두었습니다. 한편 소작인은 수확물을 절반씩 나누기 때문에, 수확하기 직전에 경작지에 몰래 들어가 군데군데 작물을 베어 내는 편법을 쓰기도 했습니다.

타작법을 채택할 경우, 종자와 전세는 누가 부담했을까요? 조선 전기에는 지주가 부담하는 것이 원칙이었다가, 조선 후기에 이르러 중부 이남 지방에서는 소작인이 부담하고, 북부 지방에서는 그대로 지주가 부담하는 쪽으로 바뀌었습니다.

타작법에서 한 단계 변화한 방식이 집조법(執租法)입니다. 집조는 추수하기 전에 농사 작황을 판단하여 지대량을 결정하는 방식입니다. 지주의 지대량은 대체로 수확량의 3분의 1 정도였고, 이 때 종자와 전세는 소작인이 부담했지요.

마지막으로 도조(賭租) 또는 도지(賭地)라는 방식이 등장했습니다. 도조는 지대량을 지주와 소작인 사이에 미리 정해 놓는 것입니다. 정액 지대라고 할 수 있는데, 봄철에 대략 평균 예상 수확량의 3분의 1 수준에서 정액 지대량을 결정했습니다. 그리고 가을 수확기가 되면 지주가 도조를 걷어 가는데, 농사의 풍흉과 관계 없이 받아 갑니다. 물론 인정상 커다란 흉년이면 도조액을 그대로 받아 가기는 어려웠겠지요. 대개 지주는 도조액을 현물(쌀)이 아닌 동전으로 환산하여 받아 갔습니다.

도조는 수확량의 반을 지주에게 주어야 하는 타작에 비해, 소작인 자신의 영농 의지와 농업 노동의 효율성에 따라 소득을 늘릴 수 있는 방식입니다. 수확량이 많으면 많을수록 타작에 비해 소작인 손에 떨어지는 양이 많았지요. 그러니 소작인은 도조를 원했겠지요.

지주 입장에서는 농사 감독에 전념하기 어렵고 소작인의 영농 의지를 북돋워 주는 것이 지대를 확보하는 데 도움이 되었기 때문에, 도조를 활용할 수밖에 없었습니다. 또한 전토 개간에 소작인이 노동력을 보태는 등으로 참여했을 때, 지주는 보상으로 소작인에게 도조 방식으로 소작료를 내도록 허용하기도 했습니다. 따라서 도조란 소

장 참판댁 노 달문 소지
조선 후기 고문서인데, 지명과 연도는 알 수 없다. 장 참판 집안의 남자 종 달문의 이름으로 작성한 문서이다. 논을 팔아 버린 사람에게 도조(賭租)를 납부한 것이 억울하다는 내용이다. 도조 방식으로 소작인이 지주에게 소작료를 내는 현황을 보여 준다.

작인이 가진 하나의 권리라고도 볼 수 있지요.

농업 경영 변동에서 한 가지 짚고 넘어갈 점이 있습니다. 밭에서 짓는 잡곡 농사보다 논에서 짓는 벼농사에 대한 선호도가 더욱 높아졌다는 사실입니다. 이러한 사정은 번답(反畓) 확대와 관계가 깊지요. '번답'이란 경작지를 밭에서 논으로 변경하는 작업을 가리킵니다. 19세기 초 농학자 서유구는 전체 논 가운데 10분의 3이 번답으로 생겨났다고 18세기에 몰아친 번답 열풍을 설명했습니다. 번답 열풍에서 우리는 밭농사보다 논농사로 생산한 미곡이 사회·경제적 이득을 더 남겨 주는 농업 경영 방식이었음을 알 수 있습니다.

궁방전 확대와 소유권 다툼

궁방전은 17세기를 거치면서 빠르게 확대됩니다. 궁방전은 왕실과 그 일족의 경제 기반을 보장해 주는 전토로 만들어졌는데, 국왕이 왕실 전토를 떼어 설치해 주기도 했습니다. 궁방은 토지를 사들이든가, 주인 없는 토지를 조정에 신고하여 자기 것으로 만들든가, 개간 가능한 곳을 개간하는 방식으로 궁방전을 넓혔습니다. 이러한 궁방전은 크게 궁방이 토지의 소유자인 경우와 수조권자인 경우로 나뉘었습니다.

특히 궁방전을 설치할 때 '절수(折受)'라는 방식을 많이 이용했습니다. 절수는 궁방이 주인 없는 토지를 조사하여 그 지방 수령한테서 입안이라는 증명서를 발급받는 방식입니다. 또는 궁방에서 절수 대상지를 내수사*에 신고하여 이조와 호조를 통해 받기도 했지요. 궁

내수사(內需司)
조선 시대에 궁중에서 쓰이는 곡식, 피륙, 잡물과 노비에 관한 사무를 맡아보던 관아.

방에서는 절수를 이용하여 손쉽게 토지를 손에 쥘 수 있었습니다. 그런데 절수로 확보한 궁방전은 규정상 궁방이 토지 소유자가 됨이 마땅하지만, 입안만 받아 놓고 실제 개간을 백성들이 담당할 때 궁방은 수조권자가 되는 것이 순리입니다. 하지만 궁방은 입안만 받은 경우에도 소유자로 행세하려 했고, 여기에서 분쟁이 일었습니다.

육상궁 안의 연호궁
육상궁은 영조의 생모이며 숙종의 후궁인 숙빈 최씨의 신위를 모신 사당이다. 현재 육상궁을 포함한 건물 일체를 칠궁이라고 부른다. 1908년 여러 곳에 분산되어 있던 역대 왕의 친모로서 왕비에 오르지 못한 일곱 명의 신위를 모신 궁들을 이 곳에 옮겼기 때문에 붙은 이름이다. 칠궁은 육상궁, 저경궁, 대빈궁, 연호궁, 선희궁, 경우궁, 덕안궁을 가리킨다. 현재는 건물만 남아 있지만, 이 곳에 모셔진 분들에게 제사를 올리기 위한 궁방전이 전국 각지에 벌어져 있었다. 서울 종로구 궁정동, 문화재청 관리.

왕실의 후궁, 그리고 왕자와 공주가 늘어나면서 궁방전이 많이 필요했습니다. 그런데 17세기 중반 이후 개간되지 않은 토지가 거의 사라지면서, 주인 없는 토지를 찾기 어려운 상황이 되었지요. 이에 궁방은 힘없는 백성들의 땅인 민전(民田)을 빼앗는 불법 행위를 저지르면서 궁방전을 확보하기도 했습니다.

한편 백성 중에는 부세 부담을 줄이려고 자기 전토에 궁방의 이름을 붙이기도 했습니다. 이를 '투탁'이라고 불렀지요. 궁방전은 면세전인데다가 요역 같은 여러 부담이 붙지 않았습니다. 따라서 본디 전결세로 내야 할 부담 정도만 궁방에 내고 갖가지 부가세와 향리 등의 수탈을 피할 수 있어 민전에 궁방전이라는 이름표를 붙일 만했습니다. 이러한 방식은 궁방전의 소유 관계를 복잡하게 만드는 원인이 되었지요.

명목상 소유주인 궁방과 실제 소유자인 백성 사이에 토지 소유 문제가 일어났을 때, 결국 피해를 입는 쪽은 백성들이었습니다. 궁방은 왕실이라는 든든한 권력의 보호를 받았지만, 일반 백성들은 자신

어필 각 궁방 매득전답 물허면세 수교와 현판
1872년 고종이 내린 왕명을 적은 수교와, 이를 그대로 새긴 현판. 각 궁방에서 사들여 확보한 궁방전에 면세 혜택을 주지 말라고 명하는 내용이다.

의 힘 말고는 다른 도움을 얻을 수 없었습니다. 특히 국왕은 궁방 편을 들면서 백성의 토지 소유권을 인정하지 않으려 했습니다.

궁방전을 둘러싸고 많은 문제가 발생하자, 1695년(숙종 21) 이른바 을해 정식(乙亥定式)이라는 조처가 내려집니다. 을해 정식은 궁방에 돈을 주어 토지를 사게 하는 방식을 담고 있었지요. 이런 방식을 급가매득제(給價買得制)라고 합니다. 토지 소유권을 둘러싼 다툼이나, 궁방전에서 수취를 담당하는 사람들이 지나치게 침탈하는 따위 문제를 해결하려는 조처였지요.

18세기 중엽 이후 궁방전을 새롭게 구별하는 명칭이 등장했습니다. 궁방에 계속 연결되는 토지인지에 따라 궁방전을 유토(有土)와 무토(無土)로 구분했습니다. 유토는 궁방이 사들이거나 개간하여 소유권을 확보한 토지(궁방의 소유지)와, 고정적으로 궁방에게 세금을 바치는 일반 백성의 토지(궁방의 고정 수세지)를 일컬었습니다. 그리고 무토는 어느 한 궁방에 10년 동안만 세금을 바치는 일반 백성의 토지(궁방의 일시 수세지)를 일컬었습니다. 궁방은 무토에서 해마다 1결당 쌀 23두를 거두어 갔습니다. 무토 궁방전으로 설정된 토지의 실제 주인이 직접 경작하든 소작인에게 나누어 주고 지대를 받든 상관없이요.

이렇게 해서 18세기 말엽 유토와 무토 궁방전은 4만 결을 넘을 정도였습니다. 이 두 궁방전에 세금을 면제해 주었기 때문에, 궁방전이 늘어날수록 국가 재정에 차질이 생겼습니다. 또한 궁방전에서 세금을 거두고 지대를 받아 내는 궁방의 하수인들이 자주 농민을 괴롭혔습니다. 궁방의 하급 관리인 궁차(宮差)나 궁방전의 수세 업무를 청부받은 도장(導掌)은 정해진 것보다 훨씬 많은 양을 거두었습니다. 때문에 정조는 즉위하자마자 궁방에서 궁차와 도장을 직접 파견하는 것을 금지하고, 호조가 거두어 궁방에 내려보내는 방식을 썼습니다.

조선 후기에 궁방전이 크게 확대된 상황은 왕실의 특권을 잘 보여줍니다. 직전법 폐지에 따라 다른 관리들이 백성들의 토지에서 세금을 거두는 권한(수조권)은 진작에 사라졌지만, 궁방전에서는 계속 이러한 권한을 누렸지요. 왕실의 권력을 이용해서 백성들의 소유지를 침탈하는 경우도 많았고, 이에 따라 토지 소유권을 둘러싸고 백성과 궁방 사이에 소송도 무척 많이 일어났습니다.

도회지 부근의 채소 재배

농업 경영 변동에서 빼놓을 수 없는 것이 상업적 농업이 발달한 점입니다. 농업 생산의 목표가 땅에서 거두어들인 농작물을 시장에 내다 팔기 위한 것일 때, 이를 상업적 농업이라고 부를 수 있습니다. 이 때 재배하는 작물을 '상품 작물'이라 하고요. 그렇다면 이 시기를 대표한 상품 작물은 무엇일까요?

먼저 한성부 주변에서 도성 주민을 소비자로 겨냥해서 재배한 여러 채소가 대표적인 상품 작물입니다. 왕십리, 이태원, 청파, 살고지, 석교, 연희궁 일대의 농민들은 무, 배추, 오이, 가지, 마늘, 파, 부추,

더러운 똥 속에 담긴 참된 덕 – 박지원의 〈예덕선생전〉

북학파의 대표 학자인 박지원은 전기 소설이라고 부를 수 있는 '전(傳)'이라는 형식의 글 속에 자신의 생각을 많이 남겨 놓았다. 〈허생전〉, 〈양반전〉 등 잘 알려진 글 못지않게 박지원은 〈예덕선생전(穢德先生傳)〉이라는 소설에서 자신이 살아가는 모습, 그리고 이상적인 인간형을 그려 내면서 당시 지배층인 양반들의 거짓된 모습을 폭로한다. 〈예덕선생전〉은 당시 학자로 이름난 선귤자(蟬橘子, 이덕무의 호)와 사람 똥을 나르는 엄행수(嚴行首)의 사귐에 대해, 선귤자의 제자인 자목(子牧)이 묻고 선귤자가 대답하는 방식으로 꾸며져 있다. 예덕 선생에서 예(穢)는 더러운 똥을 가리키는데, 더러운 똥 속에 덕(德)이 담겨 있다는 박지원의 생각은 과연 무엇이었을까.

박지원은 〈예덕선생전〉 앞부분에서 먼저 올바른 벗 사귀기에 대해 설명한다. 그에 따르면 이해 관계나 아첨 등에 따라 벗을 사귀는 것은 오래 가지 못하고, 오직 마음과 덕으로 도의를 따르는 사귐이어야 오래 갈 수 있다고 했다. 그리고 사람의 직업, 하는 일과 그 사람의 인격의 관계를 서술하면서 예덕 선생의 행적을 보여 준다. 그에 따르면, 예덕 선생은 동네 뒷간에 들어가 똥을 치우기를 부지런히 하고, 사람 똥뿐만 아니라 소, 돼지 똥도 모두 귀한 구슬처럼 여겼다. 그는 남들의 치켜세움이나 헐뜯음에 전혀 아랑곳하지 않고 자기 할 일에 충실했다. 이렇게 살아가는 예덕 선생의 모습은 자신의 분수를 지키는 모범적인 본보기에 해당한다고 했다.

박지원이 진정으로 하고 싶었던 말은 마지막 부분에 나온다. 예덕 선생의 마음을 바탕 삼아 확대한다면 성인의 경지에 이를 수 있고, 선비 가운데 예덕 선생과 견주어 부끄럽지 않은 사람이 드물 것이라는 지적이 이어지는 부분이다. 이러한 이유로 엄행수의 이름을 함부로 부르지 못하고 '예덕 선생'이라는 호를 지어 부른다는 설명이다.

선비로서 자신의 할 일을 제대로 하지 못하는 것을 박지원은 《과농소초》라는 책에서 "선비의 실학(實學)이 없다"고 질책하기도 했다. 비록 더럽고 냄새나는 일이지만 자기 할 일을 제대로 수행하는 예덕 선생과, 선비의 실학을 제대로 못 하는 이름만 선비인 누군가를 대비시켜 당시 사회 모습을 비판한다. 박지원을 비롯한 실학파 학자들이 제시한 개혁론의 바탕에는 이러한 현실 인식이 깔려 있었다.

고추, 미나리, 토란, 호박, 수박 같은 여러 가지 남새를 재배하여 많은 이익을 남겼습니다. 박지원이 쓴 〈예덕선생전〉은 소비 도시 한성부를 배경으로 한 소설로, 채소를 재배하는 모습을 보여 줍니다.

서울이 상업 도시로 성장하면서 교외 지역에 상업적 농업이 발달하는 것은 아주 자연스러운 흐름입니다. 이제 전국 시장권의 중심 도시가 된 서울에서는 화폐 경제가 모든 경제 활동을 지배했습니다. 또 전국의 주요 도회지가 도시 면모를 갖추면서 그 주변에 채소 같은 상품 작물 재배가 발달했습니다. 정약용의 《경세유표》에 따르면, 18세기 말에서 19세기 초에 큰 도시나 고을을 끼고 있는 파밭, 마늘밭, 오이밭은 600~800평의 작은 땅에서도 수백 냥의 수익을 얻었다고 합니다. 지방의 큰 도회지 가운데 평양의 경우, 능라도와 양각도는 수박으로 유명했고, 개성 주변은 남새 말고도 과실 재배지로 바뀌어 갔습니다. 이러한 도회지 주변의 채소 재배는 판매 중심의 농업 경영, 이른바 상업적 농업의 대표 사례입니다.

도회지 주변에 채소 재배가 발달한 것은 몇 가지 원인에서 비롯합니다. 먼저 농촌 사회에서 벗어난 농민들이 도시 주변에서 상품 작물을 생산하여 생계를 꾸려 나가려 했기 때문입니다. 이것은 인구가 증가하면서 한성부가 방대한 소비 시장으로 성장하여 채소 소비가 늘어난 사정과 맞물립니다. 다음으로는 하루 벌어 하루 먹고 사는 도시 일용 노동자들을 채소 경작에 임금 노동자로 활용할 수 있었기 때문입니다. 마지막으로 높은 토지 이용율과 집약적 토지 활용, 철에 맞추어 유리한 작물을 번갈아 재배할 수 있다는 점도 채소 재배가 발달한 이유입니다.

이러한 점에서 18세기 말에서 19세기 초 도시 주변에서의 채소 재배는 순수하게 상품 생산을 위한 상업적 농업이라고 할 수 있습니다.

밭에서 삼을 재배하다 – 가삼 재배법 개발과 보급

조선 후기 향촌에서 이루어진 상업적 작물 재배의 대표적인 예가 가삼(家蔘) 재배입니다. 이와 더불어 황해도 황주의 지황(地黃, 한약재로 쓰이는 다년생 풀) 재배, 전주의 생강 재배도 전국 규모의 시장을 가진 상업적 약초 재배로 이름이 높았습니다. 하지만 생산액이나 개별 경영의 규모 면에서 인삼 재배에 비할 바가 못 되었지요. 그런데 가삼이 뭐냐고요? 가삼이란 산삼과 달리 사람이 밭에서 재배한 인삼을 말합니다.

조선 후기에 상품 화폐 경제가 발달하면서 상품 작물 생산이 크게 확대되었는데, 특히 인삼을 비롯한 약초 재배가 상업적 농업으로 자리를 잡아 갔습니다. 산에서만 채취할 수 있어 산삼으로 불리던 인삼을 인공 재배하여 가삼을 생산하는 방법이 18세기 초중반에 개발되었습니다. 그리고 18세기 중후반을 거치면서 가삼 재배법이 보급되고 농서에 수록되었습니다. 또한 가삼을 가공하여 홍삼을 만드는 방법이 개발되어 무역에서 큰 이윤을 얻기도 했습니다.

그럼 18세기에 이르러 가삼이 생산된 이유는 무엇일까요? 무엇보다도 민간에서 인삼 소비가 늘어나면서 수요가 증가했는데, 천연 산삼 채취만으로는 감당하지 못했기 때문입니다. 수요 증가는 필연적으로 인삼 가격 등귀(물품이 달리고 값이 치솟음)로 이어졌습니다. 이

와 같이 인삼 수요가
늘고 가격이 뛰자, 인
삼을 상품 작물로 개
발하려는 욕구가 생겨
났습니다. 가삼 생산
의 충분 조건이 마련
되자 가삼 재배법이
개발된 것이지요.

가삼 재배법이 개발 보급된 또 다른 배경으로 대외 무
역을 들 수 있습니다. 17세기 이후 인삼 수출이 크게 증
가하면서 18세기에도 인삼 상인을 통한 무역이 계속되
었습니다. 그리하여 18세기 중후반에는 인삼이 청나라와의 교역에
서 주요 수출품으로 자리 잡았습니다. 대량 수출이 계속되면서 나라
안의 인삼 품귀 현상도 더욱 심각해졌습니다. 혹시 없어서 못 팔 정
도가 아니었을까요? 이러한 외국의 인삼 수요 증대도 가삼 재배법을
발달시킨 배경이었습니다.

18세기 초에 가삼 재배법이 개발되어 18세기 중후반 이후에는 조
선 전역에 보급되었습니다. 그러한 가운데 정조는 신도시 화성을 부
유하고 튼튼하게 만들기 위해 1798년 가삼을 재배할 수 있는 영남
지역 기술자를 화성으로 불러들였지요. 그리고 수원 부민 가운데 선
정된 삼호(蔘戶, 가삼 재배에 동원된 호)에게 가삼 재배법을 전수하려
했습니다. 이러한 시도는 큰 효과를 거두지 못했지만, 화성에 가삼
재배법을 보급하려고 시도했다는 사실에서 우리는 가삼이 지닌 상

삼산 봉표(오른쪽)
가삼을 재배하기 전에 인삼
은 곧 산삼이었다. 봉표(封標)
는 나라에서 일정한 곳의 출
입을 금지하는 경계표인데,
산삼 봉표는 산삼을 채취하
여 나라에 바치는 데만 써야
함을 확인하기 위한 것이었
다. 이 비는 정선군 정선읍
회동리에서 평창군 진부면
장전리로 넘어가는 고개 정
상에 자리하고 있다. 강원 정
선군 정선읍 회동리, 정선군
관리.

인삼 하사
100세 노인이 사는 집안에
인삼, 옷감 등을 내리는 은사
장. 충북 청원군 가덕면 청룡
리 신시우, 국사편찬위원회
사진.

품성을 분명히 확인할 수 있습니다.

18세기 후반에는 예상보다 훨씬 빨리 농서에 가삼 재배법이 실렸습니다. 많은 사람들에게 가삼 재배법이 알려져 농서에 그 전모가 수록되었지요. 가삼 재배법에서 가장 중요한 것은 토양입니다. 인삼의 성질에 걸맞은 토양의 특성을 검토하여 적합한 토질을 만드는 것이 가삼 재배의 관건이지요. 그리하여 밭 작물 재배 방식에서 따온 '휴종'이라는 방식과, 화훼 재배법을 채택한 '분종'이라는 방식으로 재배했습니다.

인삼 밭에서 캐낸 수삼(水蔘)을 무역 상품으로 이용하기 위해서는 백삼(白蔘, 수삼을 씻어 건조시킨 것)으로 가공하는 것만으로는 부족했습니다. 개성의 인삼 상인들은 19세기 중반 들어 중국 시장을 배경 삼아 홍삼(紅蔘, 수삼을 씻어 껍질을 벗기지 않고 수증기로 쪄서 건조시킨 것)을 제조했고, 이를 독점 공급하면서 많은 이윤을 얻었습니다. 홍삼은 백삼에 비해 보관, 저장, 운송하기가 훨씬 쉬웠습니다.

외래 작물의 보급

조선 후기에 들어온 외래 작물 가운데 특히 고추는 우리 조상의 식생활에 큰 영향을 끼쳤습니다. 고추는 한국인의 식단에 없어서는 안 될 작물이 되었지요. 이수광이 지은 《지봉유설》에는 '왜개자'라는 이름으로 소개되었는데, 당시 고추가 처음으로 재배되었으며 일본에서 들여왔다고 적혀 있습니다. 김치에 고추를 넣어 먹기 시작한 것은 18세기 무렵 이후부터입니다. 1670년 무렵에 만들어진 음식 조리서 《음식디미방》에 소개된 김치 제조법을 보면, 아직 향신료로 천초(조피나무)나 생강 또는 후추를 쓰고 있었지요.

조선 사람의 식생활에 커다란 영향을 끼친 또 하나의 외래 작물이 바로 고구마입니다. 1763년 조엄이 일본 통신사로 갔다가 가져온 감저(甘藷)가 바로 고구마지요. 조엄을 비롯하여 이광려가 고구마 보급을 시도했고, 강필리, 유중림, 서유구는 고구마 재배법을 정리하는 데 큰 공을 세웠습니다.

1794년 호남 지역 주민을 보살피는 일을 맡았던 서영보의 보고에 따르면, 고구마는 전래 초기에 백성들이 다투어 심을 정도로 많이 보급되었지만, 군현의 수령과 향리의 착취 때문에 당시에는 심는 사람이 아주 드물었다고 합니다. 서영보는 이러한 백성에 대한 침탈을 없앤다면, 평균 기온이 낮은 평안도와 함경도를 제외한 조선 전역에서 경작할 수 있는 작물이 바로 고구마라고 보았습니다. 고구마는 들여올 때부터 흉년을 이겨 내는 데 도움을 줄 작물로 평가받았습니다. 그리하여 고구마 재배법, 경작법이 조선의 자연 환경에 맞게 정리되어 갔습니다. 하지만 어느 정도 수준에서 보급되었는지는 아직 확실하지 않습니다.

고구마와 함께 구황 작물로 북감저를 들 수 있습니다. 감자는 북저, 북감저라는 이름으로 조선에 들어왔는데, 이름에서 알 수 있듯이 북방에서 들어왔지요. 이규경은 《오주연문장전산고》의 〈북저변증설〉에서 순조 때 관북 지방으로 처음 들어왔다고 설명합니다. 감자는 토양 적응력이 강하고 시비가 크게 필요하지 않으며, 가뭄과 장마에 강해 보급하기가 쉬웠습니다.

상업 발달과 화폐 유통

시전 상인과 신해 통공

시전 상인은 국역을 담당하는 대가로 특정 물품을 독점 판매할 수 있는 특권을 가진 상인을 가리킵니다. 그들은 국가 수요품을 조달하는 의무를 졌고, 나라에서는 육의전에게 국역의 대가로 자금을 자주 대여하여 시전 상인의 자본력은 막강했습니다. 17세기 이후 시전 상인은 더 명확한 특권, 곧 금난전권을 얻어냈습니다. 그럼 우세한 자본력에 금난전권이라는 날개까지 달게 된 이들은 실제로 많은 이윤을 얻었을까요?

금난전권이란 난전 행위를 금지할 수 있는 권리이고, 난전이란 시전 자격을 얻지 못한 자연 발생적인 점포와 그 점포에서 상행위를 하는 상인을 가리켰습니다. 이들은 특히 서울이 상업 도시로 바뀌고 인구가 증가하면서 상업 활동 공간이 넓어지자 폭넓게 등장했습니다. 그리하여 서서히 시전 상인의 상권과 대항할 수 있는 상업 능력을 키워 갔습니다.

시전 상인의 금난전권에는 두 가지 권한이 있었습니다. 하나는 난전 상인의 상품을 압수할 수 있는 속공권이고, 다른 하나는 난전 상인을 붙잡을 수 있는 착납권입니다. 금난전권은 도시 상업에서 소상품 생산자 및 소상인층의 자유로운 상품 판매를 막는 권리이자, 도시의 물가 상승과 도시 영세민의 생활을 압박하는 특권이었지요.

그런데 17세기 이후 시전 상인에게 금난전권을 준 이유는 무엇일까요? 그것은 시전 상인의 경제력이 대단해서가 아니라, 오히려 시전 상인의 위치가 위협을 받았기 때문입니다. 시전 상인이 스스로의 힘으로 상품 교역을 온전히 장악했다면 금난전권 자체가 필요없었겠지요. 임진왜란과 병자호란 이후 황폐해진 농촌을 떠난 많은 농민들이 서울로 올라왔고, 이들 가운데 일부는 사산 부근이나 도성 바깥에서 농사를 지었습니다. 하지만 대부분은 상업 활동에 종사했는데, 이들이 바로 난전 상인이 되었지요.

난전 상인은 이미 자리를 잡아 온 시전 상인과 경쟁하게 되었고, 시전 상인들은 관청과의 유착 관계를 등에 업고 난전 상인을 고발하고 마침내 금난전권까지 휘둘렀습니다.

신윤복이 그린 어물 장수
행상을 나선 두 여인의 모습이다. 아낙네가 이고 있는 광주리에서 삐져 나와 있는 생선 꼬리를 보면 말린 생선이 아니라 날생선임을 알 수 있다. 당시에는 자연 냉동(냉장)이 가능한 한겨울이 아니면, 해안이나 강에서 가까워 별다른 처리를 하지 않고도 날생선을 운반할 수 있는 지역에만 생선 행상들이 돌아다녔다. 내륙 지방에는 염장 건조시킨 생선(명태나 미역이 대표적이다)이나 해조류만 공급되었다.

18세기 들어 시전 상인이 휘두르는 금난전권은 많은 문제를 낳았습니다. 시전 상인들은 말이나 소, 배에 싣고 서울에 들여오는 갖가지 물품을 빼앗고, 심지어 머리에 이고 손에 들고 다니며 파는 물품까지 난전으로 몰아 빼앗아 갔습니다. 중소 상인들을 폭행하고 잡아 가두거나 상품을 압수하는 일도 서슴지 않았습니다. 또한 새로운 물품으로 시전이 새롭게 설치되면, 독점 판매권과 금난전권을 앞세워 상품 가격을 높게 매기고 이윤을 극대화했습니다. 그 결과 특히 서울 물가가 껑충 뛰고 도성 사람들의 생활이 크게 위협받기에 이르렀지요. 그리하여 18세기 후반 들어 시전 상인의 금난전권은 난전 상인에게서 세금을 거두는 권리 정도로 내용이 바뀝니다.

정조 때 와서 시전 상인에 대한 도시 빈민층, 영세 상인, 소생산자층의 반감과 저항이 훨씬 커졌습니다. 물가 상승도 변화를 요구하는 무시할 수 없는 요인이었습니다. 시전 상인의 독점 판매권이 물가 상승을 자주 불러일으켰으니까요. 시전 상인은 금난전권을 휘두르며 상품 판매권을 계속 독점하려 했지만, 난전 상인을 비롯하여 서울 주변 장시에서 자본력을 키운 사상의 도전 속에서 그들의 힘은 서서히 줄어들었습니다.

이 시점에서 조정은 시전과 난전에 대한 정책을 금난전권을 제한하는 통공 정책으로 바꾸었습니다. 통공 정책을 주도한 채제공은 시전 상인의 독점 행위와 이에 따른 물가 상승을 지적하면서, 물건이 귀해져서 눈에 보이지 않고 자유로운 매매 자체가 완전히 사라졌음을 강조했습니다. 그리하여 도성 안 사람과 도성 주변 사람의 행상과 좌판을 금지해서는 안 된다고 주장했습니다.

마침내 1791년, 육의전을 제외한 다른 시전 상인의 금난전권을 철폐하고 자유로운 판매 권리를 부여하는 내용의 신해 통공을 공포했습니다. 여기에는 거대 도매상의 매점매석 행위를 엄격히 금하는 조치도 포함되었습니다. 비록 육의전 품목은 제외되었지만, 소상인과 생산자들은 상품을 자유롭게 판매할 수 있게 되었지요. 자유로운 상행위를 인정하여 사상의 활동 공간을 넓혀 준 신해 통공은 조선 후기의 상품 화폐 경제 발달을 반영한 조처였습니다. 물론 상품 화폐 경제를 발달시키는 또 다른 계기도 되었지요.

공인의 상업 활동

공인(貢人)은 대동법 실시 이후 정부에 필요한 물자를 대 주는 공납 청부업자로 등장합니다. 쌀, 면포, 상평통보로 대동세를 받은 정부는 필요한 관수품이나 궁정 용품을 시장에서 구입할 수밖에 없었는데, 이 과정을 맡아서 수행한 사람이 공인이지요. 공인에는 대동법 실시 이전부터 관청에 필요한 물자를 대던 시전 상인, 민간의 부호, 부유한 상인 들이 있었습니다. 공물을 독점 공급하는 청부업자라는 점에서 공인을 특권 상인층이라 볼 수 있지요. 이들은 정부가 인정하는 특권 상인이라는 권세를 업고 헐값에 물품을 사들이거나 강제로 사고 팔아 직접 생산자를 수탈했으며, 물자를 독점하고 일반 상인들의 상업 활동을 제약하기도 했습니다.

18세기 이후 공인의 활동은 물품 구매에만 한정되지 않고 더욱 확대되었습니다. 그리하여 대동법 실시 이후 일반 백성들의 노동력이나 특산물 진상 형태로 남아 있던 부담을 정부나 지방 관청에서 특정한 사람에게 담당케 하는 과정에서 공인계가 나타났습니다. 예를 들어 한강에서 얼음을 채취하여 얼음 창고인 빙고에 쌓으려 할 때, 이 모든 과정을 맡아서 하는 공인계로 빙계가 만들어졌습니다. 빙계에 속한 공인만이 얼음을 채취하여 관에 바칠 수 있고, 이들은 관에서 특정한 대가를 얻었지요.

공인계 등장은 그 동안 조선 사회에서 백성들의 노동력을 강제로 징발해 온 부역 체계가 해체되고 있음을

신간 상명산법
명나라 초기에 상업 활동에 필요한 수학 지식을 담은 수학책이 《상명산법(詳明算法)》이다. 이를 조선에서 다시 간행한 것이 《신간상명산법》이다. 관청에서 계산하는 관리인 산사(算士)를 뽑을 때 시험 치던 책이기도 하다.

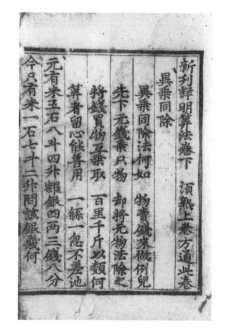

보여 주는 증거입니다. 곧 백성들을 무상으로 동원하는 작업 방식이 어려워지면서, 작업을 공인계에게 맡기고 작업에 동원된 백성들에게는 대가를 지불하는 시대가 왔습니다. 산성이나 읍성을 쌓거나 왕실의 무덤을 만드는 토목 공사도 노동력을 강제로 동원하는 방식에서 임금 노동자를 고용하는 방식으로 바뀌었습니다. 1장에서 화성을 축조할 때 노동자들에게 임금을 지불한 기록이 자세히 남아 있다고 설명한 것 기억나지요?

공인은 점차 수공업자(생산자 집단)를 장악하는 데까지 손을 뻗쳤습니다. 그들은 수공업자가 생산한 물품을 조달할 때면, 수공업자에

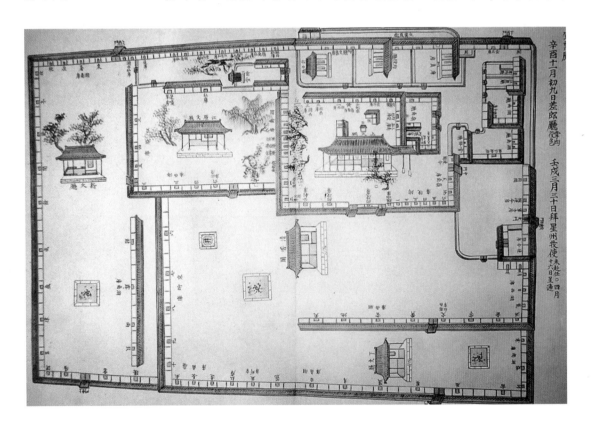

게 일정한 돈을 먼저 지불하고 나중에 생산된 물품에 독점권을 행사했지요. 힘이 세다 보니 공인은 어떤 때에는 미리 수공업자에게 주는 선금을 애초의 물품 가격보다 훨씬 낮게 매기기도 했습니다. 우세한 자본력이라는 힘으로 특별한 이윤을 얻으려 한 것이지요.

이러한 상업 활동은 상품 유통을 장악한 독점 상인이 하는 일과 성격이 같습니다. 공인의 독점적 물품 청부권은 높은 가격에 거래되었는데, 공인의 권리를 사고 파는 매매 문서를 '공인문기(貢人文記)'라고 합니다.

수철계 절목
1867년 의정부에서 마련한 수철계 절목. 수철계는 무쇠를 관청에 독점적으로 공급하는 공인들이 만든 조직이다. 수철계 공인들은 궁중과 관청에 무쇠를 공급하고 받는 금액이 항상 부족하여 이를 서울 밖에서 무쇠를 제작하고 판매하는 곳에서 일부 거두어 왔으니, 몰래 판매하거나 만드는 자들을 난전으로 다스려 달라는 것이었다. 이에 대해 의정부는 어용 청부업자인 이들 공인에게 유리한 처분을 내리고 '수철계 절목'을 만들어 시행했다.

난전과 난전 상인

조선 후기 상품 유통 체계의 변화를 주도한 상인은 누구일까요? 바로 사상(私商)입니다. 이들은 시전 상인과 달리 국가에 아무런 국역을 부담하지 않으면서 상품 유통을 담당한 사람들입니다. 사상에 속하는 상인은 소자본으로 상업 활동을 하는 소상인부터 대규모 자본을 축적하고 상품 유통을 독점 수행하는 대상인에 이르기까지 다양했습니다. 이들 사상의 주된 상업 활동이 바로 난전이고, 이들을 '난전', '난전인'이라고 부르기도 했지요.

시전 상인이 상품 유통을 틀어쥔 상황에서 사상의 활동은 난전에서 벗어나기 어려웠습니다. 따라서 사상이 주도하여 조선 후기 상품 화폐 유통 체계를 변화시켜 나가는 과정은 곧 사상이 '시전을 어지럽힌다'는 뜻의 난전이라는 이름을 떨쳐 버리는 과정과 같았습니다. 사상 중심의 상품 화폐 유통 체계가 만들어지는 앞뒤 사정을 살펴볼까요?

일기-개성부기
1872년 9월 개성 상인이 작성한 거래 일기이다. 작성자는 알 수 없는데, 자신의 거래 상황 가운데 상대방 이름과 금액만 적어 놓았다. 매달 이러한 거래 일기를 작성하면서 상업 활동을 펼쳤을 것으로 보인다.

사상에는 지방 장시를 돌아다니면서 소규모 물품을 다룬 행상, 배를 이용하여 지역의 상품 교역을 담당한 선상, 포구를 중심으로 상품 유통에 참여한 객주와 여각, 그리고 포구 주인 등이 포함됩니다. 또한 지역을 활동 거점으로 삼았던 개성의 송상, 평양의 유상, 동래의 내상, 의주의 만상 들도 전국 조직망을 갖추고 상업 활동을 펼쳤습니다. 한성부의 경강 상인과 한성부 주변 상업 중심지에서 활약한 상인들도 꼽을 수 있습니다.

사상은 정치 권력이 부여한 특권과 결부되지 않고 자본력과 조직력, 정보력 등 상업적 능력에 기초하여 상업 활동을 벌였습니다. 이들은 시전 상인 중심의 상품 유통 체계를 뒤집어엎고, 전국 규모의 새로운 유통 체계를 만들어 냈습니다. 결국 시전 상인이 특정 물품에 대한 독점적 유통권을 활용하여 상품을 확보하고 상품 유통을 주도했다면, 사상들은 전국 조직망과 정보력, 그리고 때맞춘 운송과 보관 등 여러 상권의 요소를 바탕으로 유통 체제를 세웠습니다. 사상의 상업 활동은 특히 1791년 신해 통공 이후 더 활발히 전개되었고, 일부 사상은 도고(都賈), 곧 독점 상인으로 변신하여 자유로운 상행위를 막고 독점 이윤을 얻기도 했습니다.

난전은 16세기부터 나타났지만, 본격적으로 활동한 시기는 한성부의 도시화가 크게 진전되는 17세기 후반부터입니다. 초기에 난전 상인은 주로 수공업자들이 독립적인 상품 생산자로 직접 시장에 나서면서 등장했습니다. 그리고 시전 중심의 유통 체계가 감당하지 못하는 부분을 담당하여 시전 상인과 서로 보완하는 관계였지요. 하지만 경제력을 갖춘 사상의 난전 행위가 나타나면서 시전 상인과 난전의 사상은 경쟁과 대립 관계로 바뀌었습니다. 또 난전 때문에 시전과 시전끼리도 부딪쳤습니다. 이제 모든 난전의 배후에는 상품 유통권을 독점하려는 힘겨루기가 자리잡고 있었습니다.

특히 한성부에서 난전이 큰 문제로 떠올랐습니다. 서울 곳곳에 상설 시장이 등장하고, 서울 주변의 유력한 교역 중심지가 상설 시장으로 변했기 때문입니다. 17세기 중후반 이후 도시 인구가 늘어나고 상업이 발전하면서, 서울은 시전 상가 말고 남대문 밖 칠패와 동대문 근처 이현에 새로운 시장이 만들어졌습니다. 그리고 거리마다 난전이 생겨 시전의 모든 물건을 사고 팔게 되었습니다. 그리고 비교적 큰 자본을 가진 사상 도고가 서울 외곽의 송파, 동작진, 누원점, 송우점 등지에서 삼남이나 동북 지방에서 올라온 상품을 매점하여, 서울 도성 안의 난전 상인에게 넘겨 난전 활동이 활발해지기도 했습니다.

난전 상인 중에는 어느덧 권세가와 손을 잡고 상권을 장악하는 일도 생겨 시전 상인에게 큰 타격을 주기도 했습니다. 시전 상인은 금난전권으로 난전을 압박했지만, 18세기 후반 신해 통공을 계기로 금난전권 대부분이 폐지되면서 사상 중심의 상품 유통 체계가 현실로 나타났습니다.

선상의 처지와 경영 형태

조선 후기에 활약한 상인으로 선상이 있습니다. '선상'이란 여러 특색을 지닌 상인을 포함하는데, 대개 선박을 통한 상품 유통에 참여하는 자를 가리킵니다. 자본을 대는 물주, 선박을 소유한 선주, 항해 책임자로서 선장 격인 사공, 노를 젓는 격군 들이 선상에 포함되지요. 이 가운데 특히 물주와 선주가 선상의 핵심 부류라고 할 수 있지만, 사공이나 격군이 상품 유통에 참여하는 경우도 있었습니다.

18세기까지 선주가 물주와 사공 역할까지 담당하여 1인 3역을 하며 거의 전업으로 선상 활동을 했습니다. 그러니까 배 주인이 자기 자본으로 상품을 사들여 자기 배에 싣고 다른 곳에 가서 팔아 이윤을 챙겼습니다. 물론 이 때에도 물주와 선주가 구분되는 경우가 있었습니다. 물주와 선주는 대개 양반층이거나 관리층이었습니다. 19세기 후반까지도 물주와 선주는 대부분 양반층이고, 사공과 격군은 양인이 주를 이루었지요.

18세기 중후반 이후 선상의 영업 형태가 달라졌습니다. 본디 선상은 주로 곡물과 어물, 소금을 주된 상품으로 취급하면서 지주의 소작료나 정부의 세금으로 거둔 곡물을 운송하는 역할을 맡았습니다. 그런데 사상의 자본 축적이 많아지고 상품 유통의 주도권이 사상으로 넘어오는 상황에 발맞춰 상업 활동을 하게 되었지요. 이들은 선박을 이용한 상품 유통에서 이윤을 극대화하기 위해 서서히 경영과 자본을 분리하고 자본 규모도 확대했습니다. 또한 거래 상품도 해산물, 임산물, 도자기 등으로 넓혔지요.

선상의 경영 형태는 몇 가지로 나누어 살펴볼 수 있습니다. 먼저 선주나 사공, 격군이 직접 상품 유통을 담당하는 경우입니다. 영세 소자본과 선주, 사공, 격군이 결합하여 영세 소상업 형태로 선상 활동을 했습니다.

두 번째로 물주가 선박이나 선인을 고용하여 상품을 유통하는 형태입니다. 이는 사실상 물주가 상품 유통을 관장하는 유일한 상인으로 활동하는 형태라고 할 수 있습니다. 물론 물주가 선주를 겸하는 경우가 대부분이었지만, 물주가 선주에게 비용을 주고 상품 운송만 맡기는 일도 많았습니다.

세 번째로 선주가 상품 유통에 관여하지 않고 운송업만 전담하는 경우입니다. 이 때의 선상은 운송비를 받고 상품을 다른 곳으로 운송해 주는 역할만 했습니다. 이러한 양상은 화물 운송업 성장과 함께 퍼져 19세기 이후에는 전국에 폭넓게 나타났습니다.

선상들의 주요 활동 무대는 포구, 곧 배를 댈 수 있는 시설을 갖춘 강가와 바닷가였습니다. 따라서 조금 뒤에 살펴볼 포구 상업의 발달과 선상의 활동은 서로 관계가 깊습니다.

노 젓는 배
조선 선상의 노 젓는 배. 20세기에 조선 총독부가 만든 엽서에 들어 있는 사진이다.

송파장과 다락원의 사상, 도고
한성부의 상업 도시화와 더불어 18세기 이후 서울 주변 주요 지역에

도시화의 물결이 거세게 들이닥쳤습니다. 18세기 후반 종로의 시전 상인들에게는 아주 가까운 곳에 경쟁 상대가 있었지요. 동대문 근처 배오개(이현, 오늘날 광장 시장 자리)와 남대문 밖 칠패(오늘날 봉래동 일대) 지역에 상설 시장이 열리면서 사상 세력이 점차 확대된 것입니다. 두 지역은 각각 오늘날 동대문 시장과 남대문 시장으로 발달하여 활기찬 시장이 되었지요. 18세기 후반 이후 서울 상권의 중심은 종로에서 도성 외곽의 경강 지역과 남대문과 동대문 양대 시장으로 옮아갔습니다. 이로써 중소 사상들도 새로운 상업 중심지를 배경으로 장사를 자유롭게 할 수 있게 되었지요.

한강 주변의 포구 송파진에 열린 송파장은 교통로의 중심에 위치한 상업 중심지였습니다. 육로로 볼 때 영남 지방에서 충청 내륙 지방을 거쳐 올라오는 상경길과, 영남 내륙 지방인 태백산, 봉화와 관동 지방에서 여주·이천을 거치는 상경길이 만나는 곳이었습니다. 또한 한강을 중심으로 상류로 올라가거나 하류로 내려갈 수 있는 물길의 거점이었고요. 송파장은 1706년 즈음 개설되었는데, 처음에는 주로 서울의 중간 도매 상인이 활동하다가 서서히 사상의 활동 공간이 되었습니다.

18세기 중반에 이르러 송파장은 비록 한 달에 여섯 차례 개설되었지만, 실제로는 날마다 상품 교역이 이루어지는 상설 시장으로 발전합니다. 시전 상인들은 "송파장에서 서울 시전이 다루는 갖가지 상품을 쌓아 놓고 날마다 매매하고 있어 시전이 이득을 얻지 못한다"고 지적하면서 송파장을 없애라고 주장했습니다. 송파장을 통해 전국의 상품이 직접 유통되어 시전 상인이 이득을 빼앗긴 것이지요.

그런데 송파장의 사상들은 양반 권세가와 손잡고 있었습니다. 조정에서 송파장 폐지 문제를 논의할 때 반대가 많았던 것도 뒤에서 후원하는 권력가가 있었기 때문이지요.

또한 서울 동북 지역에 자리한 양주의 다락원(누원점)은 서울에서 함경도 경흥으로 가는 유통로의 중심지였습니다. 18세기 중엽 이후 송파장과 함께 서울 시전 상업을 위협하는 유통 거점으로 성장했지요. 다락원은 특히 함경도에서 운송된 북어*와 삼베(마포)가 모이는 곳으로, 삼남에서 생산된 면포 등과 활발히 교환되었습니다. 시전에 속하는 내외 어물전에 종속되었던 중간 도매상들이 시전 상인을 무시하고 누원점에서 어물을 사들여 행상에게 판매하는 일이 자주 일어났습니다. 또한 누원점의 도고 세력이 한성부의 이현과 칠패 시장에 마른 어물을 공급해 어물전의 독점권을 위협했습니다. 이러한 방식으로 누원점의 도고는 사상으로서 자본을 키워 나갔습니다.

북어(北魚)
동해안에서 주로 잡히는 대구과의 물고기, 곧 명태의 다른 이름이다. 겨울에 잡아 얼린 것은 동태, 말린 것은 북어, 얼렸다 녹였다를 반복한 것은 황태라고 달리 불린다. 또한 반쯤 말린 명태를 코다리, 명태 새끼를 노가리라고 부른다.

지방 도회지의 성장

서울 주변의 상업 중심지도 서로 경쟁하면서 배후 상업 거점 도시로 바뀌어 갔습니다. 특히 개성과 평양, 화성이 도회지로 성장했고, 개성의 송상, 평양의 유상은 전국 유통망을 활용하면서 상품 교환 체제를 주도해 갔습니다. 하나씩 살펴볼까요?

첫째, 황해도 개성은 18세기 전반까지 관서미(평안도에서 생산된 쌀) 운송에서 주요한 역할을 담당했습니다. 평양에서 개성까지 육로로 운송한 미곡을 개성에서 한양까지는 배로 운반했지요. 이와 같이 개성은 육지길과 바닷길 교통의 중심지 구실을 했습니다. 개성 상인은 주로 육로를 이용한 상품 유통을 장악하고, 경강 상인은 바닷길을 장악했습니다.

송상은 전국 주요 거점에 '송방'이라는 연락 사무소를 설치하고 상품의 원료 생산지에 심부름꾼을 파견하여 상품 생산과 유통에 이르는 모든 과정을 관장했습니다. 특히 북어, 종이, 수달피 같은 도매는 송상의 전매 특허에 해당했지요. 일반 개성 사람들은 봄·가을에 행상을 하러 전국으로 흩어졌기 때문에, 이들을 모아서 군사 훈련을 시키기가 불가능할 정도였다고 합니다.

둘째, 경기도 화성은 정조가 신도시로 계획하여 면모를 갖춘 신생 읍치입니다. 서울의 부호가에게 이자 없이 1000냥을 대출해 주고 수원성 안에 점포를 설립케 하기도 했지요. 그리고 화성 근처에 장시를 세워 세금을 거두는 행위를 금지시켜 화성을 상업 도시로 성장시키려는 계획도 추진했습니다.

화성이 신흥 상업 도시 성격을 갖게 된 배경은 정조가 도성에서 화성으로 내려오기 위해 닦은 신작로 덕분입니다. 노량진에서 화성에 이르는 신작로는 교통로이자 군사 도로이지만, 상품 이동로 구실도 했습니다. 당시 화성에 거주하며 여러 개혁안을 올린 우하영은 화성이 상업 도시임을 분명히 주장했습니다. 그에 따르면 "미곡상을 생업으로 삼아 먹고 사는 무리가 연이어 화성으로 몰려들고 있는" 상황이었습니다. 화성에서 서울로 상품이 반입될 뿐만 아니라, 서울의 상품이 화성에 공급되기도 했습니다.

셋째, 지방의 상업 중심지 가운데 평안도의 감영 소재지인 평양이 도시 모습을 뚜렷이 보이며 성장했습니다. 평양의 도시화는 평양이 주요한 유통 시장으로 성장한 데서 찾아볼 수 있습니다. 특히 평양은 인근 지역을 포함한 평안도 일대 곡물 유통의 중심지였습니다. 쌀 가격이 지

수원읍 어좌도차도
정조가 능행하기 위해 수원에 갔을 때 수원 읍성에 만든 어좌(御座)와 행렬의 배치도이다.

역과 계절에 따라 차이 나는 점을 이용하여 미곡 상인이 평양에서 크게 활동했지요. 또 평양은 대동강을 끼고 있어 대동강 유역의 여러 포구와 장시를 포괄하는 시장권의 중심지이기도 했습니다. 팔도 각 지역의 행정 중심지가 상업 중심지였던 것이지요. 이를 바탕으로 평양을 비롯한 도회지가 여러 곳에서 성장했습니다.

장시망 형성과 포구 상업

전국적 유통망이 형성되다

18세기 이후 사상 중심의 상품 유통 체계가 뿌리내리는 데에는 전국 유통망 형성이 큰 몫을 했습니다. 육상 교통과 해상 교통이 발달하면서 전국 유통망이 생겼지요. 육상 교통로는 사람들이 오고 가는 통로이지만 상품이 운송되는 유통로 구실도 했습니다. 따라서 상품 운송 시간을 줄여 주는 교통로 개설은 유통망을 더욱 활기차게 했습니다.

1770년에 지은 《도로고》에서 신경준은 "6대로의 교통로를 기록할 때는 대체로 10리를 기준으로 정밀하게 기록하여, 행상들이 물건을 운반할 때 참조하기에 유익하도록 편찬하였다"라고 밝혀 두었습니다. 곧 상품 유통을 편리하게 하려고 《도로고》를 제작하여 상인들이 요긴하게 이용하도록 했지요. 당시 전국의 간선 도로에 해당하는 6

대로는, 서울-평안도 의주, 서울-함경도 경흥, 서울-강원도 평해, 서울-경상도 동래, 서울-전라도 제주(실제는 전라도 해남), 서울-강화도 사이의 도로를 가리킵니다. 신경준은 6대로와 더불어 팔도의 연해로(海沿路)를 기록했고, 각 읍별 장시가 열리는 곳과 날짜를 적었습니다.

19세기에 서유구는 서울에서 경상도 태백산(봉화)에 이르는 길이 간선 도로로 승격되어 7대로가 되었고, 이에 따라 태백산길의 주요 경유지인 송파, 광주, 경안, 곤지암, 이천 등지에 장시가 개설된 사정을 《임원경제지》에 그대로 기록했습니다. 이와 같이 18세기 말 19세기 초에 간선 도로는 행정 중심지나 군사 요충지를 연결하는 성격보다는 상품 유통권을 연결하는 도로 성격이 강했습니다.

조선 정부는 도로 현황을 조사하면서 기존 도로를 확충하거나 정비하고, 새로운 도로를 만들어 나갔습니다. 먼저 1704년 서울에서 강화에 이르는 도로를 크게 정비했습니다. 그리고 한강을 이용한 교통로도 정비하여 각 나루터에 나룻배를 늘렸고, 송파진과 동작진이 중요한 상업 거점으로 성장했습니다. 또 정조는 수원과 서울을 연결하는 도로를 개설했습니다. 노량진에서 과천, 금천(시흥)을 거쳐 수원에 이르는 도로는 능행길이었지만 상품 유통로이기도 했습니다.

18세기 중엽에는 서울과 함경도를 잇는 도로 가운데 평강을 지나가는 삼방간로(강원도 평강군과 함경도 안변군을 잇는 길)라는 새로운 길을 개척했습니다. 이전에는 철령(강원도 회양군과 함경도 안변군 경계의 고개) 길을 주로 이용했는데, 삼방간로 덕분에 상품 운송 시간이 크게 줄었습니다. 당시 원산에서 서울로 이어지는 북어 운송은 걸리는 시간에 따라 이익이 달랐습니다. 3일이 걸리면 이익이 나고, 5일이면 본전이며, 10일이면 손해라는 지적이 나왔지요. 상품 운송에 들어가는 비용이 운송 기간에 비례하여 늘어났기 때문입니다.

그렇다고 삼방간로가 누구에게나 좋은 것은 아니었습니다. 철령길이 상품 유통로로 이용될 때 철령길 주변에서는 상인 숙박, 상품 보관 등과 관련하여 여러 이득을 누렸습니다. 그러나 삼방간로가 활성화되면서 예전의 영화를 누리지 못했지요. 그래서 1787년 삼방간로 폐쇄문제를 조정에서 논의했습니다. 군사 행정상 필요한가보다는 상업 유통로로서 삼방간로를 개설해야 할지를 놓고 격론이 벌어졌지요.

서울에서 영남으로 통하는 길도 새롭게 개척했습니다. 본디 죽령(충청도 단양군과 경상도 영주시 사이의 고개)을 통과하는 왼쪽 길과 조령(충청도 괴산군과 경상도 문경시 사이의 고개, 새재), 추풍령(충청도 영동군과 경상도 김천시 사이의 고개, 경부고속도로 통과)을 통과하는 오른쪽 길이 있었지만, 17세기 후반 이후 조령과 죽령 말고 이화령(조령약간 남쪽에 자리한 고개, 국도 3호선 통과) 등 사잇길을 열었습니다.

이와 같이 18세기 이후에는 서울에서 관북 지역으로 통하는 길뿐아니라 영남으로 통하는 길도 새로 개설했는데, 모두 상품 유통을신속히 하기 위한 지름길이라는 공통점이 있습니다.

해상 교통도 항해술과 조선술 발달에 따라 활발히 전개되었습니다. 17세기 후반 이후 다양한 선박이 활동하면서 해상 교통이 발달했습니다. 상품 화폐 경제가 활발해지면서 상품 유통량도 증대했기 때문입니다. 항해술 발달에 가장 크게 기여한 세력은 뭐니뭐니 해도 경강 상인입니다. 이들은 17세기 중엽 안흥량을 넘어 호남 지역에서 한성부로 세곡을 운송했습니다. 그리고 평안

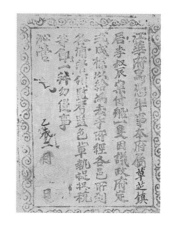

도 지역으로 가는 장산곶을 통과하는 항해술을 개척했고, 나아가 압록강변까지 소금을 운송하는 데 한몫을 했습니다.

18세기 이후에는 조선술이 발달하여 대형 선박이 상품 운송에 동원되었습니다. 조운선이나 경강 상인이 이용하는 선박은 쌀 적재량이 17세기 후반까지 500석, 18세기 초에는 600석 정도였지만, 18세기 중엽 이후에는 1000석에 이르렀습니다.

그리하여 18세기 이후 연해 지역이 선박으로 모두 연결되는 전국 바닷길 유통권이 생겼습니다. 크게 세 개의 뱃길(해로)이었지요. 곧 경강에서 통진(한강 어귀)을 거쳐 서해안과 남해안, 동해안을 감돌아 함경도 경흥에서 두만강으로 들어가는 기나긴 뱃길, 경강에서 의주까지의 뱃길, 해남에서 제주에 이르는 뱃길입니다. 물론 제주도로 가는 길 일부분 말고는 아직 연안의 육지와 매우 가까운 지역을 통행하는 수준이었습니다. 이러한 뱃길은 전국 연해 지역의 500여 포구, 군진(軍鎭) 등을 연결했습니다. 해상 교통로를 따라 전국에 해상 유통망이 형성된 것은 너무나 당연한 결과였습니다.

장시망 형성과 변동

조선의 장시는 향촌 주민의 삶 일부분을 이루면서 여러 기능을 수행한 곳입니다. 대개는 여러 상품이 거래되는 교역 장소였지만, 지방민이 서로 교류하는 사교 장소이기도 하고 오락장이었으며, 정보를 교환하는 장이었습니다. 또한 향촌 사회의 경제 성장을 확인하고, 사회의 생생한 변화 모습을 찾아볼 수 있는 공간이기도 했지요.

19세기에 이르러 전국의 장시는 1000여 곳이 넘었습니다. 18세기 무렵까지 주로 양적 성장을 중심으로 진행된 장시는 18세기 후반과 19세기를 거치면서 질적 성장을 보여 줍니다. 이전까지는 숫자상으로 장시가 늘어났다면, 이제는 많은 중소 장시들과 주변의 큰 장시가 서로 관계를 맺으면서 짜임새 있게 지역의 장시망이 형성되었습니다. 그리하여 전체 장시 숫자는 조금 줄어들었지만, 지역마다 대장시와 중소 장시 사이의 연계망이 더욱 굳건해지고, 농촌 경제에서 장시가 차지하는 비중도 그만큼 커졌습니다.

장시는 보통 5일장이라고 하여 한 달에 여섯 차례 섰습니다. 대개 1·6일, 2·7일, 3·8일, 4·9일, 5·10일로 짝을 지어 열렸지요. 장시 사이의 거리는 30~40리 정도였고요. 그런데 장시 연계망이 발달한 지역은 주변 장시와 서로 서는 날이 달라 행상이나 지역 주민이 여러 장시를 돌면서 이용할 수 있었습니다. 이 때 서로 여는 날이 다른 큰 장시와 주변의 여러 장시가 하나의 연계망을 구성했지요.

19세기 초반 순조의 명으로 만들어진 《만기요람》에는 당시 규모가 큰 팔도의 장시로 경기도 광주 사평장, 송파장, 안성 읍내장, 교하 공릉장, 충청도 은진 강경장, 직산 덕평장, 전라도 전주 읍내장, 남

김홍도가 그린 주막
백성들이 많이 오가는 곳, 특
히 장시가 서는 곳 근처의 교
통로에 주막이 들어섰다. 서
울 주변 간선도로변에는 주
막 거리가 늘어설 정도였다.

원 읍내장, 강원도 평창 대화장, 봉산 은파장, 경상도 창원 마산장,
평안도 박천 진두장, 함경도 덕원 원산장 들이 적혀 있습니다. 이들
큰 장시 가운데 많은 곳이 오늘날 도시로 성장했지요. 교통과 유통
의 중심지에 커다란 장시가 개설되었음을 잘 보여 줍니다.

　장시와 장시 사이를 오가면서 상품 유통을 담당한 상인층이 바로

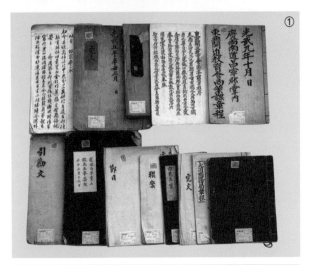

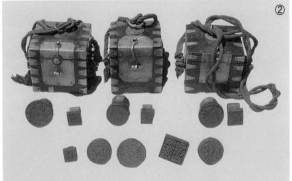

①, ② 보부상 유품

조선 시대 보부상이 사용하던 유품이다. ①은 보부상 조직이 만들어 활용한 여러 문서 기록을 모아 놓은 것이고, ②는 보부상 조직이 활용하던 도장과 도장을 보관하던 상자들이다.

③ 울진 내성 행상 불망비(蔚珍乃城行商不忘碑)

조선 말기에 보부상 단체의 우두머리인 접장과 반수를 지낸 정한조와 권재만의 공을 기리기 위해 세운 비이다. 정한조와 권재만은 모두 봉화 내성 출신으로, 울진과 봉화를 오가며 어류와 소금, 해조류 등을 쪽지게에 지고 가서 물물교환으로 팔던 상인들의 상거래에 많은 도움을 주었다. 그들의 공을 잊지 못한 상인들이 은공을 기념하고자 고종 27년(1890) 무렵에 이 비를 세웠다. 경북 울진군 북면 두천리.

보부상입니다. 이들은 자신들만의 조직을 결성하고 엄격한 규율 아
래 팔도를 돌아다니며 상행위를 했습니다. 그들은 서로 규율을 지키
도록 통제하고, 또한 동료가 질병을 얻거나 초상을 당하면 서로 형
제처럼 도왔습니다. 장시에는 여인숙, 음식점을 경영하며 상품을 위
탁 판매하거나 보관하는 일, 때로는 운수업이나 금융업을 함께 하는
객주와 여각이 등장하여 활동했습니다.

포구 상업이 발달하다

연해와 강변의 교통로에 위치하여 특정한 기능을 하면서 배를 댈 수 있는 시설을 갖춘 곳을 포구라고 합니다. 포구는 18세기 이전까지 주로 어염 생산 기지, 군사 요충지, 세곡 운송 중심지 구실을 했고, 상품 유통의 거점 노릇은 그리 중요하지 않았습니다. 당시 궁방 사이에 포구를 차지하려는 노력이 많았는데, 이는 어염선세*를 받기 위해서였지요.

18세기 이후 전국에 상품 유통이 활발해지면서 포구는 어염과 미곡, 그리고 다양한 상품이 거래되는 유통의 거점 노릇을 하기 시작했습니다. 18세기 후반 이후 새로 생긴 포구의 성격을 살펴보면, 상품 유통을 이어 주고 상업 이윤을 얻기 위한 것임이 분명히 드러납니다. 자본가가 자본을 투자하여 포구를 만들고 포구 주인이 되어 선상을 모집했습니다. 포구 주인은 선상에게 여러 특혜를 주면서 상품 거래 장소로 자기 포구를 이용하도록 권했습니다. 이를 위해 포구 주인은 선박이 접안할 수 있는 시설, 여각 같은 건축물을 세우는 등 초기의 대규모 투자를 마다하지 않았지요.

상선을 확보하는 것은 포구가 살아남느냐 사라지느냐 하는 생존의 문제였습니다. 상선을 서로 끌어들이기 위해서 포구마다 온 힘을 기울였지요. 이러한 경쟁은 큰 포구와 작은 포구 사이에서도 마찬가지였습니다. 예를 들어 19세기에 큰 포구인 은진의 강경포를

어염선세(魚鹽船稅)
어장(漁場), 어전(漁箭)이라고도 하는 고기 잡는 시설에서 받아내는 어세(漁稅), 소금 생산지인 염분(鹽盆)에 매긴 염세, 고기 잡는 어선에서 받는 선세(船稅)를 한꺼번에 일컫는 말.

강경포 전경
은진의 강경 포구는 19세기에 전국 해상 유통망의 중심지였다.

이용하던 상선을 주변의 작은
포구인 함열의 웅포와 임피의
나포 등지에서 유인했습니다.
상선을 끌어들이기 위한 경쟁은
강경포에 종속된 형태로 존재하
던 웅포와 나포가 스스로 유통
권을 발휘하면서 강경포의 시장
권과 대립하는 과정에서 나타났

습니다. 작은 포구 사이의 상선 유치 경쟁은 더욱 치열했습니다. 특
히 작은 포구는 5일장으로 체계화된 장시와 지역마다 유기적 연계망
을 형성하기 위해서는 먼저 포구로서 자립성을 갖추어야 했습니다.

지역적으로 포구와 포구는 대립하면서도 서로 보완하는 틀을 유
지해 갔습니다. 특히 큰 포구와 중소 포구는 경쟁자이면서 다른 한
편으로는 상품 유통의 상대방이기도 했습니다. 따라서 각 도의 큰
포구를 중심으로 각 군현 중심 포구, 그리고 작은 포구가 하나의 시
장권으로 볼 수 있는 연계망, 포구망을 형성했습니다. 또한 전국의
포구망을 하나로 잇는 전국 해상 유통망도 찾아볼 수 있습니다. 전
국 해상 유통망의 중심지는 바로 경강이었지요.

전국 해상 유통망에서는 주로 동해안 포구들이 어물을 공급하고,
전라도 포구는 곡물 공급을 맡는 교환 체계였습니다. 그리하여 18세
기 후반부터 19세기의 전국 해상 유통망을 크게 다섯 개 권역으로
나누어 볼 수 있습니다. 첫 번째가 함경도와 강원도의 동해안(원산포
중심)과 경상도의 동해안·남해안(창원 마산포 중심)을 연결하는 시장

천일 제염

대한 제국은 서해안 일대에
천일 염전을 설치하고 천일
염을 생산했다. 1907년 인천
부근의 주안에 1정보의 시험
용 천일 염전을 축조하고 본
격적인 천일 제염을 개시했
다. 황해안은 지형, 기후, 토
양 등에서 천일 제염지로 매
우 유리했다. 이에 정부에서
는 소금 수입을 막고 천일
제염법을 개발하고자 정부
직영으로 제염 사업을 했다.

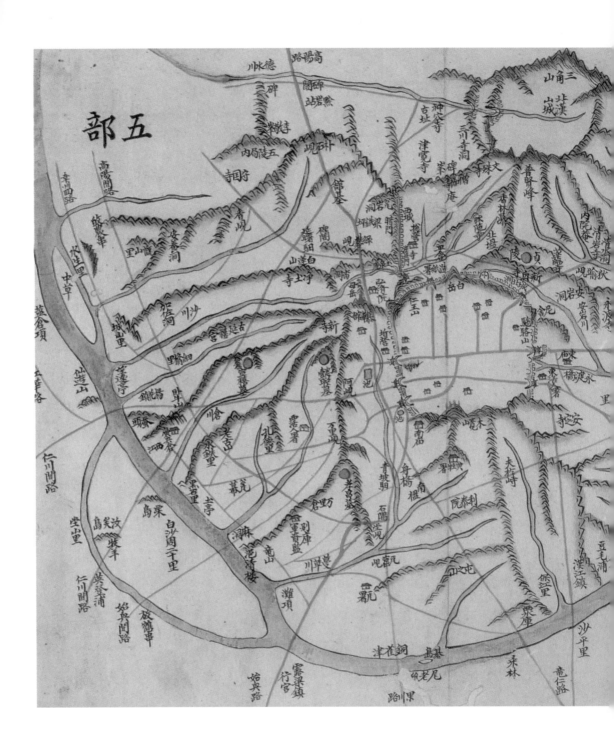

권입니다. 두 번째는 낙동강의 수운과 영남 남해안(칠성포·마산포 중심)과 호남 남서해안(영산포·법성포 중심)을 연결하는 시장권입니다. 세 번째는 은진 강경포를 중심으로 호남 남해안, 영남 남해안, 경기 경강 일원을 연결하는 시장권입니다. 네 번째는 경강을 중심으로 남해안, 충청, 평안도 지역을 모두 포괄하는 서해안 시장권입니다. 다섯 번째는 대동강 중류 삼화부를 중심으로 대동강 및 평양을 포괄하는 장산곶 이북의 시장권입니다. 이러한 5개 권역의 시장권을 하나로 묶은 것이 바로 경강 중심의 전국 해상 유통망입니다.

외방(外方)의 포구는 재력가의 투자 대상이었고, 상업 도시 성격을 띠었습니다. 18세기 말 이후 지방 장시가 대형화되고 장시망이 형성되면서 새로운 유통 중심지로 신설 포구가 증가한 것은, 장시와 포구를 연결하는 유기적 상품 유통망이 성립되었음을 의미합니다. 또한 상품 유통 시장이 확대되고 사상 중심의 새로운 상품 유통 체계가 등장했음을 보여 주는 것이었습니다.

국제 무역이 늘어나다

조선과 청은 여러 갈래에서 무역을 했습니다. 조공 무역은 동지사 같은 사행(使行)이 청나라를 왕래하면서 벌어졌습니다. 그리고 국경 지역에서 공식적으로 개설되는 무역이 있었는데, 이를 '개시(開市)'라고 했습니다. 개시 때 조선 상인과 청나라 상인들 사이에서 사사로이 행한 무역은 '후시(後市)'라고 불렀습니다. 그리하여 중강* 개시와 중강 후시, 책문* 후시, 단련사* 후시, 그리고 북관 개시* 들이 이루어졌습니다.

상인들은 두 나라의 물가가 달랐기 때문에 청과 조선의 교역에 많은 관심을 보였습니다. 면포 가격이 국내에서는 벼 1말인 반면, 청과의 무역에서는 쌀 20여 말과 바꿀 수 있었습니다. 인삼을 청으로 가져갈 경우 더욱 큰 이윤을 얻었습니다. 따라서 개시와 후시에 많은 조선 상인과 청나라 상인이 참가하여 교역을 했습니다.

후시 같은 사무역은 정부에서 엄격히 금지했습니다. 하지만 이익이 워낙 컸기 때문에 개성과 의주 상인을 비롯한 사상을 중심으로 활발히 이루어졌습니다. 사상들은 정부의 관원과 손을 잡고 교역에 나서기도 했습니다. 사신 일행을 따라 심양까지 갔다가 돌아오면서

중강(中江)
평안도 의주 건너편인 압록강 난자도를 가리킨다.

책문(柵門)
압록강 너머 만주의 구련성과 봉황성 사이에 위치한 곳. 조선과 청나라 사신이 왕래하던 교통로이다.

단련사(團練使)
책문 후시를 단속하는 임무를 띠고 파견된 관원. 이들이 오히려 교역에 적극 몰두하여 단련사 후시라는 말이 생겼다.

북관(北關) 개시
함경도 회령과 경원에서 열린 시장.

몰래 무역 활동을 하기도 했지요. 그리하여 조선과 청의 무역 규모가 엄청나게 커졌습니다. 조선의 수출품은 금·인삼·종이·소가죽·명주·저포·털가죽 들이고, 수입품은 비단·당목·약재·보석류·모자·문방구·신발류 들이었습니다.

1720년대까지 주로 역관이 교역을 담당하다가 서서히 사상이 무역 활동의 중심 역할을 했습니다. 이러한 변화에 크게 기여한 것이 책문 후시입니다. 조선과 청나라 사신이 드나들 때 조선 상인들이 책문 밖까지 마중 가서 짐을 실어 온다는 명목으로 압록강을 건너가 무역을 했는데, 이를 '책문 후시'라고 불렀지요.

18세기로 들어설 무렵, 중강 개시와 중강 후시가 없어지면서 책문 후시는 참여하는 상인 숫자나 교역량이 걷잡을 수 없이 늘어났습니다. 그리하여 1755년 이후 조정에서 책문으로 드나드는 사람들의 교역품에서 세를 징수하여 사실상 후시를 인정하기에 이르렀습니다. 이로써 사상들은 역관에 의존하지 않고 자유롭게 무역 활동을 하게 되었지요. 책문 후시는 1년에 네댓 차례 열리고 조선과 청나라 상인이 보석, 비단, 약재 들을 교환했는데, 거래 규모가 1년에 은 50~60만 냥 정도였다고 합니다.

사상들은 국내에서의 상업 활동 말고도 청나라와 무역을 하여 자본을 모았습니다. 그들은 은광을 개발하거나 가삼 재배를 확대하여 무역의 주도권을 잡았습니다. 은과 인삼이 무역에서 결제 수단이었기 때문입니다. 광산 개발과 가삼 재배, 그리고 홍삼 제조에 적극 나선 의주 상인과 개성 상인은 청과 무역하면서 자본을 더 많이 모았습니다.

우리 나라 전통 소금 제조 방식, 자염

2001년 5월 충청 남도 태안군(태안 문화원)에서 전통 자염 재현 행사를 처음 열었다. '자염 (煮鹽)'이란 바닷물을 갯벌 흙으로 거른 다음 끓여서(煮 : 자) 만든 소금(鹽 : 염)으로, 오늘날 천일염이 나오기 전까지 우리 선조들이 만들어 먹던 전통 소금이기도 하다.

자염을 만들려면 이에 마땅한 갯벌과 염도가 높은 함수(鹹水, 염도를 높여서 끓일 바닷물)가 반드시 필요하다. 갯벌은 조금(조수 간만의 차이가 적은 기간) 때 7~8일 동안 바닷물이 들어오지 않는, 모래가 약간 섞인 곳이어야 한다. 그리고 보통의 바닷물로는 소금량을 제대로 얻을 수 없을 뿐더러 땔감 또한 엄청나게 필요하기 때문에 염도 높은 함수가 필요하다.

먼저 조금 때 갯벌 가운데에 함수를 모으기 위한 깔대기 모양의 웅덩이를 완만하게 판

① 벗터(가마터) 만들기
벗터는 함수(짠 바닷물)를 끓여서 소금을 만드는 곳으로, 음식을 만드는 부엌과 같다.

② 통자락 만들기
물이 빠져나간 갯벌에 통자락을 설치하여 바닷물을 더 짜게 만들기 위한 장치이다. 통자락은 바닷물이 빠져나간 갯벌에 깔대기 모양의 웅덩이를 파고 나무 말뚝을 양동이 뒤집어 놓은 것처럼 만들어 나중에 그 곳에 간수가 고이게 하는 역할을 한다.

③ 갯벌 흙 말리기
함수를 만들기 위해 가장 중요한 작업은 갯벌 흙을 말리는 일이다. 그래야 나중에 바닷물이 마른 갯벌 흙에 엉겨 붙은 소금 결정을 녹이면서 통자락에 스며들어 염도가 높아진다. 갯벌 말리는 과정은 세 과정을 거친다.
–써레질 : 갯벌 흙이 빨리 마르도록 소를 이용하여 하루 두 세 번 정도 써레질을 한다.
–덩이질 : 써레질하는 과정에서 생긴 흙덩어리를 잘게 부수는 작업이다.
–흙덮기(나래질) : 7~8일 동안 말린 갯벌 흙을 간통 주변에 밀어 넣어 덮는다.

뒤 가운데에 간통(물이 모이는 통)을 설치한 통자락을 만든다. 그 다음 웅덩이에 있는 흙을 통 주변에 펼쳐 놓고 물이 닿지 않는 동안 갯벌이 잘 마르도록 소를 이용해 써레질을 한다. 잘게 부수어 잘 말린 갯벌 흙에 소금 결정이 붙게 되는데, 이것이 나중에 바닷물에 녹아들어 간통에 모여드는 함수의 염도를 높이기 때문에 전체 소금 생산량을 좌우한다. 며칠 동안 잘 말린 갯벌 흙을 다시 웅덩이에 밀어 넣으면 사리 때 바닷물이 그 곳에 스며들어 염도가 높은 물이 가운데에 묻어 놓은 통 속에 모이는데, 다시 조금 때가 돌아오면 그 물을 퍼서 가마솥에서 솔가지 불로 8시간 정도 끓여서 소금을 만든다.

　자염을 생산하는 데는 많은 노동력과 땔감, 그리고 날씨의 도움이 반드시 필요했다. 그러니 소금이 귀하고 비쌀 수밖에 없었다. 따라서 궁방들이 서로 다투어 소금을 생산하는 염분을 차지하려 했음을 이해할 수 있다(사진 자료 및 내용 제공: 태안문화원).

④ 함수 옮기기
갯벌이 잘 마르면 위의 그림과 같이 통자락 중간 부분을 비워 두고 마른 흙으로 잘 덮어 무덤처럼 만든다. 그리고 사리 때가 되어 바닷물이 통자락을 덮으며 마른 흙을 투과해서 통자락 안으로 스며드는데, 다시 바닷물이 나가면 아래와 같은 과정을 거친다.
- 염도 측정 : 사리 때 밀물이 들어와 통자락 안으로 함수가 스며들면 다시 조금 때가 되어 통의 뚜껑을 열고 대름(송진을 뭉쳐서 만든 염도 측정 도구)으로 염도를 측정한다. 대름을 함수(鹹水, 염도를 높인 바닷물)에 담갔을 때 대름이 재빨리 솟아오르면 염도가 높은 것이고 천천히 뜨면 낮은 것이다.
- 함수 운반 : 통자락 안 함수의 염도가 알맞으면 가마터로 함수를 운반한다.
- 함수 저장 : 가마터로 옮긴 함수를 솥에 붓고 남은 함수는 버굿(간수 저장 웅덩이)에 보관한다.

⑤ 함수 끓이기
- 불 지피기 : 땔감인 솔가지를 준비하여 가마솥 아궁이에 불을 지핀다.
- 불순물 제거 : 가마솥의 간수가 끓기 시작하면 불순물이 거품으로 올라오는데, 이를 후리채나 대칼을 이용하여 걷어낸다.
- 불 조절하기 : 소금 결정이 생기기 시작하면 불을 적당히 조절하여 뜸을 들인다.
- 소금 수확 : 소금 생성이 완전하게 이루어지면 소금을 되주걱으로 퍼서 삼태미에 담아 물을 뺀 뒤 소금섬(가마니)에 담는다. 1200리터 정도의 함수를 8시간 정도 끓이면 소금 4섬 정도가 생긴다.

수공업과 광업의 발달

민영 수공업이 발달하다

조선의 수공업은 17세기 이후 민영 수공업이 발달하면서 크게 변했습니다. 한 마디로 관영 수공업 생산 비중이 줄어들고 민영 수공업 중심으로 이루어졌지요. 17세기 이후 관영 수공업장에서 빠져나온 장인들은 국가에 장인세만 내고 독자적인 수공업자로 자리 잡거나, 민간 수공업자에게 고용된 기술자로 일하게 되었습니다. 더구나 18세기 말 장인 등록제가 폐지되면서 국가에서 필요한 물품을 확보하려면 장인을 고용하거나 시장에서 구입하는 방법밖에 없었지요. 이제 장인을 무상으로 부린다는 것은 생각조차 할 수 없었고, 당연히 대가(일당)를 지불해야 했습니다.

17세기 대동법 실시 이후 일당을 주고 장인을 고용하는 체제가 서서히 자리를 잡아 나갔습니다. 다만 일부 진상 물품만큼은 관영 수공업이 담당했습니다. 하지만 이 때에도 장인에게 임금에 해당하는 급료를 지불해야 했습니다. 관영 수공업에서 독립한 수공업자들이 들어오면서 민영 수공업은 더욱 활기를 띠었습니다.

민영 수공업은 어떻게 경영되었을까요? 첫째 민영 수공업은 상인 자본의 규제를 받았습니다. 수공업 제품에 대한 수요가 증가하자, 상인들은 수공업자에게 원료를 공급하는 것을 빌미 삼아 제품 판매를 장악하려 했습니다. 무슨 말이냐면, 사들인 원료를 수공업자에게 제공하여 상품을 만들게 한 뒤, 수공업자에게 일정한 임금만 지불하

고 그 제품을 전부 인수하는 방식, 이른바 '선대제'를 현실화시켰습니다. 상업 자본이 원료 공급을 독점한 상황이었기 때문에, 수공업 생산 대부분이 선대제 경영으로 이루어졌습니다. 상인 중에는 선대제 경영에서 더 나아가 수공업자를 겸하는 사람도 있었는데, 이 경우는 상업 자본이 산업 자본으로 바뀐 예라고 할 수 있습니다.

둘째, 민영 수공업자가 제품을 직접 판매하는 모습도 나타났습니다. 이러한 현상은 철기와 유기 제조업에서 두드러졌습니다. 안성 등 유기(놋그릇) 명산지의 수공업자들은 임노동자를 고용해서 제품을 생산하고 직접 판매까지 했습니다.

마지막으로 민영 수공업자는 지방의 특정 지역을 중심으로 모여 마을을 이루기도 했습니다. 이러한 수공업자 밀집 지역을 '점촌'이라고 불렀는데, 수철점, 옹점, 유기 점촌, 사기 점촌 같은 이름이 전합니다. 18세기 말에서 19세기 초에 유기 점촌은 기계 49대를 갖춘 대규모 공장제 수공업장으로 발전하기도 했습니다.

한편 농촌 수공업은 농업과의 강력한 결합 관계에서 벗어나 스스로 발전하는 단계에 들어섰습니다. 견직업(비단), 마직업(삼베), 면직업(면포) 등 직물업이 서서히 가내 수공업으로 전업화되었습니다. 지역별로는 특정한 물품 생산이 전문화되어 강화의 화문석, 한산의 모시, 안동의 마포(안동포) 들이 이름을 떨쳤지요. 그리고 가내 수공업의 규모가 커져 부농이 두세 대의 직물 기구를 갖추고 인근 부녀자를 고용하여 생산하는 소상품 경영 형태가 나타났습니다.

더욱 새로워진 광산 경영

조선 광업의 흐름을 보면, 대체로 소극적 개발에서 적극적 채굴로 발전했음을 알 수 있습니다. 15세기에는 국가가 직접 광산을 경영하면서 개인의 광산 경영을 통제하고, 수령이 농민을 부려 광산물을 채취해서 조정에 바쳤습니다. 이러한 흐름은 16세기 내내 유지되었지요. 중앙에서 파견한 관리나 어사, 수령, 감관의 책임 아래 전문 장인과 잡역 형태로 징발된 농민이나 중앙 혹은 지방 군인을 동원하여 채굴하고 제련하는 식이었습니다. 그러나 이렇게 제한된 광산 개발로는 민간에서 필요로 하는 은과 동을 감당할 수 없었습니다.

　17세기까지는 연철과 유황 광산이 주를 이루었습니다. 무기를 만들기 위해서였지요. 그러다가 18세기 중엽 이후 일본에서 은 수입이 줄어들면서, 나라 안팎에 필요한 은을 확보하기 위해 은광을 많이 개발했습니다. 그리고 18세기 후반 이후 민간 광업이 발달하면서 금광이 주류를 이루었습니다.

금산포 채광 현장
개화기 때 금산포 지역의 광
산 모습이다.

　　민간에서 은광이나 동광을 채굴하려는 시도가 계속 이어졌고, 심
지어는 몰래 채굴하기까지 했습니다. 그리하여 17세기 들어 정부에
서 민간의 사사로운 채굴을 허용하고, 대신 세금을 거두는 방식으로
광산 정책을 바꾸었습니다. 그리고 1651년 '설점 수세제'라는 방식을
실시했습니다. 정부가 부역 노동으로 직접 광산을 개발하던 방식을
바꿔, 광산 지역에 제련장과 부대 시설을 포함한 점(店)을 설치하고
그 경영을 민간에 맡기는 형식이었지요. 이제 민간에서 주도하여 은
점이나 금점을 경영하고, 채굴한 광물 일부를 국가에 세금으로 냈습

니다.

　그러다가 1687년 각 점에 별장*을 파견하여 세금을 거두는 '별장 수세제'를 실시했습니다. 하지만 지방 토호나 대상들은 여전히 몰래 채굴했지요. 그리하여 1775년(영조 51) 별장 수세제를 폐지하고 수령이 은점과 금점에서 직접 세금을 거두게 했습니다.

　18세기 후반 무렵이 되면 상업 자본가인 물주가 시설과 자금을 대고, 광산 개발에 경험이 있는 혈주*나 덕대*가 광산을 경영하면서 전업 광부(광산 임금 노동자)를 고용하여 채굴하는 방식으로 광산이 경영됩니다. 여기에서 우리는 자본과 경영의 분리, 그리고 임금 노동자 고용을 눈여겨보아야 합니다. 광산 채굴의 전문 경영자인 덕대는 자본을 투자한 물주에게 그 대가를 주고 노동자들에게 임금을 지불한 뒤, 자신들이 가져갈 이윤을 늘리기 위해 광산 경영에 몰두했습니다. 이러한 덕대에서 조선의 광업, 수공업 분야에서 새로운 생산 방식이 나타났음을 알 수 있지요. 19세기로 들어서면 광산업에서 자본과 경영의 분리가 더욱 발달하고, 광산 임금 노동자를 계약 고용하는 모습도 찾아볼 수 있습니다.

　19세기 전반기에 활동한 덕대는 대개 광산에 관한 지식과 경험이 많아 광산 경영에 의욕적인 사람들이었습니다. 그러나 금점(金店) 설치 허가를 받아 낼 만큼의 사회적 지위나, 금점을 자기 힘으로 경영할 경제력은 없었지요. 따라서 그들은 광맥이 풍부하고 경제성 있는 곳을 탐사한 뒤 유력한 물주를 통해 정부에서 금점 설치 허가를 따냈고, 물주에게 덕대로 인정받은 뒤 비로소 광산 경영에 들어갔습니다. 덕대는 물주가 대준 자금으로 채광 설비를 갖추었고, 사금 산지

별장(別將)
본래 5군영 등에 소속된 당상관 관직을 가리킨다. 광산 수세에 등장하는 별장은 광산에서 세금을 거두는 일을 전담한 청부업자이다.

혈주(穴主)
광산 채굴업자를 가리키는데, 은광과 동광을 대상으로 덕대와 같은 일을 수행했다.

덕대(德大)
조선 후기에 광산(특히 금광)에 대한 지식과 경험을 갖고 광산 경영에 나선 사람. 이들은 광맥을 찾아내어 물주의 자금을 끌어들여 광군(鑛軍, 광산 노동자)을 고용해서 광물을 채취했다.

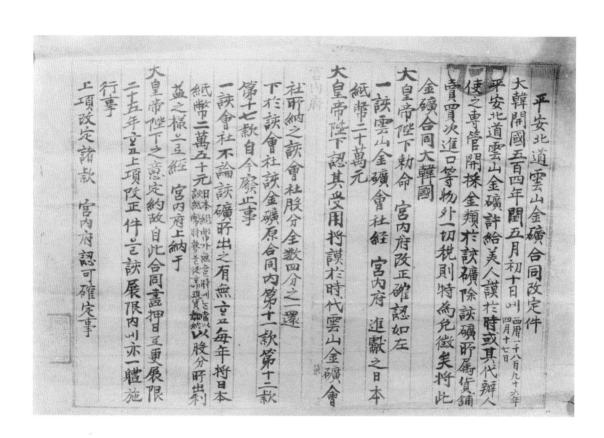

平安北道雲山金礦合同改定件

平安北道雲山金礦合同改定件
大韓開國五百四年閏五月初十日에 (西曆二十八百九十六年四月十七日)

平安北道雲山金礦을 許給美人謨人 使之專管開採金類하고 於該礦除 賣買次進口等物外一切稅則特為免徵矢하고 時或其代辦人 該礦所屬貨鋪 徵矢將此

金礦合同 大韓國

大皇帝陛下勅命 宮內府改正確認如左

一議 雲山金礦會社 經 宮內府 進獻之日本 紙幣二十萬元

一議 雲山金礦會社股分金 數四分之一還 下於該會社 該金礦原合同內第十一款第十二款 第十七款 自今廢止事

一議 會社 不論該礦所出之有無 立每年將日本 紙幣二萬五十元 (該紙幣時勢如或漲落ᄒᆞᆫ時에ᄂᆞᆫ其時 價物로 換算ᄒᆞ여) 如約以股分所出利 益之樣으로 經 宮內府上納于 大皇帝陛下之意로 約定故自此合同畫押日로 更展限 二十五年으로 上項改正件을 該會展限內에 亦一體施 行事

上項改定諸款 宮內府認可確定事

大皇帝陛下認其受用將謨於時代雲山金礦會

운산 금광 합동 개정건
1896년 미국인 모오스에게 허가해 주었던 평안 북도 운산 금광 채굴권에 대한 계약을 개정하는 문서이다. 계약 기간을 25년 연장하고 대한 제국 황실에 해마다 2만 5000원을 납부하는 등의 조항이 명시되어 있다.

가 농경지인 경우는 이를 사들였습니다. 그리고 사금 채취에 필요한 금군(金軍)을 모집하는 과정에서부터 생산물을 판매할 때까지 금군의 생활비를 미리 지불했습니다. 이렇듯 덕대는 자본가에게 고용된 경영자 성격을 띠었고, 조선의 광업 생산이 훨씬 정교한 생산 방식에 따라 이루어졌음을 보여 주는 존재입니다.

4

변화의 물결에 개혁의 바람을 싣다

사회 제도의 변화와 개혁론

사회 제도가 달라지다

부계 중심의 가족·친족 제도와 여성

조선 후기에 이르러 사회를 구성하는 가족·친족 제도의 중심축을 부계(아버지 쪽)에 두는 방식이 확고히 자리를 잡았습니다. 부계 중심의 가족·친족 제도는 상속 제도 변화에서 가장 큰 특징을 보입니다. 적처(嫡妻, 적법한 혼인으로 얻은 부인)가 낳은 맏아들인 적장자는 조상에게 제사 드리는 의무를 물려받고, 그 보상으로 재산 상속에서 우대받았지요. 이렇게 적장자를 우대하는 상속제가 자리 잡으면서 사내아이 낳기를 바라는 풍속이 유행합니다. 남자 생식기 모양의 돌인

기자석(祈子石)에 사내아이 낳기를 비는 풍속은 조선 팔도 여러 곳에서 쉽게 찾아볼 수 있었습니다.

태아의 성별을 여자에서 남자로 바꿀 수 있다는 비방이 의서에 전할 만큼, 아들 바라기는 전통 의료 행위에도 영향을 끼쳤습니다. 《향약집성방》, 《동의보감》 같은 의학 서적에 전녀위남법(轉女爲男法)이라는 처방으로 태아의 성별을 바꾸는 방법이 버젓이 기록되어 있지요. 그런데 여기에서 한 가지 눈여겨볼 점이 있습니다. 전녀위남법

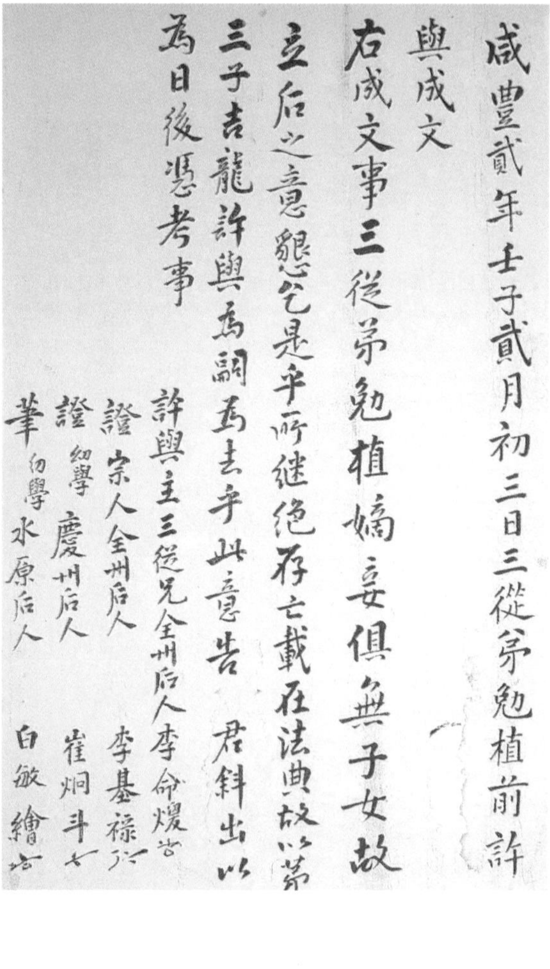

咸豐貳年壬子貳月初三日三從兄勉植前許
與成文
右成文事三從弟勉植嫡妾俱無子女故
立后之意懇乞是乎所継絶存亡載在法典故以第
三子吉龍許與爲嗣爲去乎此意告 君斜出以
爲日後憑考事
許與主三從兄全州后人李命燮
證宗人全州后人李基祿
證幼學慶州后人崔炯斗
筆幼學水原后人白敏繪

乾隆五十七年壬子三月初一日
柳海龜后
柳徵龜　柳慶燵　柳慶新
柳文龜　柳慶裕　柳慶道
柳馬龜　柳慶祿　柳慶龍
　　　　柳慶漢
　　　　柳濟陽
筆柳濟陽

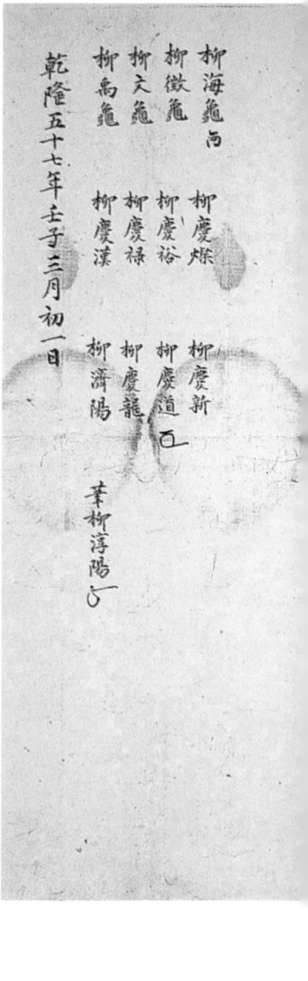

과 같은 맥락에서 이해할 수 있는 전남위녀법(轉男爲女法)이 15세기에 만들어진 《향약집성방》에 실려 있다는 사실입니다. 그런데 이 처방은 17세기 앞뒤로 의학 서적에서 사라졌습니다. 아들을 바라는 사회 풍속이 강화되면서 굳이 뱃속 아들을 딸로 바꾸는 비법에 관심을 두지 않은 사정이 그대로 반영된 것이겠지요.

부계 친족 집단의 발달은 딸에게도 아들과 똑같게 재산을 나누어 주던 상속 관행이나, 아들이 없을 경우 외손이 외조부모 제사를 모

양자 들이기(왼쪽)
1852년(철종 3) 2월에 이명환이라는 사람이 자신의 셋째 아들 길룡을 삼종제(三從弟)인 이면식에게 입양시키면서 작성해 준 문서이다. 양자를 보내는 이유는 적처와 첩에게 모두 자녀가 없기 때문이라고 되어 있지만, '입후(立後)', 곧 아들을 양자로 맞이하여 부자 계승 관계를 유지하려는 것임도 분명히 밝혔다.

족계 구성과 제위답 장만
1792년(정조 16) 3월 유씨 문중에서 작성한 족계를 나누는 것을 합의한 문서. 조상의 제사를 잘 받들기 위해 족계(族契)를 만들고 제위답(祭位畓)을 장만하여 여기서 얻어지는 소출로 제수를 마련했다. 그런데 유씨 문중의 경우 제위답을 경작한 사람들이 소작료를 제대로 내지 않아 끊임없이 분쟁이 일어나자 할 수 없이 족계를 나누게 되었다.

시는 관행도 사라지게 만들었습니다. 대신 적장자가 없을 경우, 부계 친족 집단 안에서 양자를 맞아들이는 입양 제도가 크게 발달했습니다. 같은 성씨 가운데 양자를 구하는 것이 관례가 되었지요. 사위나 외손이 제사를 모시는 것이 당연한 상황에서는 굳이 양자를 맞이할 필요가 없습니다. 양자를 들이는 풍습이 크게 번진 것은 같은 성씨 안에서, 그리고 아버지에서 아들로 이어지는 계보에 따라 제사를 모셔야 한다는 생각이 깊어진 결과입니다. 사위나 외손은 다른 성씨이고, 아버지에서 아들로 이어지는 계보가 아니니까요.

조선 후기에는 종족이 크게 강조되었습니다. 종족은 대종과 소종으로 나뉘는데, 대종을 문중이라 부르고 소종을 당내라고 부릅니다. 문중이란 부계의 공동 조상을 제사하기 위한 집단입니다. 그런데 사실 시조를 제사 지내는 문중(대종)보다는 8촌 이내의 친족을 포괄하

아산 외암 마을
충청 남도 아산시에 있는 외암 마을은 조선 중기 이후 예안 이씨가 대대로 살아온 양반 마을이다. 영암댁, 참판댁, 송화댁 등 양반 주택과 50여 가구의 초가 등 크고 작은 옛 집들이 원래 모습을 많이 유지한 채 남아 있다.

는 당내(소종)가 더욱 강조되었습니다. 부계 4대조의 입장에서 볼 때 자·손·증손·현손을 포함하는 집단을 가리키고, 4대손 입장에서 볼 때 형제·4촌·6촌·8촌·백숙부·당숙·재당숙·종조부·재종조부·종증조부를 포함하는 집단이 당내입니다. 한편 문중은 동성동본의 양자를 입양할 수 있는 범위이기도 했습니다. 또한 같은 문중 안에서는 공동의 항렬자를 사용하여 이름을 지었습니다.

종법에 따른 종족(宗族)이 조직화되면서 동성 마을이 나타났습니다. 동성 마을은 동족 마을이라고도 부를 수 있는데, 풍산 유씨 집안의 하회 마을(안동), 월성 손씨와 여강 이씨의 양동 마을(경주)이 지금까지 내려오는 대표적인 동족 마을입니다. 이 밖에도 전국의 많은 지역에서 동성 마을을 찾아볼 수 있습니다.

종계는 참여자의 범위에 따라 대종계와 소종계로 나눌 수 있습니

월성 양동 마을
월성 손씨와 여강 이씨의 양대 가문을 중심으로 형성된 양반 마을. 경주에서 형산강 줄기를 따라 동북 포항 쪽으로 40리 정도 들어간 곳에 자리 잡고 있다. 넓은 안강 평야에 풍수지리상 재물복이 많은 지형 구조이며 제법 큰 양반 가옥들이 집단을 이루고 있다. 무첨당(보물 411호), 향단(보물 412호), 관가정(보물 442호)을 비롯해 많은 옛 건물들이 귀중한 문화재로 지정되어 있다. 경북 경주시 강동면 양동리.

다. 종계의 대소 관계는 각 종계에 따라 달라지고, 거주 지역 또는 종손(宗孫)과 지손(支孫)의 구별에 따라 구분되기도 합니다. 종계의 공식적 모임이 종회(宗會)인데, 대개 시제를 모신 다음에 열립니다. 종회에서는 종계가 해야 할 일을 논의하여 결정했습니다. 성인 남자만 참여할 수 있는 종회야말로 부계 중심, 적장자 중심의 조선 후기 가족 제도를 확실히 보여 주는 조직이지요.

"암탉이 울면 집안이 망한다"는 말 들어 보았지요? 17세기 이후 조선 후기 사회에서 나온 표현이라고 할 수 있지요. 그리고 남녀 유별을 가리키는 풍습인 '내외법'은 여자를 구속하는 불문율로 자리 잡고 있었습니다. 또 여성이 상속받을 권리가 줄어들고, 남존여비 관념이 커지면서 여성을 출가외인으로 여기는 풍토가 자리를 잡아 갔습니다. 이러한 남녀 차별은 여성의 사회 활동을 극도로 제한했습니다. 여성은 자기 이름 없이 당호*나 택호*로 불렸습니다.

조선 후기 여성의 지위를 알려 주는 또 하나의 예가 있습니다. '칠거지악'이라는 말입니다. 악질에 걸리거나, 부모에게 불효하거나, 정절을 지키지 않았거나, 아들이 없거나, 질투를 하거나, 말이 많거나, 도둑질을 할 경우 여성을 내쫓을 수 있다는 것이 바로 칠거지악입니다. 물론 삼불거(三不去)라고 해서, 부모 삼년상을 같이 지냈거나 가난했다가 부자가 된 경우, 또는 돌아갈 곳이 없는 경우에는 아내를 버리지 못하게 하는 관행이 있었지만, 여성에게 불리한 사회 현실이었음은 너무나 분명합니다.

국가는 여성들이 가능한 한 이혼을 못하도록 까다로운 규정을 만들었고, 남편이 먼저 죽었을 때 재혼하지 않고 정절을 지키도록 강

당호(堂號)
본래 집에 붙인 이름인데 집 주인의 별칭 혹은 별호로도 불렸다.

택호(宅號)
집 주인의 벼슬이나 고향 이름으로 집 주인이나 그 집을 부르는 명칭. 여성의 경우 친정 마을 이름을 붙인 예가 많았다.

제했습니다. 재혼한 여성이 낳은 자손의 벼슬길을 막는 규정이 《경국대전》에 들어 있었지요. 그렇다면 남편은 어땠을까요? 아내가 죽은 뒤 1년이 지나면 어려움 없이 재혼할 수 있었습니다. 그런데 과부가 다시 시집가는 것을 금지하는 일이 당연하게 이루어졌으니, 남녀 차별이 얼마나 심했는지 알고도 남습니다.

흔들리는 신분제

경화 사족과 잔반

18~19세기는 조선 사회의 뼈대를 이루어 온 신분제가 크게 흔들린 시기입니다. 조선 왕조를 무너뜨릴 만큼 심각하지는 않았지만, 기존의 신분 질서를 크게 뒤흔든 것은 사실입니다. 양반층에서 떨어져 나온 몰락 양반이 등장하고, 신분을 끌어올리려는 중인의 움직임이 끊임없이 이어졌습니다. 그리고 양인들은 양역에서 벗어나기 위해 호적을 거짓으로 꾸미거나 족보를 위조하여 양반이 되었습니다. 여기에 노비들의 신분 해방 투쟁이 치열하게 이어져 조선 사회를 지탱해 온 신분 질서가 요동을 쳤습니다. 조선 전기나 중기에는 있을 수 없던 변화가 조선 후기에 이르러 나타난 것이지요.

빠르게 변하는 조선 후기의 사회·경제 속에서 양반 관료층 사이에 극심한 정치적 갈등이 일어났고, 이것은 곧 양반층 스스로를 나락으로 몰고 갔습니다. 그리하여 서울·경기 지역에 거주하는 일부 '경화 사족'을 제외하고는 조선의 정치 권력에 참여하기가 아주 어려워졌습니다. 향촌 사회에 거주하는 양반들은 문중 조직을 강화하면서 자기들끼리 결속을 다져 위세를 유지하려 했지요. 하지만 경제력이 부족한 양반층은 몰락 양반(잔반)이 되는 현실을 도무지 피할 수 없었습니다.

숙종 후반 이후 서울과 교외 지역의 발달, 그리고 서울과 시골의 문화 차이가 커지는 가운데 등장한 양반층 중 일부 세력이 경화 사족입니다. 영조와 정조 때 탕평책을 실시하여 기성 정치 세력이 다시 편성되는 가운데 문벌 중심으로 인재 등용이 심화되었고, 점차 경화 사족의 정치적 비중이 커졌습니다. 또한 세도 정치 시기에는 경화 사족 안에서 거족(巨族), 벌열이라고 부를 수 있는 세도 가문이 형성되었고, 정치 권력은 중앙으로 더욱 집중되었지요.

경화 사족은 무엇보다도 서울과 향촌의 나뉨에서 비롯했습니다. 한성부의 도시화가 뚜렷해지면서 서울 양반과 시골 양반 사이에 뛰어넘기 어려운 차이가 커졌습니다. 정치 참여 기회와 경제 생활, 문화 활동 등 모든 면에서 서울 양반이 우월한 지위를 차지했지요.

겸재 정선의 집 〈인곡정사〉
인왕산 아래 정선이 살던 저택으로, 집 이름을 인곡정사(仁谷精舍)라고 붙였다. 남향 집으로 행랑채가 붙은 솟을 대문 안에 ㄷ 자 모양의 안채가 있는데, 담장이 굽이굽이 둘러 있고 앞뒤 정원이 알맞게 갖춰져 아담한 느낌이 든다. 뒤뜰에는 대나무가 우거져 있고, 그 담장 밖 뒷동산 언덕 위로는 노송이 숲을 이루었다.

경상도 단성현 호적대장은 단성 향교 등에 소장되어 있는데,
1678년 이후 1789년까지의 호적은 단성 향교(지금의 경남 산
청군 단성면)에 남아 있다. 19세기 호적대장은 일본 학술원
대학 도서관에 있다.

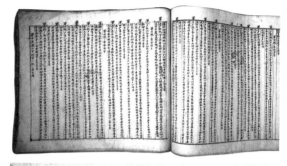

영조 이후 이재, 김원행 등 서울 주변에
머물던 낙론(洛論) 산림 문하에서 나온 학
자들은 학문에만 몰두하는 대신 관료로서
조정에서 활약했고, 서울과 그 주변에 자
리 잡았습니다. 이렇게 학문적으로 최고
수준의 학자들이 서울 주변에 자리 잡은
것도 경화 사족이 형성되는 데 한몫했습니
다. 그리고 상업이 발달하면서 서울은 농
업 생산보다 상품 유통과 화폐 교환을 바
탕으로 도시다운 체질을 갖추었습니다. 청
나라에 사행으로 다녀올 기회를 얻은 사람
들은 청의 새로운 학문과 문물을 적극 수
용하려 했고, 경화 사족 나름대로 독특한
문화를 일구기 위해서도 노력했지요.

경화 사족 반대편에 자리한 양반층이 향
반과 잔반입니다. 조선 사회의 양반들은
처음부터 신분적 특권을 만들어 가는 과정
에서 자신들 가운데 일부를 떨궈 내어 소

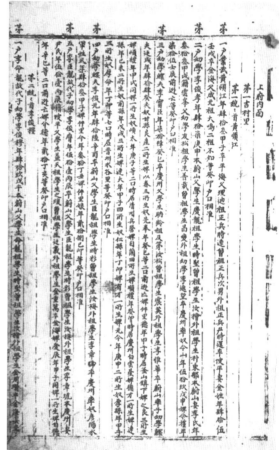

울산부 호적 대장
1609년에서 1904년까지에 해당한 경상도 울산부 호적대장이 서울
대학교 규장각에 소장되어 있다.

김득신이 그린 양반과 상민

양반과 상민이 길에서 만난 장면이다. 상민 부부가 양반 행차를 만나자 남자는 코가 땅에 닿을 정도로 공손하게 절하고, 여자는 두 손을 모아 절을 하는 모습에서 당시 신분 차별의 불평등함이 몸에 가득 배어 있었음을 알 수 있다. 당시 신분 차별은 극복해야 될 차별이 아니라 그저 받아들여야 할 숙명이었을 뿐이다. 하지만 세상에 변하지 않는 것이 없는 것처럼 철옹성 같던 신분제도 점차 무너져 갔다.

양반전

《양반전》은 정조 때 박지원이 지은 한문 단편 소설로, 《연암집》에 실려 있다. 강원도 정선에 한 양반이 살았는데, 학문으로 명성이 있지만 집이 가난하여 해마다 관에서 곡식을 빌려 먹은 지 여러 해가 되자 그 양이 크게 불어났다. 이를 갚아야 할 상황이 되자 이웃의 지체 낮은 부자에게 양반 신분을 팔고 빚을 갚는다. 그런데 군수가 만들어 준 문서에 양반으로서 지켜야 할 온갖 형식적인 행동 절차와 권리 등이 기록되어 있는 것을 본 부자는 양반으로서 할 일들이 겉치레일 뿐 구속이 많고 거추장스럽다고 하여 양반 되기를 포기한다. 여기에서 양반 신분을 팔아 관에서 빌려 먹은 곡식을 갚으려고 한 양반이 곧 대표적인 잔반이라고 할 수 있다.

수의 기득권을 유지하려고 했습니다. 서얼을 양반 대열에서 소외시킨 것이 좋은 예이지요. 중앙 정치가 경화 사족 중심으로 움직이고, 경화 사족 안에서 벌열 가문이 뚜렷이 형성되는 것과 크게 대비되는 모습이 향촌 사회에서 일어났습니다.

중앙 정치에 전혀 관여할 수 없던 향촌 사회의 양반 대부분이 향반으로 자리매김했습니다. 향반(鄕班)이라고 해도 향촌 사회에서 기반을 튼튼히 다져 놓았다면 양반 위세를 유지하는 것은 어렵지 않았습니다. 문중 조직을 통해서 신분을 과시하고 인근 지역의 다른 향반과 교류하면서 가문의 위세가 비슷한 범위에서 통혼 대상을 골랐습니다.

이와 달리 잔반은 보잘것없이 나락에 떨어진 양반을 가리킵니다. 한 마디로 경제력이나 위력이 사라진, 이름만 양반뿐인 사람들이었지요. 박지원이 지은 〈양반전〉*에 나오는, 양반을 팔기 위해 애쓰는 사람이 바로 잔반이라고 할 수 있습니다. 잔반은 대부분 심한 생활

고에 시달렸으며, 노비를 시켜 농지를 경작하는 일은 꿈도 꾸지 못했습니다. 이들은 자영농이나 소작농으로 생계를 꾸려야 했고, 나아가 상업이나 수공업에도 종사했습니다. 잔반 가운데 일부는 농민층과 같은 처지에 놓였습니다. 양인 밑에서 일하는 일꾼이 되어 그 노임으로 생계를 유지하는 경우도 있었고, 수렵, 산나물 채취, 면포, 술, 돗자리, 쌀, 망건 들을 파는 상업에 종사하는 자도 있었습니다. 몰락 양반, 곧 잔반은 양반 신분의 대명사였던 유학에 접근할 기회조차 갖지 못한 채 지배층 대열에서 멀어져 갔습니다.

중인의 통청 운동

조선 후기 사회에서 양반과 상민 사이에 끼어 있던 이들이 중인입니다. 이들은 처음에는 자신들이 사족의 일원이었다고 생각하고, 언젠가 사족과 어깨를 나란히 하게 될 날을 꿈꾸었지요. 기술직 중인과 서얼로 크게 나눌 수 있는 중인은 19세기 중반 제각기 '통청(通淸) 운동'이라는 움직임을 보였습니다. 먼저 서얼이 통청 운동을 일으켜 성공을 거두자, 기술직 중인들도 통청 운동을 벌였으나 실패합니다. 통청 운동이란 중인들에게 청요직 또는 청현직이라 불리는 청직에 나아갈 수 있게 해 달라는 요구입니다. 결국 관직 임명에서 일반 양반과 똑같은 대우를 바라는 요구이자, 신분 차별 폐지를 요구하는 운동이었습니다.

　18세기 후반 중인층 인사들은 시를 짓고 스스로 품평하는 모임인 시사(詩社)를 만들고 시회(詩會)를 열면서 문학 활동을 펼쳤습니다.

천수경, 조수삼 등이 만든 송석원시사(松石園詩社)가 이름 높았지요. 중인들의 문학 활동을 위항 문학* 운동이라고 부릅니다. 이들은 양반 출신 인사들과 교류도 하고, 중인 시인의 시문을 모아 개인 문집을 만들거나 공동 시집을 만들기도 했습니다. 홍세태가 펴낸 《소대풍요》는 중인 시인의 작품을 모은 공동 시집인데, 이후 몇 차례 더 공동 시집을 펴냈습니다.

중인들은 자신들의 현재 모습을 살펴보는 방편으로 사학(史學)에 관심을 두고 중인의 역사를 정리했습니다. 중인 인사들의 생애를 간략히 정리한 전기류를 펴낸 것도 같은 맥락에서 이해할 수 있습니다. 현실 변혁을 모색하기 위해 현재 모습이 이루어진 역사적 흐름을 정리하고, 그 속에서 앞으로 나아갈 방향을 설정해 보려는 움직임이었지요.

서얼의 역사를 연대기와 전기로 나누어 정리한 책이 1859년(철종

위항 문학(委巷文學)
조선 시대 중인 이하 하층민들을 위항인, 여항인(閭巷人)이라 부르는 데서 유래했는데, 이들이 벌인 문학 활동을 이르는 말. 위항은 좁고 지저분한 거리라는 뜻이고, 여항은 백성들의 살림집이 모여 있는 곳을 말한다. 따라서 위항 문학이란 중인들이 자신들의 문학 활동을 겸손하게 표현한 말이다.

중인의 시회(위)와 부분
중인층은 시회(詩會)를 만들
어 모임을 열면서 문학 활동
을 펼치기도 했다. 중인의 시
회 장면을 〈수계도권〉이라는
제목으로 유숙(劉淑)이 그린
그림이다.

10) 대구에서 펴낸 《규사》입니다. 서얼 차별 철폐를 주장하면서 서얼 출신 중에도 인재가 많음을 강조했지요. 그리고 1848년에 향리의 역사를 세 권으로 정리한 《연조귀감》이 간행되었습니다. 《연조귀감》의 한 편인 〈관감록〉은 고려와 조선 시대 향리의 전기를 모아 놓은 것으로, 향리들도 양반이나 마찬가지임을 보여 주기 위한 것입니다. 마지막으로 1844년에 간행된 《호산외기》는 중인 인사들의 공동 전기물입니다. 조희룡은 이 책에서 자신과 같은 중인들의 전기를 지으면서 신분에 대한 자각과 울분을 표현했습니다.

동갑 노인들의 다짐
1758년에 태어난 22명의 동갑내기 중인들이 57세가 된 1814년에 3년 후의 회갑을 기약하며 중부 약석방 정윤상 집에서 모인 장면을 그린 것이다. 중인으로 태어나 신분 차별의 거친 풍파를 헤쳐 온 이들의 바람이 그대로 이루어졌을까. 화가 미상.

중인들의 문화적 역량은 양반 사대부를 대신하는 새로운 사회 세력의 형성 가능성을 따져 볼 수준에 올라와 있었습니다. 중인층의 위항 문학 운동은 사회 변동을 반영하고 사회와 국가에 대한 중인층의 불만과 저항을 표출하는 움직임으로 볼 수도 있습니다. 하지만 중인층의 생각은 시대적 제약을 뛰어넘지 못했습니다. 그리하여 자신들이 조선 왕조의 지배 신분층인 양반을 몰아내고 그 자리를 차지하려 하기보다는, 양반층에 가깝게 다가서고 다시 양반과 어깨를 나란히 하는 처지에 올라서기를 열망했습니다. 양반층에 필적할 수 있는 문화적 역량을 발휘하기 위한 노력과 18~19세기의 통청 운동은 양반 신분으로 상승하려는 중인들의 의지를 잘 보여 줍니다.

중인층의 통청 운동은 서얼과 기술직 중인 각각의 입장에서 독자적으로 전개되었습니다. 서얼들은 18세기 영조와 정조에 걸쳐 통청 운동을 맹렬히 전개했습니다. 그리하여 1777년(정조 원년)에 일부 서얼에게 관직 승진 제한을 완화해 주는 〈정유절목〉이 마련되었지요. 하지만 서얼의 궁극적 목표는 청요직까지 진출하는 것이었고, 완전한 의미의 통청은 철종 때 결실을 거두었습니다. 1851년(철종 2) 4월 15일 "서얼을 허통(許通, 통청을 허락함)시키고 관직에 임용할 때 각별히 거두어 쓰도록 하라"는 왕명이 내려진 것입니다.

기술직 중인들은 서얼들의 통청 운동에 자극을 받아 스스로 통청 운동을 펼쳤습니다. 이들은 서얼 허통 왕명이 내려지고 10일 뒤인 1851년 4월 25일부터 왕에게 올리는 상언(上言)을 준비하고 활동 자금을 마련하는 등 준비 작업에 들어갔습니다. 역관 45명이 서얼 허통과 같은 조처를 역관 등 기술직 중인에게도 부여해 달라는 요구 사항을 내걸고 동조자를 모집하는 통문*을 돌렸습니다. 대궐 문 밖에 집단으로 엎드려 상소문을 올리려고 계획했지만 실행에 옮기지 못했습니다. 결국 윤8월 18일 철종에게 상언을 올리는 선에서 끝나고 말았습니다.

비록 좌절되었지만 이러한 중인 통청 운동에서 당시 신분 변동이 치열했음을 알 수 있고, 신분 상승 운동의 의의를 살펴볼 수 있습니다. 또한 19세기 중인 신분의 상층부를 구성한 기술직 중인이 양반 사대부층을 대신할 수 있는 사회 세력으로 성장하고 있음을 볼 수 있습니다.

통문(通文)
여러 사람에게 알려 동의하는 사람을 모으기 위해 작성한 글. 대개 유생, 서원, 향교 문중 등 지배층 사이에서 작성되었지만 동계, 보부상들도 활용했다.

벼슬자리 중에 벼슬자리, 청요직

조선 시대 관직 가운데 관료들이 가장 차지하고 싶어한 노른자위 관직은 무엇이었을까. 이 문제의 정답을 조선의 관직 가운데 최고위직인 정승으로 삼는다면 상식에 따른 그럴듯한 문제풀이일 것이다. 하지만 당대 관료 입장에서 가장 차지하고 싶었던 자리가 과연 영의정 등 삼정승 자리였을까? 젊은 관리 입장에서 생각해 보면 나중에 정승 자리에 올라가는 데 디딤돌이 될 수 있는 자리, 다른 경쟁자들에 비해 한 발 앞서 나가는 것을 보여 줄 수 있는 자리, 그리하여 출세가 보장되는 자리를 노른자위 자리라고 보았을 것이다.

다시 말해서 이제 막 관직 생활을 시작하는 나이 어린 관리들 시각에서 바라보았을 때, 먼 장래에 정승 자리를 얻으려면 반드시 거쳐야 할 자리, 그리고 젊은 신하들 가운데 장래가 촉망된다는 기대를 받고 있음을 주변에 과시할 수 있는 자리, 바로 당시 청요직이라고 불린 자리가 조선 시대 관직의 노른자위 자리였다. 하위직(당하관)이면서 중요한 정치적 기능을 수행하고 장차 고위직으로 승진하는 데 유리했던 관직이 바로 청요직이었던 것이다.

청요직은 구체적으로 옥당(玉堂, 홍문관)과 한림(翰林, 예문관)의 3품 이하 관원과 대간(臺諫, 사헌부와 사간원) 및 춘방(春坊, 세자 시강원), 정조(政曹, 이조와 병조, 관리 인사를 담당하는 관청이라는 뜻)의 낭관(郎官, 전랑) 등을 가리킨다. 이들 청요직 자리에는 특별한 것이 있었다. 바로 이들 자리에 임명될 수 있는 예비 후보자 명부가 작성되는 등 특수한 임용 절차가 마련되어 있었다는 점이다.

홍문관 관원을 임명하기 위해서 밟아야 할 절차는 홍문록(弘文錄) 작성, 도당록(都堂錄) 작성이라는 두 단계였다. 그리고 예문관의 관료를 임명하는 절차는 한림 회권(會圈)이라는 것이 있었다. 이조의 전랑 자리에는 전선(銓選)이라고 하여 특별한 절차가 마련되어 있었다. 대간(臺諫)이나 춘방(春坊) 관리의 경우 특별한 절차는 없었지만, 일반적으로 홍문록에 이름이 오른 사람 가운데 선임되었다.

먼저 홍문록 작성을 보면, 홍문관의 부제학 이하 관료들이 후보자 이름 밑에 동그라미(圈點 : 권점)를 쳐서 권점이 많은 사람 순서대로 만든 명부가 홍문록이다. 그런 다음 홍문록을 대간들이 살펴보고 부적격한 사람을 걸러낸 다음 의정부의 2품 이상 고관과 대제학(제학은 예외) 및 이조의 당상관이 모여서 심사한 뒤 만든 명부가 도당록(都堂錄)이다. 이후 홍문관 관원을 도당록에 따라 순서대로 임명했다. 도당록에 이름이 올라가면 사실상 좋은 관직을 보장받은 것이나 다름없었다.

다음으로 예문관 관리인 한림을 선발하는 방식은 본래 한천(翰薦)이라고 하여 전임 한림이 의논하여 대상자를 천거하는 방식이었다. 그런데 영조 때 이르러 한림과 전랑 자리가 붕당 사이의 인사 다툼을 벌이는 근원이라고 하여 한천을 폐지하고 회권하는 방식을 마련했다. 참외관이 과거 급제자 명단을 살펴서 후보자를 적어서 제출하면 전직·현직 한림이 모여서 권점을 하고, 권점의 수효를 세어 많은 사람을 뽑았다. 이렇게 뽑힌 사람들 대상으로 다시 시험을 보아서 선발된 사람을 한림에 임명하는 방식이었다. 이와 같이 영조 때 이르러 천거 방식이 권점을 매기고 시험을 치르는 방식으로 바뀌었지만, 한림을 우대하여 특별한 임용 절차를 마련했다는 점은 똑같았다.

끝으로 이조 전랑을 임명하는 전선은 16세기에 동인과 서인으로 나뉠 때 이조 전랑이 자기 후임자를 천거할 수 있는 자대제(自代制)로 운영되고 있었다. 이조 전랑은 특히 삼사(사헌부·사간원·홍문관) 당하관 인사권을 쥐고 있는 막강한 자리였다. 따라서 이조 전랑 자리는 붕당들이 서로 차지하기 위해 치열하게 다투는 요직 중에 요직이었다. 그리하여 1685년 숙종의 왕명으로 이조 전랑 자리를 이조 당상관이 임명하는 방식으로 바꾸었다. 그리고 영조는 이조 전랑이 지니고 있던 삼사 당하관에 대한 인사권마저 없애 버렸다. 이조 전랑이 지닌 특별한 권한은 사라졌지만, 대개 홍문관 관원 출신이나 그에 걸맞은 인물 가운데 이조 전랑이 임명되었다.

이상에서 살핀 것처럼 막강한 권한을 지닌 조선 시대 관직의 노른자위 자리를 차지하기 위해서는 특별한 명부(홍문록, 도당록)에 이름이 올라가든, 전현직 관원의 추천(한천)이나 선택(권점)을 받든, 특별한 임용 절차를 거쳐야 했다. 그리고 그러한 임용 절차를 무난히 거쳐 나가기 위해서는 여러 변수가 있었겠지만 실력과 명망을 갖추어야 했다. 이러한 청요직에 진입하는 특별 임용 절차는 제대로 운영된 때가 있었고, 이름만 남아 있던 때도 있었다.

빠르게 진행되는 노비제 해체

조선 후기 노비제에서 가장 큰 특징은 이리저리 도망가는 노비가 급격히 늘어났다는 점입니다. 주인집에서 같이 살든 멀리 떨어진 곳에서 따로 살든, 주인의 노동력 요구에 응하지 않거나 신공을 내지 않고 아예 먼 곳으로 달아나 버리는 도망 노비가 빠르게 늘어났습니다. 당시 도망해도 생계를 유지할 수 있는 사회·경제적 여건이 성숙되어 있었기 때문이었지요. 도망한 이들은 산 속에 들어가 화전민이 되거나, 궁방전에 투속하거나, 광산이나 도시로 흘러들어가 임금 노동자로 생계를 이어 갔습니다.

주인 입장에서는 도망친 노비를 찾아서 잡아오는 것만이 유일한 대책이었습니다. 이렇게 도망친 노비를 찾아서 잡아오는 것을 '추쇄'라고 불렀는데, 추쇄는 아주 번거롭고 비용이 많이 들며 여러 폐단이 뒤따라 실효성이 별로 없었습니다. 예를 들어 1655년(효종 6년)부터 1657년까지 전국에서 노비 추쇄 사업이 실시되었습니다. 당시 노비안에 기록된 자가 19만 명 가량이었는데, 신공을 내는 노비는 겨우 2만 7000명 정도였습니다. 그리하여 도망 노비를 추쇄하여 북벌 추진을 위한 군비 확충 재원과 인적 자원으로 활용하려고 했습니다. 임시 기구로 추쇄도감을 설치하고 추쇄 어사까지 파견했으며, 각 지방 수령들에게도 엄명을 내려 추쇄 사업을 독려했지만, 별다른 성과를 거두지 못했습니다. 이후 국가의 노비 정책은 다른 방도를 찾는 방향으로 바뀌었습니다. 영조는 관청에 소속되었다가 도망친 노비를 잡아오기 위한 추쇄관 파견을 금지하고, 대신 지방관에게 그 임무를 맡겼습니다. 그리고 정조 2년에는 내수사에 소속되었다가 도

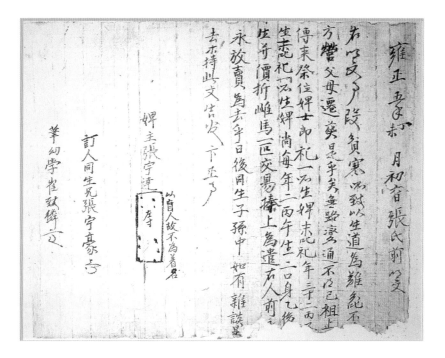

노비 매매 문서
조선 후기에 노비제 해체가 이루어지고 있었지만, 노비를 매매하는 일 자체가 사라지지는 않았다. 노비 매매는 노비를 소유하는 것이 노비 주인에게 경제적으로 가치 있음을 확인시켜 주는 행위였다. 이 문서는 부모의 묘지를 옮기기 위해 비(婢) 말례(㐈禮, 32세)와 말례의 딸 상매(尙每, 2세)를 암말 1필과 바꾼다는 내용이다.

망친 노비에 대한 추쇄관도 폐지했습니다.

영조는 노비의 신공을 크게 줄여 주고 노비 신분을 개선시키는 규정을 만들었습니다. 남자 종 신분인 남편과 양인 신분의 부인 사이에서 태어난 자녀들을 어머니 신분에 따라 양인이 되게 하는 법이지요. 부모 가운데 어느 한쪽만 천인이면 자식들 신분을 천인으로 본 제도의 큰 줄기를 바꾼 것입니다. 여기에서 더 나아가 정조는 공노비 혁파를 목표로 계획을 세워 나갔고, 그가 세상을 떠나면서 1801년(순조 1) 내시 노비를 없애는 조처가 취해졌습니다.

조선 후기 신분 변동에서 노비제 해체가 커다란 흐름이 된 이유는 무엇일까요? 무엇보다 신분 차별에 대한 노비들의 저항과 신분 상승을 열망하는 노력이 있었기 때문입니다. 이러한 노력은 여러 방향에서 이루어졌습니다. 먼저 노비들은 온건하고 개별적인 방식으로 저항하고 투쟁했습니다. 대표적인 예가 도망입니다. 도망은 주인에게 가장 큰 경제적 타격을 주면서 자신에게 열린 가능성의 세계, 곧 신천지를 찾아나서는 길이었습니다. 그리고 노비들은 신분을 모칭(冒稱, 거짓으로 함부로 일컫는 것)하여 양인이나 양반 행세를 하기도 했습니다. 양반집 족보에 자기 이름을 써 넣고 양반 행세를 하려면 많은 돈과 노력이 필요했지만, 성공만 한다면 얻는 것이 더 많은 투자였지요.

또한 노비들은 적극적이고 집단적으로 저항하고 투쟁하기도 했습니다. 당대의 신분 질서를 거부하는 성격을 지녔지요. 신공을 거두러 찾아온 주인에게 반항하거나 구타하면서 노비로서의 의무를 거부했습니다. 이는 스스로 노비임을 인정하지 않는 의지의 표현이고, 신분 질서 전복을 위한 행동이었습니다. 노비들 가운데 일부는 아예 주인을 살해하고 노비 신분이라는 표시를 벗어 던지려고 했습니다. 또 거주지를 벗어나 도적떼를 결성하거나, 역모나 정변, 반란에 참여하기도 했습니다. 숙종 때 적발된 도성 내부의 비밀 결사 중에는 '주인을 죽이는 계'와 같이 노비 중심으로 만들어진 조직도 있었습니다.

마지막으로 노비들은 경제력을 이용하여 합법적으로 노비 신분에서 벗어났습니다. 납속책으로 예전보다 그 길이 훨씬 크게 열려 있었기 때문입니다. 납속책이란 군량이나 재정을 보충하고 흉년 기근기에 백성을 구제하기 위해 조정에서 곡물과 돈을 받고 일정한 특전을 주는 제도를 말합니다. 그 가운데 노비들은 노비 신분을 해방시키는 납속 면천으로 천인 신분에서 벗어날 수 있었습니다. 이들 가운데 일부가 이미 경제적 부를 쌓아 두었기 때문에 납속이 가능했지요.

관, 향촌 통제를 주도하다

관이 주도하여 향촌 통제책을 강화하다

17세기 중반까지 향촌 사회에서 사족들은 수령의 권한에 맞서 대항할 수 있었습니다. 그렇지만 수령의 관권을 아예 무시할 수는 없었지요. 재지 사족은 향약 등으로 관권과 마찰을 빚지 않도록 최대한 자제했고, 관에서도 재지 사족의 자율성을 많이 인정해 주었습니다. 관권과 사족이 대립하는 사건이 발생했을 때, 17세기 중반까지는 대

지방관 부임
1785년 어떤 인물이 신임 현감으로 부임하는 광경을 그린 그림으로 김홍도 작품으로 전한다. 신임 현감의 가족과 개인 수행원, 부임지의 향리, 깃발을 든 기수 등을 포함하여 많은 사람들이 행렬을 이루고 있다.

개 사족의 향권이 더 강력함을 보여 주는 쪽으로 결말이 났습니다. 첫 번째 사례를 볼까요?

1626년(인조 4), 경상도 의성에 살던 한 토호(土豪, 재지 사족을 가리킴)가 심문받다가 사망한 사건이 일어났습니다. 의성 현령이 관청의 명령을 어기고 부역을 내지 않은 토호의 죄를 다스려 달라고 요청하자, 감사가 죄를 다스리는 과정에서 토호가 그만 죽은 사건입니다. 이후 죽은 토호의 친척들이 의성 현령을 위협 공갈하고, 또 다른 친척인 도산서원 원장을 중심으로 감사 처벌을 요구하는 통문을 경상도 전역에 뿌렸습니다. 이 문제는 중앙 정계에서도 논란이 되었지

만, 결국 감사 처벌을 요구하는 등 관권에 도전한 토호들에게 아무 처벌도 내리지 않았다는 점에서, 사족에게 유리하게 결말이 난 사례로 볼 수 있습니다.

두 번째 사례는 1655년(효종 6) 전라도 흥양현에서 순천 영장과 흥양현 유생들 사이에 일어난 힘겨루기입니다. 순천 영장이 향교 부근에서 군사 훈련을 지휘할 때였지요. 속오군을 조련시키던 영장이 향교 부근에서 쉬고 있는데, 유

생들이 석전* 제물을 들이기 위해 길을 비켜 달라고 요구했습니다. 그러나 영장이 진을 치고 있다는 이유로 거부하는 바람에 충돌이 일어났습니다. 결국 전라도 광주 유생들 사이에 통문이 돌고 상소문이 올라가면서, 순천 영장은 파직당하고 말았습니다. 물론 흥양현 유생도 가벼운 처벌을 받았지만, 결국 중앙 정계가 유생 손을 들어 준 셈이지요.

두 사건에서 우리는 무엇을 알 수 있을까요? 그렇습니다. 17세기 중반까지 중앙 정계에서도 사족의 특권을 인정하고, 수령과의 대립에서 재지 사족을 우대했음을 알 수 있습니다. 이처럼 사족의 향권은 향촌 사회에서 수령의 관권에 맞설 수 있었습니다.

숙종이 즉위한 1675년 이후 17세기 후반 무렵부터 중앙 정부는 향촌 사회를 강력히 통제하기 시작합니다. 관이 주도하여 향촌을 통제하기 위해 여러 방안을 실행했지요. 이는 중앙 행정력이 향촌 사회 구석구석까지 미치는 단계로 들어갔음을 알려 주는 신호탄이었습니다. 그러다 보니 관청이 주도한 향촌 통제는 사족 중심의 향촌 질서를 이끌어 나가던 재지 사족과 충돌할 수밖에 없었고, 결국 사족의 향권은 무너지고 맙니다.

관이 주도한 향촌 통제책은 수령의 역할을 강화하기 위한 것이었습니다. 수령은 특히 부세 운영에서 사족의 간섭을 배제하고 향리 중심으로 부세를 거두었습니다. 예를 들어 숙종 때 마련한 이정법* 관련 규정에 교화는 사족에게 맡기고, 부세 문제는 향리 등에게 맡겨야 한다는 조목이 들어 있지요. 수령이 부세 운영에서 사족의 힘을 빌리지 않아도 되도록 오가작통법, 이정법, 수령 중심의 향약 실

석전(釋奠)
공자 등 성현을 모신 성균관과 향교의 문묘에 봄, 가을(음력 2월과 8월)에 올리는 제사.

이정법(里定法)
군액에 결원이 생길 경우, 리(里) 안에서 대신 충당할 사람을 책임지고 결정하게 하는 방식으로, 결국 리(里) 단위 공동 책임제이다.

시 등을 추진했습니다. 그리고 숙종은 향촌 사회 문제를 해결하는 데 수령의 역할이 아주 중요하다고 보고, 수령을 잘 통제하기 위해서 암행어사를 지방에 꾸준히 내려보냈습니다.

오가작통법은 관의 향촌 통제책 가운데 주요 제도의 하나입니다. 다섯 집을 하나의 통(統)으로 묶어 다섯 집 사이에 협동, 그리고 견제와 감시를 하게 하는 법이지요. 다섯 집(五家 : 오가)이 공동 책임을 져야 했기 때문입니다. 통에는 통주(統主)를 두어 호구의 움직임을 파악하게 했고, 통주는 이정에게 보고했습니다. 이정은 자연스럽게 형성된 마을의 대표자를 가리키는 게 아니라 5통으로 구성된 리(里) 담당자였습니다.

비변사에 설치한 팔도 구관 당상제도 숙종 때 등장하여 자리를 잡아 갔습니다. 비변사 당상 가운데 몇 사람이 각각 팔도를 맡아서 관찰사가 올리는 장계를 먼저 책임지고 검토하게 했습니다. 지역 사정에 정통한 전문 관료로 키우려는 제도이자, 일관성 있는 지역 정책을 시행하기 위한 제도였습니다. 이 제도로 말미암아 비변사는 팔도의 상위 기관이라는 지위를 누렸고, 중앙 정부는 지방 행정을 확실히 견제하고 장악했습니다.

관 주도 향촌 통제책의 영향을 찾아볼 수 있는 또 다른 모습은, 자연스럽게 형성된 마을을 의미하던 리(里)가 지방 행정력이 미치는 가장 아래 단위로 성격이 바뀐 점입니다. 1711년(숙종 37년)에 실시한 이정법은 군역에서 공동납의 주체로 마을을 설정한 제도입니다. 마을 주민이 군역을 공동으로 연대하여 담당하게 한 법이지요.

이와 같이 리 또는 동과 같은 자연촌을 행정 체제에 편입시킨 것은, 중앙 정부에서 기존의 향촌 사회 지배 질서를 변화시키고 부세 제도 운영에 활용하기 위함이었습니다. 관이 주도한 향촌 통제책은 18세기 이후 영조와 정조 때에도 꾸준히 시행되었습니다. 이제 수령이 중심이 된 향촌 통제의 내용을 자세히 살펴볼까요?

향촌 질서, 수령·이향 중심으로

사족이 중심축을 이루던 향촌 사회는 18세기 이후 수령으로 중심축이 바뀌었습니다. 이 무렵 수령을 좌우에서 보좌하는 세력으로 이향(吏鄕)과 부민들이 새롭게 등장합니다. 부민들은 새롭게 향촌 사회의 권력 지도에 등장하여 '신향'이라 불렸고, 경제력을 바탕으로 수령과 결합하여 향권에 접근했습니다.

사족 중심의 향촌 질서가 무너졌다는 것은 결국 사족의 향권이 사라졌음을 말합니다. 사족의 향권과 관련된 서원과 사우*를 함부로 짓지 못하게 한 조처들에서 이를 확인할 수 있습니다. 그리고 향촌 사회에서 향권을 둘러싼 다툼(鄕戰 : 향전)이 일어났을 때 감사가 아닌 어사에게 결정권을 주었는데, 이것은 감사가 사족에게 유리하게 결정하는 것을 막기 위해서였지요. 감사는 지역 사회의 여론을 의식할 수밖에 없고, 재지 사족과 친밀한 관계일 가능성이 많다고 본 것입니다.

사족의 향권 상실을 보여 주는 대표적인 사례가 1747년에서 1766년 사이에 전라도 광주에서 발생한 향안 관련 사건입니다. 광주 지역 향권을 차지했던 사족들은 1747년 자신들의 명부인 향안을 내부 분란 때문에 없애 버렸습니다. 사족의 분열, 사족의 권위 상실을 잘

사우(祠宇)
조상의 신주나 영정을 모셔 두고 배향하는 곳.

보여 주는 일이지요. 그런데 향안이 없어진 뒤 향집강(鄕執綱)을 맡고 있던 18명이 주도하여 '향집강안'이라 할 수 있는 명부를 작성하고, 이를 바탕으로 향론을 주도했습니다. 그러다가 1766년 전라 감사가 광주의 향집강들이 민간에 폐단을 일으킨다는 이유로 향집강안을 부숴 버립니다. 이에 광주의 사족들은 별다른 대응을 하지 못했지요. 이 사례는 광주 지역 사족이 향권을 완전히 잃고, 관권이 사족 중심의 지배 질서를 부정한 모습을 잘 보여 줍니다.

사족을 대신하여 수령에 협조하는 위치에서 향촌 질서를 꾸려 나간 층이 '이향층'입니다. 수령 자리는 임기가 정해진 직책이고, 수령 혼자서 향촌 질서를 이끌 수는 없지요. 이향층이란 향임(鄕任)과 이서(吏胥)를 의미합니다. 향임은 수령이 새로 조직한 향회에서 일을 맡은 사람을 가리키고, 넓게는 향회의 직임을 맡을 수 있는 범위에 드는 사람을 말합니다. 이서는 말 그대로 지방 군현에서 수령을 도와 행정을 꾸려 나가는 향리층, 그리고 군교*층을 말합니다.

사족이 분열하고 부민이 새롭게 성장하는 상황에서 향임은 지역마다 독특한 성격을 보여 주었습니다. 어떤 곳은 사족의 분열에 따라 향임을 맡는 층이 고정되기도 하고, 어떤 곳은 기존 사족과 전혀 다른 출신 계층이 향임 자리를 채우기도 했습니다. 앞선 시기에는 사족들이 향회의 직임도 맡아서 수행했지만, 서서히 향회 직임만 전문으로 수행하는 집단이 생겼고, 이들과 사족은 분명히 구별되었습니다.

수령은 향임이라는 보좌 세력 말고 향촌 사회의 부민들을 적극 동원하려 했습니다. 자신이 책임져야 할 부세 문제를 해결하는 데 부민들이야말로 가장 유력한 협조 대상임을 잘 알고 있었던 것이지요.

군교(軍校)
군사에 관련한 일을 맡아 수행하던 하층 관직.

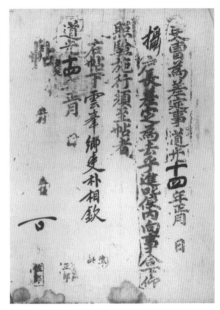

부민들은 대개 요호(饒戶)와 같이 일컬어졌는데, 이들이 바로 조선 후기의 사회·경제 발달을 잘 보여 주는 계층입니다. 이들은 농업 생산력과 상품 화폐 유통 발달에 발맞춰 경제력을 키우고 정치 권력에 다가섰습니다.

한편 군현 단위로 향촌 사회를 다스리는 수령은 중앙 정부에 바칠 부세 총액을 마련하려면 자신을 적극 도와 줄 인물이 필요했습니다. 그리하여 수령은 부민들에게 향임을 대가로 내걸거나, 작은 빌미를 구실로 부민을 옥에 가두었다가 풀어 주면서 대가를 요구하는 등 갖은 편법을 썼습니다. 수령은 부민을 동원하고 그들에게 향권에 참여할 수 있는 기회를 주었습니다. 반면 부민들은 부세 문제에 발언권을 키워 나가면서 봉건 권력 안에서 지위를 향상시키려 했습니다. 때문에 수령과 부민은 서로 이해 관계가 일치하는 면이 많았지요.

이와 같이 18세기 중엽 무렵 사족을 대신한 이향층들은 수령의 부세 행정에 적극 협조하면서 향권에 접근했습니다. 사족이 향권을 잃고 이향층이 새롭게 향권에 다가서는 과정에서 여러 지역에서 향전(鄕戰)이 발생했습니다. 향전의 원인과 양상은 시기나 지역에 따라 차이가 있었고, 참여하는 사회 세력도 사족, 서얼, 향임, 이서, 부민 등 다양했습니다. 그렇지만 향전을 '향권을 둘러싼 향촌 사회 신구 세력 간의 대립'으로 이해할 때, 크게 두 가지로 구분할 수 있습니다.

연풍 향청
충청 북도 괴산군 연풍면에 남아 있는 향청이다. 향청은 유향소의 다른 이름인데, 재지 사족을 중심으로 향리를 감찰하고 조세와 요역 부과 분배 등 역할을 담당했다. 그런데 수령의 권력이 커지고 수령과 이향 중심의 향촌 질서가 강화되자 향청의 기능도 달라진다. 충북 괴산군 연풍면 삼풍리 천주교 연풍 공소.

첫째는 기존 향권을 쥐고 있던 사족과 관권의 비호 아래 새롭게 참여한 세력 사이의 대립이고, 둘째는 향임을 둘러싼 신구 세력 사이의 대립입니다. 앞의 것은 주로 18세기 전반까지 나타났고, 뒤의 것은 18세기 후반에서 19세기에 걸쳐 등장한 향전입니다. 두 번째 경우는 특히 '신향'이라고 불린 부민층이 관권을 매개로 향권에 새로 참여하면서, 마찬가지로 관권을 통해 향권에 접근한 향임 세력과 벌인 다툼이라고 할 수 있습니다.

이렇게 볼 때, 18세기 후반 이후의 향전은 이향층의 향권 기반이 약했음을 보여 줍니다. 18세기 말 이래 수령이 주도하여 경제적 대가를 받고 부민층에게 향임 자리를 넘겨 주었지만, 기존의 이향층은 이를 막을 수 없었습니다. 결국 이향층의 향권이란 수령권에 붙어 있는 권리였던 것이지요.

호론과 낙론이 맞불을 놓다

낙론(洛論)
낙(洛)은 서울을 가리키는데, 중국의 주나라와 당나라 수도였던 낙양(洛陽)에서 유래했다.

호락 논쟁의 쟁쟁한 흐름

18세기 초반 충청도와 서울에 사는 노론계 학인들 사이에서 벌어진 논쟁이 호락 논쟁(湖洛論爭)입니다. 이 논쟁은 성리학을 해석하고 이해하는 관점의 차이에서 비롯했지만, 그 배경에는 조선 사회의 변화를 어떻게 파악하고 대응할지에 대한 태도의 차이가 놓여 있었습니다. 또한 서울과 지방 학계의 사상적 분열로도 볼 수 있고요.

조선 후기 사회의 진로를 둘러싸고 호론(湖論)은 기존 질서 유지에 중점을 둔 반면에, 낙론(洛論)*은 성장하는 계층을 인정하고 그들을 기존 질서 안으로 통합하려고 했습니다. 이와 같이 호락 논쟁은 철학 논쟁이면서 동시에 당대의 수많은 학자들이 참여하여 사회 변화에 대한 태도를 읽을 수 있는 잣대가 되었습니다.

호락 논쟁은 1708년, 주자의 주석 해석이 문제가 되어 권상하 문하의 한원진과 이간 사이에 인성(人性)과 물성(物性) 문제를 놓고 벌어진 논쟁에서 시작되었습니다. 두 사람의 스승인 권상하는 이 때 한원진의 손을 들어 주었습니다. 그 뒤 호서 지방의 한원진, 윤봉구 등 권상하 계열 제자들과 서울 주변의 감창협, 김창흡 계열 학자들 사이의 논쟁으로 확대되었지요. 호서 쪽 주장을 호론(湖論), 서울 쪽 주장

한원진의 《남당집》
조선 후기의 학자 한원진의 시문집인 《남당집》. 호락 논쟁의 쟁쟁한 이론가 한원진의 시문이 담겨 있다.

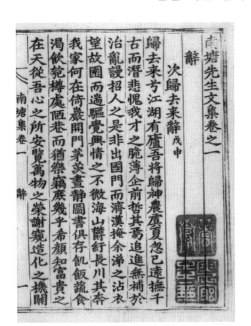

을 낙론(洛論)이라 하여 호락 논쟁이라는 이름이 붙었습니다. 이 논쟁은 조선 성리학계를 좌우하던 노론 학계 안에서 심성론적 경향과 주자주의적 입장에 근거하면서도 이를 어떻게 이해할 것인가를 놓고 벌어진 철학 논쟁이었습니다.

호락 논쟁이 퍼지면서 1735년에는 호론의 윤봉구와 낙론의 이재 사이에 논쟁이 치열하게 재연되었습니다. 이 때 인성과 물성 문제 말고 범인(凡人)이 성인(聖人)이 될 가능성에 대한 문제가 새로 떠올랐고, 논쟁은 이듬해까지 이어졌습니다.

또한 1742년에는 윤봉구와 박필주가 심성(心性)의 본질에 대해 다시 논쟁하고, 낙론의 이재는 박필주를 지지하면서 윤봉구에게 편지를 보내 심(心) 등의 개념을 논변했습니다. 이러한 논쟁의 흐름을 거쳐 권상하에서 한원진·윤봉구로 이어지는 호론의 흐름과, 김창협·김창흡에서 박필주·어유봉을 거쳐 이재로 이어지는 낙론의 흐름이 뚜렷하게 뿌리를 내렸지요.

호락 논쟁은 스승에서 제자로 이어지면서 계속되었고, 이에 따라 사제 관계의 계통이 자연스레 형성되었습니다. 먼저 권상하의 문인들 가운데 한원진과 윤봉구는 호론의 중심 인물로 떠올랐습니다. 그들은 인물성 이론(人物性異論)을 주장하여 같이 학문을 익히던 이간, 현상벽과 논쟁했고, 권상하의 인증을 받아 호론의 주장으로 인물성 이론을 세

김창흡의 필적
김창흡은 형 김창협과 더불어 성리학에 정통했고, 또한 호락 논쟁에서 낙론을 이끌었다.

였습니다. 또 많은 문인을 배출하여 하나의 학파를 형성했지요.

한원진이 충청도 지역에 미친 영향은 대단했습니다. 18세기 후반에도 "(한원진의 영향으로) 충청도를 둘러싼 수백 리 사이에서는 비록 삼척동자라도 모두 주자를 감히 존숭하지 않을 수 없고, 이단을 물리치지 않을 수 없다는 것을 알고 있다"는 평가를 받을 정도였습니다. 한원진이 죽은 뒤에는 윤봉구가 중심이 되어 학파를 이끌었습니다. 그는 경상도 성주에 있는 노강서원 원장으로 유학을 존숭하는 기풍을 일으켜 큰 성과를 거두기도 했습니다.

낙론계 학인들은 논쟁의 1세대인 박필주, 어유봉, 이재 등을 거쳐 김원행, 임성주 등 2세대가 나왔습니다. 이후 낙론계 안에서 다양한 학문적 모색을 시도했고, 김원행 문하에서 많은 학자들이 나왔습니다. 김이안, 황윤석, 박윤원, 홍대용이 낙론을 이끌었고, 이들은 송시열, 김창협, 이재, 김원행이라는 계보를 세웠습니다.

그렇다면 낙론과 호론이 대를 이어 가며 논쟁한 쟁점은 무엇일까요? 주요한 논쟁점은 사람의 몸과 마음(心體 : 심체)에 선악이 있는지, 그리고 인성(人性)과 물성(物性)이 같은지 다른지 하는 문제였습니다. 먼저 몸과 마음에 대한 입장을 보겠습니다. 호론에서는 성인과 범인의 몸과 마음이 같을 수 없다고 보아, 성인이 되려면 기질을 변화시키기 위한 후천적 노력이 절대 필요하다고 강조했습니다. 이에 반해 낙론은 누구나 성인이 될 수 있다는 가능성을 강조하고, 성인과 범인의 몸과 마음이 근본적으로 차이가 있지는 않다고 했습니다.

다음으로 인성과 물성 문제에 대해서는 논쟁이 더욱 치열했습니다. 호론은 오상(五常)*을 모두 갖추고 있는 인성과 그렇지 못한 물

오상(五常)
사람으로서 마땅히 지켜야 할 다섯 가지 도리. 곧 인(仁), 의(義), 예(禮), 지(智), 신(信)을 일컫는다.

성은 근본적으로 다를 수밖에 없다고 했습니다. 이에 낙론에서는 인(人)과 물(物)에 모두 오상이 갖춰져 있다고 하면서 인과 물의 근본적인 차별성을 부정했습니다. 낙론의 입장은 물성을 있는 그대로 인식할 수 있는 근거를 제공했습니다.

호락 논쟁은 조선 사회의 변화에 발맞춰 성리학자들 사이에 벌어진 논쟁이었고, 낙론계 학자들이 북학파로 이어지기도 했습니다. 하지만 사회 전반에 걸친 운영 문제나 개혁 방안에 대한 논쟁이 아니었다는 점에서, 당시 지배층이 현실에 안주하는 성격을 벗어 던지지 못했음을 보여 준다고 하겠습니다.

조선의 현실을 개혁하려는 학문, 실학

실학이 나타난 배경

18세기 이후 지식인 학자들 사이에서 조선 왕조의 정치, 경제, 사회 등 여러 부문의 문제를 개혁하기 위한 주장이 본격 제기되었습니다. 이러한 조선 후기의 사회 개혁론자들에게 현실의 학문, 실질적인 학문을 뜻하는 실학(實學)이라는 단어를 붙여 '실학파'라고 부르는 이유는 어디에 있을까요? 그 이유는 역시 당대의 조선 왕조 현실에서 찾아야 합니다. 현실에 문제가 있기 때문에 개혁안이 나왔을 테니까요.

조선 왕조 사회가 안고 있던 문제들에 어떠한 방식으로든 해결책을 내와야 했습니다. 그러지 못한다면 여러 부문에서 문제가 더욱 심각해질 수밖에 없었지요. 정치 면에서 탕평책을 실행한 것과 마찬가지로 경제 면의 토지 소유 불균형, 사회 면에서의 반상 차별(신분 차별) 문제는 발등에 떨어진 불이었습니다. 따라서 실학파라고 불린 학자나 관료들은 비록 구체적인 내용은 다르지만, 사회 개혁이라는 한 목소리를 내면서 개혁안 마련에 머리를 싸맸습니다.

그렇다면 실학이 고개를 든 18세기 앞뒤 시기에 조선 사회는 어떻게 흘러가고 있었을까요? 17세기를 거쳐 농업 경제가 발전하면서 조선은 이전과는 확연히 다른 모습을 갖게 되었습니다. 첫 번째로 농업 생산력이 발달을 거듭하여 18세기 후반에는 높은 수준에 이르렀습니다. 번답 확대에서 볼 수 있듯이 벼농사가 더욱 늘어났지요. 그런데 토지 소유 불균형 문제는 여전했습니다. 대토지를 소유한 지주와 땅없는 소작인 사이의 처지는 하늘과 땅만큼 차이났습니다. 국가 차원에서 볼 때 농촌 사회를 안정시키려면 무엇보다도 주요한 부세 담당층인 농민들이 소작인이나 임금 노동자로 떨어지지 않게 해야 했습니다. 따라서 많은 실학자들이 농촌 사회를 안정시키고, 토지 소유 불균형을 해소하기 위한 개혁 방안을 내놓았습니다.

둘째, 사상(私商)이 활약하면서 자본을 축적했고, 사상 중심으로 상품 화폐 경제가 움직였습니다. 숙종 때에는 상인 세력의 자본이 정치 변동의 배후 세력이 되기도 했지요. 그리고 17세기 후반 이후 상평통보가 상품 유통 시장에서 자리 잡으면서 면포 같은 물품 화폐를 이용하던 단계에서 금속 화폐를 사용하는 세상으로 바뀌었습니다. 이제 상업을 말업*, 농업을 본업으로 여기던 그 동안의 사고 방식에 변화가 필요했습니다. 실학자 가운데 일부는 상업 발달의 의의를 분명히 지적하면서 개혁안을 내놓기도 했습니다.

셋째, 숙종 때 자주 발생한 환국과 경종 때의 신임옥사, 그리고 탕평으로 이어진 정국의 소용돌이는 붕당에 대한 깊은 반성을 요구했습니다. 그리고 군역을 피하려는 양인들과 천인 신분에서 벗어나려는 노비들의 투쟁으로 말미암아 신분제 변동이 치열해졌습니다. 이러한 정치 상황과 신분 변동은 실학자들이 정치 현실을 반성하고 신분제 개혁론을 제기하는 데 중요한 계기로 작용했습니다.

이렇듯 실학의 문제 제기는 농업 경제, 상품 화폐 경제, 붕당 정치 비판과 신분제 개혁론 등으로 이어집니다. 그런데 이러한 개혁론의 문제 제기가 누구를 향한 것이었는지 분명히 파악한 뒤에 그들의 주장을 살펴보아야 합니다. 북학파 영수 박지원의 지적을 살펴볼까요? 박지원은 《과농소초》에서 선비의 학문은 농·공·상의 이치를 모두 갖추어야 한다고 주장하면서 이렇게 말했습니다.

"농사를 밝게 짓고, 상업 유통이 잘 이루어지며, 물품 제작이 활발하게 되려면 반드시 먼저 선비(士 : 사)의 가르침이 있어야 한다. ……후세에 농공상이 실업(失業)하는 것은 곧 선비들이 실학(實學)을 하지 않는 잘못을 저질렀기 때문이다."

결국 농업을 포함한 사회 경제 개혁의 주도 역할을 선비, 곧 양반이 담당해야 한다는 주장입니다. 농민들의 유망과 실업 문제를 선비들이 책임져야 한다고 강조하는 모습은 박지원 스스로 해야 할 일을 다짐하는 것이어서 비장하기까지 합니다. 이런 점에서 실학은 지배

말업(末業)
본말(本末), 다시 말해서 근본과 말단을 구별하여 농업을 근본으로 삼으면서 상업을 말업으로 여겼다.

층 중심의 개혁론이라는 성격을 벗어던지지 못했습니다.

조선 후기의 사회 개혁론은 권력에서 멀어진 재야의 지식인 그룹과, 정권의 최일선에 자리한 권력자의 후예들이 제기했습니다. 앞 그룹은 근기 남인학파, 뒤 그룹은 북학파라 불리지요. 이익과 그의 제자 그룹으로 엮을 수 있는 근기 남인학파는 근기 지역(서울 인근 지역)에 거주하면서 주로 토지와 농업 문제에 개혁론을 제기했습니다. 이들을 이익의 호를 따서 성호학파라고도 합니다.

서울에 거주하는 유력 가문의 일원이면서 서로 교류하며 공통된 사유 체계를 지닌 홍대용과 박지원, 서얼 출신의 박제가 등의 학자들은 북학파(北學派)라는 이름을 얻습니다. 북학파는 이름 그대로 청의 선진 문물을 들여오자고 주장했고, 달라진 조선의 사회·경제를 반영하는 개혁론을 내놓았습니다. 두 학파는 모두 신분제 폐지 또는 개혁을 주장했고, 비판적이면서 실용적인 학문 방법을 내세웠습니다.

성호학파 – 농촌을 살려야 한다

성호학파는 주로 근기 지방 농촌에 거주했기 때문에, 농업에 바탕을 둔 개혁론을 주장했습니다. 성호 이익을 비롯하여 그의 제자 안정복, 이중환, 권철신, 이벽이 주요 인물이지요. 성호학파는 좌파와 우파로 나뉘는데, 우파로 분류되는 인물이 안정복·이중환·윤동규이고, 좌파에 속하는 인물은 권철신·이벽입니다. 성호 좌파에 속한 학자들은 서양 학문에 대한 관심이 높았고, 특히 서교(西敎, 천주교)에 빠져 목숨과 바꾸기도 했습니다. 그럼 성호학파의 대표자인 이익의 개혁론을 살펴보겠습니다.

이익(1681~1763년)은 먼저 토지 제도를 개혁하여 소농민이 토지를 균등하게 소유할 수 있어야 한다고 주장했습니다. 그 방안으로 고대 중국의 정전법*이 가장 바람직하다고 주장했지만, 이를 실제로 실행하기 어려운 현실이어서 '한전론'을 주장했습니다. 한전론이란 한 집에서 최소한 보유해야 할 토지를 영업전으로 정하고, 영업전 이외의 토지는 자유롭게 사고 팔 수 있게 하자는 것입니다. 토지 소유의 최소 규모를 확보하게 하는 방안이라는 점에서 균전(均田)과 성격이 비슷하지요. 이러한 한전론은 토지 소유 문제를 서서히 해결해 가면서 영업전으로 농민의 최저 생활을 보장해 주려는 방안이었습니다. 하지만 재력가의 대토지 소유를 근본적으로 해결하는 대책이 아니었기 때문에, 토지 소유 불균형 문제를 당장 개혁하는 데는 도움이 안 되었지요.

둘째, 성호학파의 정치 개혁 사상은 붕당 비판에서 시작합니다. 이익은 붕당 사이에 다툼이 생겨나는 이유를, 관직 숫자는 정해져 있는데 관직에 진출할 수 있는 과거 급제자 숫자는 너무나 많은 불균형 때문이라고 보았습니다. 동반(東班, 文班)과 서반(西班, 武班)의 관직 수는 다 해서 500여 자리입니다. 그런데 정기 시험인 식년시의 문과, 무과 합격자가 이보다 훨씬 많은 2300여 명이나 되었지요. 여기에 부정기적으로 시행되는 시험도 많아 과거 급제자가 폭증했습니다. 이에 따라 관직을 둘러싼 경쟁이 심해져 붕당이 나뉘고, 나아가 붕당의 다툼, 곧 당쟁이 심각해질 수밖에 없다고 분석했습니다. 그리하여

정전법(井田法)
일정한 토지를 정(井) 자처럼 9등분한 뒤, 여덟 집이 주위의 여덟 곳을 하나씩 경작하고 가운데 한 곳을 공동 경작하여 여기에서 나오는 수확물을 나라에 부세로 내는 제도. 중국 주나라, 은나라에서 시행되어 전해 온 이상적인 토제 제도이다.

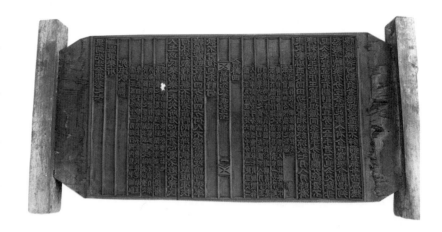

성호 선생 문집 책판
이익의 문집인 《성호 선생 문집》을 찍어 내기 위해 만든 책판이다. 1774년에 이익의 조카인 이병휴가 문집에 들어갈 내용을 정리했고, 다시 1827년에 황덕길과 이익의 증손자인 이재남이 함께 정리했으나 완성하지 못했다. 그러다가 20세기 들어 밀양에서 《성호 선생 문집》 간행을 위한 책판을 마련했다. 경남 밀양시 부북면 퇴로리.

이익은 과거 시험 횟수를 크게 줄이고, 시험도 문장 짓기보다 실제로 활용할 수 있는 대책문 짓기 등 관료로서 갖춰야 할 능력을 파악하는 데 치중해야 한다고 주장했습니다.

셋째, 이익은 신분 차별을 철폐하자고 주장했습니다. 인재를 등용할 때 문벌을 중요하게 여기다 보니 중인, 서북인, 노비 들이 모두 버려지다시피 하는 상황을 안타깝게 생각했지요. 또한 이익은 노비의 자식이 다시 노비가 되는 관습을 반대했습니다. 하지만 노비제 폐지까지는 주장하지 않았지요. 노비에 의존할 수밖에 없는 현실을 인정하면서도 노비 신분을 혈통에 따라 대물림하면 안 된다는 생각이었습니다.

넷째, 성호학파는 상업과 수공업 발전에는 매우 소극적이었습니다. 상업이나 수공업이 발전해야 함을 인정하면서도 자급 자족하는 자연 경제를 꿈꾸었지요. 따라서 절약을 강조하고, 사치에 반대하며, 동전 유통을 반대했습니다. 나아가 장시를 제한할 것을 주장했습니다.

이익은 왜 동전 유통을 반대했을까?

이익이 내놓은 개혁론 가운데 화폐 통용을 반대한 주장이 눈길을 끈다. 그는 어떤 이유로 동전 유통을 반대했을까? 그가 활동한 시기는 이미 상평통보가 화폐로서 크게 쓰이던 때였다. 시장에서는 상품을 교환할 때 상평통보를 기준으로 이용했고, 이에 따라 상품 화폐 경제가 크게 발달하면서 상인들의 경제 활동도 넓어지고 있었다.

이익은 상평통보, 곧 동전이 상품을 유통하는 데 유용한 수단임을 인정했다. 그런데 그는 조선 사회의 동전 유통 현실에서 커다란 문제를 찾아냈다. 바로 화폐 유통이 조선 사회에 가져온 폐단이었다. 화폐 유통은 상품 유통의 발전을 가져와 상품 생산과 상업 활동을 크게 활성화시켰지만, 다른 한편으로 농촌 사회의 분화를 촉진하여 농민들 가운데 토지를 잃어버리는 사람이 늘어나게 만들었다. 동전을 만들어 낼 수 있었던 호조를 비롯한 여러 관청은 상평통보 제작이 많은 이득을 남겨 주었기 때문에 동전 주조에 힘을 쏟았다. 그리고 상인이나 부호 중에 몰래 동전을 주조하여 큰 이익을 보려는 사람도 있었고, 동전이 부를 쌓는 수단이 되면서 고리대를 부추겼다. 이와 같이 동전 유통으로 상품 화폐 경제가 크게 발전한 이면에 주로 농민들이 경제적으로 몰락하는 모습을 이익은 문제로 파악한 것이다.

그는 소농민에게 토지를 골고루 나누어 주어 토지 소유 문제를 개혁하기를 바랐다. 그의 주된 관심사는 소농의 몰락을 막고, 이를 통해 농촌 사회를 안정시키는 것이었다. 그래서 농업 생산력을 발전시키고, 사치를 억제하며 근검 절약하기를 바랐다.

이익은 농업을 중시하는 입장에 서서, 현실의 농민이 크게 어려움을 겪고 있는 상황을 보고 동전 유통 반대론을 제기한 것이다.

조선 후기 실학 다시 보기

1930년대에 '조선 후기 실학' 연구가 등장하다

지금까지 조선 후기 사상사 연구에서 많은 연구자들이 큰 성과를 얻은 주제가 '조선 후기 실학(實學)'이다. 이에 대한 연구가 크게 진전된 시기는 일제 강점기인 1930년대이다. 당시 민족운동의 일환으로 조선학 운동이 일어났는데, 여기에서 다산 정약용과 성호 이익의 사상을 중심으로 연구가 진행되었다. 조선학 운동은 온갖 방면으로 조선을 연구, 탐색하자는 운동이었고, 조선 문화의 특색이나 조선의 독자적 전통을 연구하여 학문 체계를 세우자는 운동이었다. 조선 후기의 실학이 구체적인 연구 대상으로 꼽힌 것이다.

조선학 운동을 이끌어 간 안재홍, 정인보 등 당시 비타협적인 민족주의자들은 1936년 다산 서거 100주년을 맞이하여 각 신문, 잡지에서 다산 정약용에 관한 특집을 다루었다. 이 때의 연구에 따라 "조선 후기의 실학이 반계 유형원에서 시작하여 성호 이익 단계에서 학파가 형성되고, 다산 정약용에서 집대성된다"는 기본적인 틀이 형성되었다. 물론 여기에서 북학파에 속하는 홍대용, 박지원, 박제가 등이 주요한 실학자로 평가되었다.

1930년대의 연구에 힘입어 해방 뒤에도 남북한의 역사학계와 철학계에서 실학에 대한 많은 연구가 이루어졌다.

'실학'의 개념과 범주

이익, 박지원, 정약용 등 조선 후기 실학자로 불리는 학자들의 학문 세계를 '실학'이라고 이름하는 데에는 여러 가지 고려할 점이 많다. 왜냐 하면 실학(實學)이라는 용어가 허학(虛學)에 대비되는 개념으로, 실질적인 학문, 실용적인 학문, 또는 근원적인 학문이라는 의미를 지니기 때문이다. 예를 들어 고려 초기에 최승로가 불교를 허황하다고 비판하면서 유교를 실학이라 불렀고, 고려 후기에는 이제현이 사장학을 헛된 것으로 비난하면서 경학(經學)을 실학이라고 지칭했다. 그리고 홍대용이 《의산문답》에서 실옹(實翁)과 허자(虛子)라는 가공의 인물 사이의 문답을 통해 자신의 학문을 드러내려 했을 때에도 실(實)은 허(虛)와 대비되는 용어였다. 다시 말해서 실학이란 헛된 학문이라는 허학과 대비되는 실질적 학문을 가리키는 것으로, 그때 그때 시대 문제에 따라 내용이 달랐다. 곧 불교에 대비하여 유교가 실학이 되기도 하고, 사장학에 대비하여 경학이 실학이 되기도 했다.

그러므로 유형원에서 비롯하여 정약용에 이르는 조선 후기 학자들의 학문 경향을 가리키는 역사적 개념으로 실학이라는 용어를 사용하려면, 허학에 대비되는 실학이라는 의미가 아닌 새로운 의미를 부여해야 한다. 새로운 실학의 의미를 부여하는 것은 실학의 개념을 새로 규정하는 것이고, 이는 조선 후기 실학의 범주를 정하는 문제이다. 그리고 실학의 범주란 결국 어떤 학자들을 실학자로 규정할 수 있는가의 문제이기도 하다.

당대의 학자들은 대개 경서와 사서를 근거로 현실 문제를 해결하고자 하면서 자신의 주장을 모아 글이나 저서를 짓는 방식으로 학문을 탐색했다. 따라서 학문 방법 면에서 실증적 연구 방법을 실학적인 것이라고 규정하여 실학자를 추리는 데는 무리가 따른다. 만약 경세론이나 실용적 학문, 실증적 학문 방법으로 저서를 지은 학자들을 모두 실학자라고 부른다면, 조선 시대 모든 시기에 걸쳐 나타난 수많은 사람들을 실학자라고 할 수 있다. 다시 말해서 경세론이니, 실용적 학문이니 하는 학문 '방법'이나 학문 '성격'에서 실학과 실학자를 이야기하기는 어렵다.

조선 후기 실학파는 조선 후기의 산물이다

실학이 조선 후기 사회에 무엇인가 실질적 효용성을 갖는 학문이라면, 그리고 실학자가 그러한 방향으로 실용 학문을 탐구했다면, 이는 조선 사회의 변화, 변모, 개혁을 지향하는 것이라고 할 수 있다. 따라서 실학은 조선 후기 사회의 산물이다. 조선 후기 사회가 안고 있던 문제를 해결하기 위해서 조선 후기 사회를 분석하고, 그 개혁 방안을 마련했다는 점에서 조선 후기의 역사적 산물인 것이다.

조선 후기의 실학을 탐색하는 의의 가운데 하나를 '학파'에서 찾을 수 있다. 학파에 속하는 여러 인물들 사이의 공통적 기반을 찾고 그들 주장 사이의 차이점을 분간하는 과정에서, 조선 사회에 대한 개혁 방안이 서로 다름을 알 수 있다. 그리하여 조선 후기 실학파를 근기 남인학파로 불린 성호학파와 서울 중심의 북학파로 나눠 볼 수 있다. 두 학파는 학파에 속하는 인물들의 계승 관계와 교류가 분명하고, 각 인물들의 생각 차이도 찾아볼 수 있어 하나의 학문적 그룹으로 지목할 수 있다. 이것은 각 학파에서 제시한 개혁 방안을 살펴보면 더욱 뚜렷해진다.

북학파 – 청의 선진 문물을 배워야 한다

18세기 중반 청에 대한 인식이 바뀌면서 북학론을 내세운 북학파가 생겨납니다. '북벌(北伐)'이라는 대의명분에서 '북학(北學)'이라는 현실 추구로 돌아선 선택은 당시 엄청난 문화·사상적 사건이었지요. 그럼 북학론이 나온 이유는 어디에 있었을까요?

먼저 오랑캐라고 낮춰 보았던 청의 문화가 놀라울 정도로 발전을 이루었기 때문입니다. 영조와 정조 시기에 청나라는 강희제(재위 1661~1722년)에 이어 옹정제(재위 1722~1735년), 건륭제(재위 1735~1796년)라는 세 황제가 연이어 자리를 지키면서 나라 안팎에 문화적 성취를 과시했습니다. 이 무렵 조선의 신하들은 중국으로 가는 사신길을 다시 눈여겨보기 시작했습니다. 건륭 문화를 체험한 사신들은 충격에 휩싸였고, 조선의 지식인들에게 많은 고민을 안겨 주었습니다. 이를 '북학*이라는 이름으로 제기한 것은 북학파의 몫이었지요.

홍대용과 박지원은 연행* 사절로 북경을 오가며 청의 학자들과 교류하면서 북학을 주장했습니다. 이들은 북경을 돌아보면서 청나라의 문물에 큰 충격을 받았고, 청나라 학자들과 교류하면서 시야를 넓혔습니다. 박지원은 1780년(정조 4) 종형 박명원을 수행하여 고대하던 연행길에 올랐고, 연행 직후인 1780년 말부터 《열하일기》를 썼습니다. 이 책에는 연행 과정에서 보고 들은 내용을 방대하게 담았는데, 문장 자체가 읽기 쉽지 않게 서술되어 있습니다. 그가 경험한 청 문물에 대한 충격과 영향을 간결하게 정리하는 것 자체가 어려웠기 때문에 어렵게 썼을까요?

북학(北學)
청나라 수도인 북경으로 대표되는 청나라의 앞선 문물을 배우자는 주장. 1765년 북경에 다녀온 홍대용이 이런 입장을 먼저 제기했지만, 북학·북학파라는 말은 박제가가 1778년에 채제공을 따라 청나라에 다녀와서 지은 《북학의》에서 나왔다.

연행(燕行)
북경(北京)의 다른 이름인 연경(燕京)에서 나온 말로, 청나라에 사신으로 가는 것을 뜻한다. 명나라에 보낸 사신을 조천사(朝天使)라 달리 부른 반면, 청나라에 보낸 사신을 연행사(燕行使)라 했다.

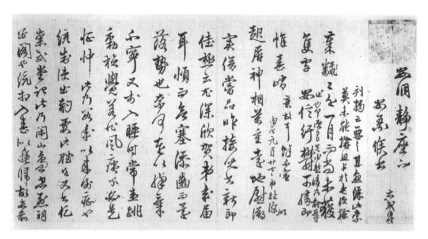

박지원의 편지(위)
오세창이 편집한 《근묵》 34책에 들어 있는 박지원의 편지이다.

홍대용의 편지
18세기 조선의 실학자 담헌 홍대용이 중국 학자 반정균(潘庭筠)과 주자학에 대하여 문답한 내용의 편지이다.

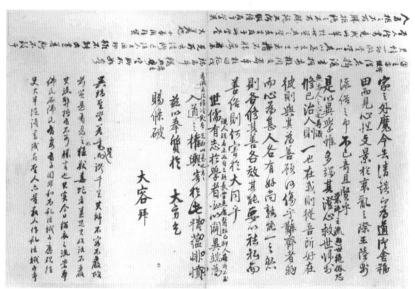

북벌의 명분을 사실상 내팽개치는 북학론은 쉽게 선택할 수 있는 일이 아니었습니다. 하지만 청의 문화가 이미 높은 경지에 이르렀다는 사실을 부인할 수는 없었지요. 특히 연행 사절로 청에 다녀온 사람들이 북학을 집중적으로 거론하고, 문화에 목말라하던 많은 사람들이 연행사로 북경에 다녀오기를 바란 사정을 고려한다면, 18세기 후반 청과의 문화 교류는 매우 활발했을 것입니다. 변화하는 세계를 눈으로 확인하기 위해, 새로운 선진 문화와 그 본모습을 현장에서 실감하기 위해 지식인들은 청나라로 가는 걸음을 재촉했습니다. 청나라 사신으로 다녀와서 쓴 기록인 '연행록'이 수없이 많이 나오는 것도 이 시점부터입니다.

홍대용과 박지원은 둘 다 호락 논쟁에서 낙론계 입장에 서 있었습니다. 앞서 설명한 것처럼 호락 논쟁은 인성과 물성의 같고 다름을 둘러싼 커다란 논쟁이었는데, 호론과 낙론으로 자연스레 갈렸지요. 낙론은 인성과 물성이 동일하다고 보아 사물을 객관적으로 인식하는 토대를 만들었습니다. 인물성 동론에서 사람과 사물을 동등하게 동질적·객관적으로 파악해야 한다는 논리를 끌어낸 것입니다. 그리고 이러한 인식은 독서하는 사람인 선비가 담당해야 한다고 보았습니다. 박지원은 특히 독서인으로서 선비의 위치와 책임을 강조했습니다. 선비는 사회적 지도력을 유지할 수 있도록 학문 탐구의 기준을 현실에 두고 정사를 올바로 시행해야 한다고 보았습니다. 그는 생산 활동에 관심을 불러일으키고 공리를 앞세우면서, 농학·수리학 등 실용 학문에도 관심을 기울였습니다.

북학을 얘기하려면 청의 문물을 수용하든, 학술을 수용하든 화이론*에 대한 검토가 필요했습니다. 홍대용과 박지원은 화이론이라는 기존 사고의 틀을 반성하는 입장에서 새로운 화이론을 찾아야 했습니다. 두 사람은 화이론에 따라 반청 사상과 문화 자존 의식을 강하게 내세웠습니다. 북벌론을 외친 노론의 직계 후예였기 때문이지요.

화이론(華夷論)
중국, 곧 중화(中華)와 이적(夷狄)을 구별하는 논리. 지역의 개념으로 중화와 사이(四夷)를 나누기도 한다. 중화의 정수를 계승한 한족 왕조가 주변의 이적을 제대로 통제하지 못하여 이적의 힘이 커졌을 때 중화를 지키고 지원하는 입장에서 화이론이 특히 유용했다. 명나라와 청나라 교체 시기에 조선의 인조반정 세력이 내세운 논리가 화이론이었고, 이에 따라 친명 반청 정책을 취했다. 조선 후기의 화이론은 명나라가 멸망한 뒤 명의 문화를 계승한 조선이 중화(소중화)이고, 명의 영역을 차지했을 뿐인 청나라를 이적으로 규정하는 것이었다. 그런데 북학론이 제기되는 단계에 이르면 화이를 지역 또는 종족에 따른 구별이 아니라 문화, 문물의 수준이라는 새로운 기준으로 구별해야 한다는 주장이 등장한다.

연행록에 담긴 여러 가지 내용

중국에 청나라가 들어서면서 조선에서 청나라에 파견한 사신을 연행사(燕行使)라 부르고, 그들이 남긴 여러 기록을 연행록(燕行錄)이라고 한다. 명나라와 교류하던 시기에 조선이 보낸 사신을 조천사(朝天使)라 부르고 그들이 남긴 기록을 조천록(朝天錄)이라고 불렀던 것과 이름이 크게 달라졌다. 조천(朝天)이 천조(天朝), 곧 명나라에 '인사한다(朝)'는 뜻인 반면, 연행이란 청의 수도인 연경〔燕京 : 지금의 베이징(北京)〕에 다녀온다는 뜻이어서 미묘한 차이가 있다. 연경을 다녀온 사신 가운데 정사와 부사, 서장관(書狀官)이 공식적으로 사신 활동을 기록하고 보고한 것, 그리고 그 밖에 연행사로 참여한 사람이 개인적으로 기록한 많은 글들이 모두 연행록이다.

연행사들은 조선에서 청나라 북경을 육로로 왕복하는 수개월의 여정 동안 눈으로 보고 귀로 들은 여러 가지를 연행록에 기록했다. 또한 청나라 관리들과 나눈 필담(筆談), 양국 사신 사이에 주고받은 시문(詩文) 등도 기록했다. 청나라 학자들과 나눈 학문적 교류 내용, 자신이 다른 책에 쓰지 못한 주장 등 깊이 있는 학문에 관한 글도 담겨 있다. 그리고 서양 세력의 위협이 강해졌을 때에는 청나라 조정의 움직임, 청나라와 서양 세력 사이의 관계 등을 파악하고 정리하여 적기도 했다.

연행록에 담긴 내용을 여러 분야의 학자들이 다방면에서 살펴보고 분석했다. 국문학 연구자들은 문학 작품 중심으로 살펴보았다. 특히 박지원의 《열하일기》, 홍대용의 《담헌연기》 등에 담긴 청나라 관리와 교환한 한시, 필담 내용 등을 분석하여 중국과 조선 사이의 문화 교류, 특히 문학적 관계 맺기를 살펴보는 연구를 많이 했다. 그리고 사상사 연구자들은 특히 북학파에 속하는 인물들이 남긴 연행록을 살펴보면서 청나라를 정벌하자는 북벌 논리에서 청나라를 배우자는 북학 논리로 어떻게 바뀌어 나갔는지를 살펴보았다.

연행록에 담긴 기록은 조선과 청 사이의 교류 모습을 보여 준다. 이러한 점에서 문화 교류뿐만 아니라 경제·과학 기술 교류 모습도 찾아볼 수 있다. 중국이 받아들인 서양의 과학 기술과 서양식 수리 기술, 그리고 중국의 농업 기술 등에 주목하여 이를 자세히 정리한 부분을 찾아볼 수 있다. 예를 들어 연행 사절을 경험한 박제가는 《병오소회(丙午所懷)》(1786년)와 《진소본북학의》(1799년)에서 선진 기술 수용론, 특히 농업 기술 개량론을 주장하면서 중국의 농기구를 많이 이야기했다. 박지원도 《열하일기》에 자신이 보고 들은 중국의 농업 기술을 상당 부분 기록했다.

이와 같이 연행록은 조선과 청나라가 교류한 모습을 각 방면에서 잘 보여 주는 자료이다. 현재까지 100종 이상의 연행록이 전하는데, 여러 측면에서 연구가 이루어지고 있다. 조선과 청나라가 교류하는 모습을 역사적으로 잘 정리하는 것은 오늘날 한국과 중국 사이에 놓인 갖가지 문제 해결에도 많은 도움을 줄 것이다.

박지원·박제가보다 앞선 시기에 김창협은 청나라가 일구어 낸 문화적 성취 가운데 중화에 해당하는 것만 받아들이자는 입장을 내놓았습니다. 박지원·박제가는 여기에서 한 걸음 더 나아가 중화 문화를 배우기 위해서는 청을 거치지 않을 수 없다는 논리를 제기했지요. 뒤떨어진 조선의 현실을 바로 보고 극복하자는 비판에서 출발한 것입니다. 헛된 문화 자존 의식에 빠져 있는 조선의 지식인과 조선의 처지를 낱낱이 고발하면서 '북학론—청 문물 수용론'을 강하게 내세웠습니다.

북학파의 사회 개혁론

북학파의 개혁론을 살펴볼까요? 먼저 홍대용은 사농공상(士農工商)의 평등을 주장했습니다. 그는 재능과 학식을 갖춘 사람이 관리로 나가야 한다고 역설하고, 이를 위해 사농공상 모두에게 교육받을 기회를 균등하게 주어야 한다고 강조했습니다. 가공 인물인 허자(虛子)와 실옹(實翁) 두 사람의 대화 형식으로 쓴 책 《의산문답》에서, 그는 쓸데없는 세속적 치장을 비판하고 실질적인 새로운 지식으로 탐구해야 한다고 강조했습니다.

두 번째로 박지원을 살펴보지요. 박지원은 도시와 상공업의 발달이 가져온 새로운 사회·경제적 분위기를 제대로 파악하고, 그 흐름을 좇아 적극 대응하며 사회 발전과 선비의 존립을 모색하자고 주장했습니다. 그리고 그러한 변화된 사회 운영 원리와 생산력 증대 방안을 연구하는 선비의 '실학'을 통해, 서울과 시골 그리고 사민(士民)

생활을 안정시키고 농공상을 발전시키자고 주장했습니다.

박지원은 《열하일기》, 〈양반전〉으로 이름을 떨친 문장가이지만, 《한민명전의》라는 글에서 토지 소유 개혁안을 제시하기도 했습니다. 바로 한전론입니다. 이는 토지 소유에 상한선을 두고 그 이상 소유하지 못하게 하여 균등한 토지 소유를 꾀하려는 방안이었지요.

또한 박지원은 평소 농서에 관심을 두고 초록을 만들어 두었다가 1799년 《과농소초》를 편찬하여 정조에게 올립니다. 당시는 정조의 명령에 따라 많은 사람들이 농서를 만들어 올리던 때였지요. 여러 농서에서 정리해 놓은 초록과 자신의 견해를 정리한 안설*, 그리고 연행하면서 보고 들은 것 가운데 조선에서 시행할 수 있는 내용을 종합하여 모두 14편으로 만든 책이 《과농소초》입니다. 농업 기술 보급에 힘을 보태려고 쓴 책입니다. 물론 이러한 책무는 선비가 짊어져야 한다는 게 그의 주장이었지요.

세 번째 인물 박제가는 북학론을 가장 적극적으로 주장한 사람입니다. 1750년 우부승지* 박평의 서자로 태어나 조선의 서얼 차별을 온몸으로 겪었지요. 1779년 정조가 새롭게 설치한 규장각의 검서관*에 임명된 그는 이덕무, 유득공, 서이수와 함께 초대 검서관으로 활동했습니다. 그는 연행할 수 있는 기회를 네 차례나 가져 청나라의 기균, 이조원, 반정균 같은 여러 학자와 교류했습니다. 박제가의 북학론은 1778년 1차 연행에서 돌아와 지은 《북학의》, 1786년에 올린 《병오소회》, 그리고 1799년에 올린 《진소본북학의》에 잘 드러나 있습니다.

박제가의 개혁론은 상업 활동에 무게중심을 두었습니다. 생산에

안설(按說)
살펴서 정리한 글이라는 뜻으로 자신의 견해를 가리킴.

우부승지
조선 시대 중추원, 승정원을 두었던 정3품 관직. 왕 측근에서 왕명 출납을 담당했으며 6조의 임무를 나누어 맡았다.

검서관(檢書官)
규장각에서 실무를 담당하는 사람. 주로 서얼 출신으로 문장과 학식이 뛰어난 사람을 임명했다.

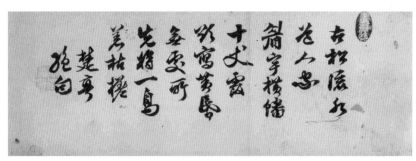

박제가의 절구
초정 박제가의 7언 절구 한
시이다. 늙은 소나무, 작은
집 등을 그려내면서 전원 생
활을 묘사하고 있다.

박제가 필적
만덕(萬德)이란 제주 여자가
자신의 곡식을 풀어 제주의
기민을 진휼하여 국왕에게
상을 받아 금강산을 돌아보
게 된 것을 기록한 '송만덕귀
제주시(送萬德歸濟州詩)'이다.

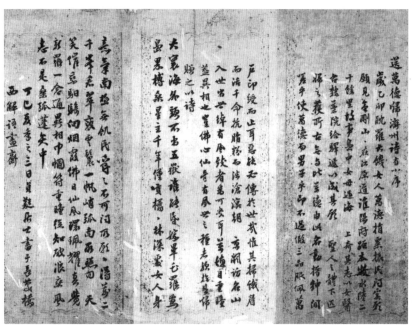

종사하지 않는 양반은 상업에 종사해야 한다는 주장까지 펼쳤지요.
그리고 재물을 샘에 비유하여, 퍼내면 계속 물이 차고 버려 두면 물
이 말라 버린다고 강조했습니다. 또한 상업이 발달하려면 교통 기관
이 발달해야 한다면서 수레 사용을 적극 지지했습니다. 수레를 사용
하면 상품 유통이 활발해져서 전국에 시장이 형성되고, 이에 따라
농업과 수공업이 번성할 수 있다고 했습니다.

그는 북학파 인물 가운데 청의 선진 문물을 수용하는 데 가장 열의를 보인 사람이었습니다. 청의 선진 문물을 적극 받아들여 상업을 발전시켜야 한다며, 중상주의 입장에서 나라를 부유하게 만드는 방책을 제기했지요. 박제가를 비판하던 당대의 인물 가운데 "차수(次修, 박제가의 자(字))는 말끝마다 청나라, 청나라라고 붙이는 것이 버릇이 되었다"라고 지적하는 이도 있었습니다.

이런 지적을 하는 사람은 박제가를 통해서 주체적으로 선진 문물을 받아들이고 소화하는 것과 선진 문물을 비주체적으로 숭상하는 것, 이 두 가지 사이에서 지혜롭게 길을 찾으려면 먼저 자신의 바탕을 잘 갈무리해야 한다는 점을 강조한 것입니다.

실학의 대명사, 정약용과 다산학

우리 나라 실학의 대표 인물은 누구일까요? 한국 사람이라면 이 질문에 거의 모두가 정약용이라고 대답하겠지요. 실학의 대명사로 그를 꼽는 데 별다른 조건이나 설명이 필요없을 정도입니다. 1762년에 태어나 1836년에 세상을 떠난 다산 정약용은 경기도 광주군 초부면 마현리(지금의 경기도 남양주시 조안면 능내리)에서 부친 정재원과 모친 해남 윤씨 사이의 4남 2녀 중 4남으로 태어났습니다. 그는 수많은 저서를 지어 18세기 말 19세기 초 조선의 사회 현실을 분석하고, 그에 대한 적절한 개혁 방안을 제시했습니다. 현재까지 전하는 그의 저서는 500권 이상에 이르며, 그 저서 대부분은 1936년 정인보와 안재홍이 편집 교열한 《여유당전서》에 들어 있습니다.

여유당집(與猶堂集)
정약용의 시문집으로, 220권의 필사본이다. 1930년대 신조선사에서 정약용의 저술을 모아서 간행한 《여유당전서》와 편차와 내용이 다르다. 정약용의 저술 가운데 《목민심서》 등 단일 저서도 빠져 있다. 정약용이 오랜 유배 생활을 거치면서 결국 고향에서 말년을 보냈기 때문에 그의 저술이 필사본 형태로 전해졌고, 이 책도 그러한 과정에서 남겨진 필사본이다.

정약용은 남인 집안에서 태어나 이가환, 이승훈과 더불어 이익의 학문에 깊이 빠졌습니다. 1789년 문과에 급제한 뒤 여러 관직을 거쳤고, 화성 축조에도 직접 참여했습니다. 돈독한 관계였던 정조가 1800년 세상을 떠난 뒤 1801년(순조1) 신유사옥으로 경상도 장기로 유배되었고, 뒤에 황사영 백서 사건에 연루되어 다시 전라도 강진으로 유배되었습니다. 그리고 1818년(순조18) 57세에 유배에서 풀려나 고향으로 돌아갔습니다. 고향에서 저술 작업을 계속하다가 1836년(현종2) 75세로 세상을 떠났습니다.

다산의 학문 세계는 넓고도 깊어서 한 번 맛을 보고 그 속에 빠져들면 헤어나올 수 없다고들 합니다. 다산(茶山)이라는 이름에 걸맞게, 열두 번을 우려도 그 맛이 새롭고 새로운 차(茶)가 산(山)처럼 쌓여 있는 듯합니다. 이 때문에 그의 학문 세계를 특별히 '다산학'이라고 부를 정도이지요. 정약용의 초기 글이 이상적인 성격을 지녔다면, 후기 글은 현실적인 성격이 짙습니다. 이상과 현실의 조화를 꾀하는 방향에서 자신의 생각을 정리해 나갔다고 볼 수 있지요. 젊은 시절 관료 생활을 할 때 지은 〈전론〉, 〈탕론〉, 〈원목〉에 보이는 여전론과 급진 정치론은 지금 보아도 놀랍기 그지없습니다.

그는 유배지에서 농촌 현실을 가까이에서 지켜보면서 조선 사회의 문제점을 더 깊이 알게 되었습니다. 따라서 이 시기 저작 활동은

더욱 현실적인 사회 개혁론에 초점이 맞추어졌습니다. 유배 시절에 심혈을 기울여 개혁론을 정리한 저작이 바로 '일표이서(一表二書)'입니다. 《경세유표》, 《목민심서》, 《흠흠신서》 세 가지를 하나의 표(表)와 두 개의 서(書)라고 표현한 것이지요. 일표이서 가운데 《경세유표》에는 국가 제도 전반에 대한 개혁론을 담았고, 《목민심서》와 《흠흠신서》는 국왕을 대신하는 목민관인 수령이 지방을 통치할 때 해야 할 방안을 정리한 책입니다.

《경세유표》에서 '경세'란 국가 운영을 가리키고, '유표'란 신하가 죽으면서 임금에게 올리는 글이라는 뜻입니다. 중국의 국가 제도를 기술한 《주례》의 이념을 바탕으로 하면서도, 당시 조선의 현실에 새롭게 적용하려는 개혁안이지요. 크게 관직 체제 개편, 신분과 지역 차별을 배제한 인재 등용, 국가의 자원 관리, 토지 제도 개혁, 부세

정약용 영정과 다산 초당
다산 정약용은 다산 초당에 11년 동안 머물면서 《목민심서》와 《경세유표》, 《흠흠신서》를 비롯한 500여 권에 달하는 저서를 남겼다. 옛 초당은 무너져 버렸고 1958년 강진의 다산 유적 보존회가 건물이 있던 자리에 지금의 초당을 다시 지었다. 작고 소박한 남향 집으로 '다산 초당'이라는 현판이 걸려 있다. 초당 뒤 언덕 암석에는 다산이 직접 새긴 '정석(丁石)'이라는 글자가 남아 있으며, 초당 왼쪽으로 자그마한 연못이 있다. 앞뜰에는 차를 달였다는 '청석'이 있고, 한켠에는 '약천(藥泉)'이라는 약수터가 있어, 당시 다산의 유배 생활을 짐작하게 한다. 전남 강진군 도암면 만덕리.

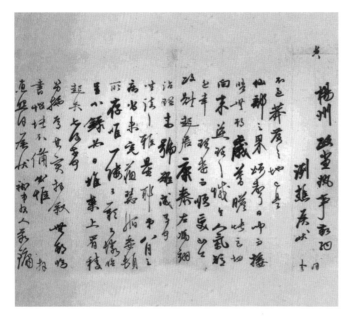

정약용 편지
정약용이 양주에 있는 친지에게 보낸 편지. 안부를 묻고 건강을 기원하는 내용이다.

정약용 묘비
경기 남양주시 조안면 능내리에 있다.

제도 합리화, 지방 행정 조직 재편 들이 실려 있습니다.

《목민심서》는 고을 수령이 지켜야 할 지침을 밝힌 책입니다. 수령은 부임에서부터 자신을 잘 다스리고 백성을 사랑해야 한다는 기본 행동 지침을 먼저 설명합니다. 그 다음에 이전, 호전, 예전, 병전, 형전, 공전, 진황으로 나누어 각각 수행해야 할 내용을 정리했습니다. 뒤이어 중국과 조선의 다양한 보기를 제시하는 방식으로 썼습니다.

《흠흠신서》는 중국의 《대명률》과 조선의 《경국대전》에 나타난 형벌의 기본 원리와 이념을 정리하고, 살인 사건 같은 주요 사건의 판례를 뽑아 설명한 책입니다. 형법을 상세히 밝혀 놓고, 살인 사건을 다루는 실무 지침을 제시하지요. 판결할 때는 신중함과 관용을 우선해야 한다고 강조했습니다.

엄청난 분량의 《여유당전서》 가운데 정약용의 현실 개혁론을 가장 잘 보여 주는 저서가 앞에서 살핀 일표이서입니다. 정약용의 구체적인 현실 인식과 개혁론을 일표이서 중심으로 정리하고 몇몇 주요한 글을 함께 살펴보겠습니다.

정약용의 토지 제도 개혁론에는 두 가지가 있습니다. 하나는 여전론(閭田論)이고, 다른 하나는 정전론(井田論)입니다. 청년 시절에 지은 〈전론〉에서 주장한 이상적인 토지 제도 개혁안이 바로 '여전론'입니다. 개인의 토지 소유를 금지하고, 30호 단위로 설정된 여(閭)를 하나의 주체로 삼아 공동 소유, 공동 경작, 노동에 따른 수확의 분배를 제시했습니다. 여의 대장인 여장(閭長)이 매일 여민(閭民)들의 하루 노동량을 기록해 두었다가 나중에 수확을 나눌 때 기준으로 삼자는 것입니다. 여전론은 당대의 여러 토지 개혁론이 접근하지 못한 '공동 소유와 공동 노동, 노동량에 따른 수확 분배'라는 기막힌 착상을 드러낸 급진 개혁론입니다. 너무나 앞서 나간 내용이었기 때문에 정약용 자신도 뒤에 "이는 기미(己未, 1799년) 무렵 38세 때 지은 것이다. 만년에 정리한 생각과 같지 않지만 그냥 수록한다"라는 주석을 덧붙여 놓았습니다.

여전론과 같은 급진적이고 이상적인 토지 개혁론은 현실에서는 실현 불가능한 방법이었습니다. 공동 소유를 관철하려면 현실의 토지 소유를 모두 몰수해야 하니 불가능했겠지요. 또한 공동 노동, 공동 분배라는 이상도 현실에서 실행하기 매우 어려웠습니다. 정약용은 나이 들어 현실에 맞는 개혁론으로 '정전론'을 제시하는데, 그 내용을 《경세유표》에 실었습니다. 나라에서 가족 노동력을 기준으로 토지(사전 : 私田)를 농민에게 분배하고, 농민은 부세 대신 공전(公田)

을 경작하여 그 수확물을 나라에 납부하는 방안입니다. 나라는 농민에게 사전을 나누어 주기 위해 개간, 토지 기부 장려, 궁방전과 둔전의 전환 등 여러 방안을 취할 수 있다고 보았습니다. 이후 전국의 농지를 조사 정리하고 정(井) 자 모양이 안 되는 곳은 고기 비늘 모양의 어린도(魚鱗圖)를 작성하여 토지 분배를 균등하게 하려고 했습니다.

정약용은 농사짓지 않는 자에게도 토지를 나누어 주는 균전제를 비판했습니다. 그리하여 가족 노동력이 5~6사람인 농민 가족을 '원부(原夫)'라 하여 표준으로 삼고, 40두락* 정도에 해당하는 토지를 분배하는 기준을 세웠습니다. 이들을 곡물, 과수, 채소 등 여섯 분야로 전문화시켜서 종사하게 해야 한다고 했습니다. 그리고 사전보다 공전을 먼저 공동 경작해야 한다고 보았습니다. 나라의 재정을 확보하기 위해서였지요.

그리고 독서 계층인 사(士)에게는 토지를 분배하지 않았습니다. 사(士)는 관료가 되지 못하면 농공상의 생업을 가져야 하고, 농민이 되면 그 때 가족 노동력에 따라 토지를 나누어 줘야지 사(士)라고 해서 무조건 토지를 분급하는 것을 반대했지요.

다산의 정전론은 사실 맹자의 '항산론(恒産論)'에 근거합니다. 일정한 생산과 수입(恒産 : 항산)이 있어야 언제나 올바른 일을 따르는 불변의 마음(恒心 : 항심)이 생겨나기 때문에, 백성들이 항산을 가질 수 있게 통치자가 해 주어야 한다는 주장이 정전론의 바탕에 깔려 있습니다.

다산의 정치 개혁론에서 눈여겨볼 것은 〈탕론〉과 〈원목〉에 보이는 '하이상론(下而上論)'입니다. 백성이 수령을 위해서 존재하는 게

40두락(斗落)
두락은 마지기를 가리키는데, 1두락의 실제 면적은 논밭에 따라, 비옥도에 따라 크게 달라진다. 요즘 관습에서는 1두락을 150~200평으로 환산하는데, 40두락이면 6000~8000평에 해당한다.

아니라 수령이 백성을 위해서 존재한다는 입장이지요. 황제(皇帝) → 방백(方伯) → 국군(國君) → 주장(州長) → 면장(面長) → 이장(里長)으로 이어지는 지도자는 백성[下]들의 추대를 받아서 윗자리[上]를 맡은 것이기 때문에, 나라를 다스리는 자는 백성을 위해 존재해야 한다는 설명입니다.

정약용의 하이상론은 나라를 다스리는 자와 백성과의 관계를 선정(善政, 바르고 좋은 정치)을 주고받는 정도에 그치지 않고, 한 발 더 나아가 정치 권력의 출발점이 백성이라는 생각을 어느 정도 담고 있습니다. 정약용은 또한 백성들이 자연 상태에서 무리지어 살다가 중재자가 필요하여 이장(里長)을 추대했다고 설명했습니다. 이는 처음에 백성들이 정치 권력을 이장에게 부여한 것이지, 이장이 정치 권력을 만들어 낸 것이 아니라는 논리입니다. 본래 조선의 민본은 백성을 정치 주체가 아닌 대상으로 설정한 것이었지요. 그런데 백성을 정치 주체로 파악하는 민권의 기본 이념이 정약용의 글에서 보인다니 정말 눈이 번쩍 뜨이는 일입니다.

하지만 정약용의 개혁론은 그가 유배에서 풀려나온 뒤에 저술 활동, 학문 교류에만 몰두한 데서 알 수 있듯이 현실 정치에 영향을 끼치지 못했습니다. 세도 정치의 권력자들에게 그의 저술이 눈에 들어올 리가 없었기 때문입니다. 현대 사회에서도 세상을 바라보는 정약용의 눈과 개혁론은 여전히 본받을 점이 많습니다. 어떤 점에서 그런지 여러분도 한번 생각해 보길 바랍니다.

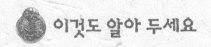

기술 혁신, 무역 진흥을 강조한 북학자 박제가

열혈 북학자, 박제가의 등장

1750년 서울에서 우부승지 박평의 서자로 태어난 박제가(朴齊家)는 11세 때 아버지가 세상을 떠난 뒤 어렵게 생계를 이어 나갔다. 박제가는 박지원의 가르침을 받아 홍대용, 박지원의 뒤를 잇는 북학의 학문 계통을 계승했다. 홍대용에서 비롯한 북학의 흐름은 곧 북학파라 불리는 그룹을 형성했는데, 이들은 서로 집이 그리 멀리 떨어져 있지 않아 쉽게 오가면서 어울렸다. 탑골을 중심으로 삼청동, 필동, 묵동 등 서울 한복판에서 활동했다. 박제가는 박지원, 홍대용, 이덕무 등과 교류하면서 이용후생, 곧 백성들이 넉넉하게 살아가는 데 필요한 것이 무엇인지를 고민했다. 이들과 더불어 북학파로 불린 박제가는 연행(燕行)을 계기로 큰 깨달음을 얻고 자신의 개혁안을 구체화시킨다.

연행의 바쁜 발걸음

박제가는 채제공의 도움으로 1778년 29세 때 이덕무와 함께 연행 사절의 일원으로 중국 북경(연경)을 다녀왔다. 이 때는 청나라 건륭 문화가 전성기를 맞이하여 중국에서 그 동안 만든 서적을 총결산하는 《사고전서(四庫全書)》 편찬 사업이 한창이었다. 박제가는 북경에서 이덕무와 더불어 이조원, 반정균 등 청나라 학자들과 교류했고, 북경 곳곳에서 찾아볼 수 있는 서양 근대 문물에 커다란 감명을 받았다.

첫 번째 연행 이후 박제가는 1790년 두 차례, 1801년 한 차례 등 모두 네 차례에 걸쳐 북경을 다녀왔다. 첫 번째 연행 뒤 《북학의》 내외편을 저술했는데, 본격적인 북학자로 자신의 존재를 알리는 순간이었다. 청나라에서 활용하던 각종 물품들, 예를 들어 수레, 선박, 각종 공산품 등을 들여와야 한다는 주장을 펼쳤다. 여기에 논밭에 거름 주는 방법, 잠업 진흥을 위한 방책 등도 중국의 기술을 받아들여야 한다고 주장했다. 명실공히 중국(北 : 북)을 배우는(學 : 학) 방법을 적극 받아들여야 조선 사회의 문제를 해결할 수 있다는 주장이었다. 철저한 북학자 박제가는 박지원 등 다른 북학파 학자들에 비해 중국의 문물, 기술, 도구를 훨씬 적극적으로 수용해야 한다는 입장이었다.

규장각 검서관 시절

정조 득의의 학술 기관인 규장각에서 박제가는 10여 년 동안 검서관으로 일했다. 규장각 검서관 정원은 4명이었는데, 결원이 생기면 후보자 추천을 받고 규장각에서 시험을 치른 다음 국왕(정조)의 결정에 따라 새로운 인원을 뽑았다. 이러한 까다로운 절차 때문에 검서관 자리가 비록 잡직(雜職)이었지만, 당시 사람들은 재주가 넘치지만 신분 지위에 문제가 있는 사람들이 맡는 자리로 보아 청요직으로 여기기도 했다. 1779년에 초대 검서관으로 이덕무, 유득공, 서이수 등과 더불어 박제가가 뽑혔는데, 이들이 바로 사검서관(四檢書官)이라고 불리는 사람들이다. 박제가는 1779년 초대 검서관으로 임명된 뒤 규장각에서 각신(閣臣)을 보좌하여 어제(御製), 어필(御筆)을 정리하고 일성록(日省錄)을 집필하는 실무 담당자 노릇을 했다. 1792년 박제가는 부여 현감이 되어 수령직을 수행했고, 1794년 무과 별시에 급제한 다음 해에 경기도 영평 현령이 되었다.

기술 혁신, 무역 진흥이 살 길이다!

박제가는 수공업, 제조업 부분에서 백성들의 편리를 위해 기술 혁신이 필요하다고 역설했다. 그의 기술 혁신론의 대표적인 예가 바로 수레 사용과 선박 개선을 주장한 것이다. 상품, 물건을 신속히 운반하기 위해 육지와 해상에서 활용할 수 있는 수레와 선박을 개선하자는 것이었다. 그런데 이러한 박제가의 주장은 서양의 선교사를 초빙하여 그들의 선진 과학 기술 지식을 우리의 젊은 자제들이 배워 실행케 하자는 제안으로 이어졌다. 장기적 안목에서 '과학 기술 교육'을 주장한 것이다.

또한 박제가는 상업의 중요성을 강조했는데, 특히 상인과 시장 입장에서 상업 문제를 풀어 나가려고 했다. 1791년 신해 통공 이후 사상(私商)들이 더욱 자유롭게 상업 활동을 펼칠 수 있는 상황이었다. 박제가는 시장은 물건들을 잘 활용할 수 있게 만드는 터전이라고 주장했다. 그리고 생산과 더불어 소비를 강조하여 양자가 떼려야 뗄 수 없는 관계임을 분명히 밝혔다. 그는 무조건적인 검약 생활, 소비 억제가 오히려 생산과 공급을 막는 요인이라고 설명했고, 이러한 주장은 당시의 일반적인 관념과 아주 달랐다.

소비를 강조하는 데서 한 발 더 나아간 박제가는 해로 통상의 중요성을 힘주어 말했다. 중국과의 통상을 강조하면서 조선은 국내 산업을 육성하는 데 한계가 있어 나라를 부강하게 만들기가 힘들다고 보았다. 따라서 중국과 무역을 확대해야 하는데, 육로보다는 해상 통상이 훨씬 편리하다고 생각한 것이다. 그리하여 중국과의 해로 통상을 통해 이득을 쌓고, 국력이 강해지면 다른 나라와 해로로 통상하는 것이 마땅하다고 주장했다. 기술 혁신과 무역 진흥을 강조한 박제가의 주장은 오늘날 관점에서 보아도 눈에 띈다.

홍대용의 천문학과 수학 탐구

북학파의 주요 인물인 홍대용(洪大容, 1731~1783)은 천문학과 수학의 대가였다. 그의 생애를 더듬어 보면 성리학에 깊이 빠져 있던 조선의 사상계에서, 특히 노론 집권 세력 가운데에서 어떻게 북학파가 될 수 있었는지 이해할 수 있다. 홍대용은 12세 때 석실 서원에 들어가 김원행에게 성리학을 배웠다. 당시 석실 서원은 전국에서 내로라 하는 많은 인재들의 발길이 이어지던 학문의 요람이었다. 20대 대부분을 이 곳에서 보낸 홍대용은 자신의 학문과 생각에 커다란 전환점을 맞이하게 된다.

홍대용은 35세 때인 1765년(영조 41), 서장관으로 청나라에 가는 숙부 홍억의 자제군관(子弟軍官)으로 연행에 나섰다. 3개월 동안 북경에 머물면서 청나라 학자 엄성, 반정균 등과 친교를 맺었다. 그리고 북경의 남천주당에 세 번이나 들러 선교사들과 만나 천문학과 서양의 자연 과학을 접했다. 그의 북경 여행은 당시 교우 관계에 있던 박지원·이덕무·박제가 등에게 영향을 주었고, 북학의 논리를 형성하는 데 주요한 기반이 되었다.

홍대용은 《담헌연기》에서 연행길에서 살핀 청나라의 문물과 조선의 문물을 비교하면서 가옥, 병기, 악기 등을 서술했다. 그런데 이 때 홍대용은 숭명 반청 사상을 지양하고, 중국(청나라)을 배워 조선의 현실을 크게 개선하자는 북학론을 제시했다. 실질(實質)을 추구하는 그의 학문은 세상의 잘못된 폐단을 개선하는 방향뿐만 아니라 자연 과학의 영역으로 뻗어 나갔다. 결국 홍대용이 모색한 북학의 논리 속에는 청나라의 문물뿐만 아니라 서양의 자연 과학도 포함되어 있었다.

그는 자연 과학 가운데서도 특히 천문학에 관심을 기울였다. 천문학과 관련된 홍대용의 가장 대표적인 주장이 지전설이다. 실옹(實翁)과 허자(虛子)의 문답 형식을 빌려 자신의 견해를 피력한 《의산문답》에서 그는 지구가 하루에 한 바퀴

돈다는 지전설을 주장했다. 그의 지전설은 서양의 학설을 그대로 수용한 것이 아니고, 홍대용보다 앞선 시기의 인물 김석문이나 이익 등이 소개한 지전설의 영향을 받은 것이었다.

홍대용은 또한 천문학을 중심으로 서양의 자연 과학을 이해하면서 수학을 중심으로 서법(西法)의 실용성에 크게 주목했다. 홍대용이 남긴 수학 관련 책이 《주해수용》이다. 그는 《주해수용》에서 청나라 강희 말년에 서양 수학을 집대성하여 펴낸 《수리정온》을 소개하면서, 동시에 기하학을 실용 측량을 위한 도구로 파악하여 정리했다.

서양 수학을 제대로 이해하고, 이를 바탕으로 실제 생활에 유용한 방향으로 받아들인 홍대용의 태도는 실용에 중심을 둔 것이었다. 그는 자신의 집에 '농수각(籠水閣)'이라는 별실을 만들어 두고 혼천의와 자명종 등을 연구하기도 했다.

천문학과 수학을 깊이 탐구한 홍대용의 생각을 잘 살펴보면 그의 북학론 문제 제기를 쉽게 이해할 수 있다. 그는 "독서를 통해 학문을 닦고 진리를 밝혀 일상의 일에 실천하는 것이 바로 학문이다"라고 했다. 그리고 일상의 일을 실천하는 것에는 뚜렷한 목적이 있어야 하는데, 그것이 바로 '이용후생(利用厚生)', 곧 백성들의 삶을 윤택하게 하는 것이다.

홍대용은 학문을 하는 자세에도 몇 가지를 지적했다. 의문을 제기하고 끝까지 탐구하며, 내 마음으로 다른 사람의 뜻을 헤아려야 한다는 점들을 중요하게 여겼다. 또한 그는 공평무사한 마음으로 다른 사상의 장점들을 두루 받아들이는 데 꺼리낌이 없었다.

이처럼 홍대용의 학문 세계는 결국 학문 자체를 위한 학문이 아니라 실용과 실천을 위한 학문을 강조한 것이었다.

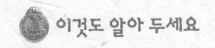

정약용의 실학 사상과《여유당전서》

정약용의 관직 생활과 유배 생활

다산(茶山) 정약용(丁若鏞)은 1762년(영조 38) 경기도 광주군 초부면 마현리에서, 진주 목사 정재원(丁載遠)과 해남 윤씨 사이의 4남 2녀 중 4남으로 태어났다. 이 때부터 1783년 진사에 급제하여 성균관에 나아갈 때까지 학문을 닦았는데, 성호 이익의 학문과 사상을 공부하면서 뜻을 키웠다.

22세 때인 1783년 성균관에 들어갔고, 1789년 문과에 급제한 뒤 바로 초계문신에 임명되어 정조의 총애를 받기 시작했다. 사간원 정언, 사헌부 지평을 거쳤고, 경기도 암행어사로 활약했다. 또한 화성(수원성)을 축조할 때 거중기를 만들어 활용하게 했다. 23세 때부터 천주교를 알게 되어 천주교 서적을 읽고 그에 빠지기도 했으며, 서양의 과학 기술에 관심을 갖고 이를 연구했다.

1800년 6월 정조가 죽고 순조가 즉위하면서 정약용의 생애는 전환기를 맞는다. 1801년 신유사옥이라는 천주교 탄압 사건이 일어나면서 천주교인으로 지목받아 경상도 장기로 유배되었다. 당시 그의 형 정약전(丁若銓)은 전라도 흑산도로 유배되었으며, 정약종(丁若鍾)은 처형되었다. 곧 이어 황사영 백서 사건이 일어나면서 전라도 강진으로 유배지가 바뀌었다.

강진현 동문 밖 주가(酒家, 술집)에서 4년을 머물던 정약용은 드디어 1808년 다산초당에 정착하게 되었다. 마침 강진에서 가까운 해남에 외가인 해남 윤씨 가문이 오래도록 대를 이어 오고 있었다. 정약용은 윤씨 가문에 있는 많은 장서를 활용하여 저술을 해 나갈 수 있었다. 이 곳에서 유배에서 풀려날 때까지 500여 권에 달하는 저서 대부분을 저술했다. 그는 나라를 제대로 다스리고 바로잡기 위한 학문적 탐색을 쉬지 않았을 뿐만 아니라 성리학 경전을 끊임없이 탐구했다. 57세 되던 해(1818년) 가을, 유배에서 풀려 고향 마현으로 돌아온 다산은 여유당(與猶堂)에서 저술 활동에 계속 힘을 쏟았고, 1836년을 세상을 떠났다. 그가 마지막으로 손수 정리한 목록에 따르면 그의 저술은 모두 182책 503권이라고 한다.

《여유당전서》 간행

정약용이 쓴 시(詩), 문(文), 저서(著書) 등을 총정리하여 하나로 묶은 책이《여유당전서》이다. '여유당전서'라는 이름은 정약용의 당호(堂號, 집이나 건물에 붙이는 이름)인 여유당에서 따왔다. 그런데 《여유당전서》는 정약용이 살아 있을 때 만들어진 것이 아니고, 또한 그가 죽은 뒤 곧바로 후손의 손에 편찬된 것도 아니었다. 조선 후기 대표적인 실학자 정약용의 저술이지만, 처음부터 활자본으로 간행되지 못하고 필사본으로 사람들 사이에 유통될 따름이었다. 그러던 차에 1936년 정약용의 저술을 집대성하여 활자본으로 출간한 것이 바로 《여유당전서》이다. 당시 정약용이 세상을 떠난 지 100년 된 것을 기념하기 위하여 정인보, 안재홍 등이 편집하고 이를 신조선사(新朝鮮社)에서 154권 76책으로 간행했다. 이 전서는 모두 7집으로 구성되어 있는데, 대강의 내용은 다음과 같다.

1집은 전형적인 시문집으로 시를 비롯하여 서(序), 설(說), 논(論) 등 각종 문체의 글이 수록되어 있다. 또한 《아언각비》를 비롯한 각종 저서도 포함되어 있다. 2집은 경집(經集)인데, 《맹자요의》 등 사서 삼경의 주석서들이다. 3집은 예집(禮集)으로 주로 상례와 제례에 관한 글들이다. 4집은 악집(樂集)으로 음악 이론서인 《악서고존》 등이 수록되어 있다. 5집은 정법집(政法集)으로 일표이서인 《경세유표》, 《목민심서》, 《흠흠신서》가 수록되어 있다. 6집은 지리집(地理集)으로 《강역고》와 《대동수경》이 실려 있다. 7집은 의학집인데, 《마과회통》 등이 수록되어 있다. 정약용의 사상과 업적은 사실 《여유당전서》에 모두 담겨 있다고 할 수 있다. 《여유당전서》를 중심으로 그의 학문적 성취를 살펴보자.

바른 정치를 위한 방책 – 정치론

정약용은 정치의 '정(政)'을 '바로잡다(正)'라는 뜻으로 풀이했다. 《여유당전서》 1집에 실린 〈원목(原牧)〉이라는 글에서 그는 백성들이 편안하게 살아갈 수 있게 해 주는 것이 바로 정(政)이 해야 할 일이라고 주장했다. 1표 2서를 비롯한 정약용의 저술을 관통하는 핵심 주제가 바로 이것이었다. 누구나 균등하게 토지를 소유하는 일, 붕당을 없애고 능력에 따라 지위를 주는 일, 부세를 번거롭지 않게 하여 인심을 수습하는 일이 바로 정(政)이라고 했다.

그는 지방 수령이 백성을 돌보지 않고 백성이 자신을 위해 존재하는 것처럼 부리는 것을 비판했다. 일부 수령들이 백성들에게서 부세를 함부로 거두어 자신이 차지하는 도적질을 하고 있다고 지적했다. 〈감사론(監司論)〉에서 특히 큰 도적인 감사를 제거하지 않으면 백성이 다 죽을 것이라는 표현을 쓰기까지 했다. 그리하여 부세 제도 운영을 둘러싼 지방관의 부당한 중간 수탈에 각별히 주의를 기울이고 방지책을 찾았다.

정약용은 또 〈통색의(通塞議)〉라는 글에서 인재 등용에서 잘못된 점을 지적했다. 소민(小民) 곧 일반 백성을 비롯해서 중인(中人), 평안도와 함경도 같은 특정 지역 주민, 북인과 남인 등 특정 당파에 속하는 인사가 모두 관직에서 제외되는 현실을 개탄했다. 이렇게 온 나라 인재의 10분의 9를 버리는 사정을 바꾸지 않으면 안 된다고 주장했다. 이렇듯 정약용은 '바른 정치'가 백성을 중심으로 수행되어야 한다는 점을 늘 명심했다.

수원성(화성) 축조와 정약용

정약용은 수원성을 쌓을 때 커다란 공헌을 하였다. 그 가운데 하나가 서양의 과학 기술을 응용한 거중기 제작과 활용이다. 거중기는 성곽을 쌓는 데 쓰이는 돌덩이들을 끌어올리는 데 주로 이용되었다. 그리고 유형거는 견고한 바퀴를 달아 돌을 싣고 나르기 간편하도록 설계한 기구였다. 정약용은 또한 《여유당전서》 1집에 실려 있는 〈성설(城說)〉이라는 글에서 성곽 축조 같은 토목 공사에 고용 노동을 이용해야 한다고 주장했는데, 이 글은 바로 수원성 축조의 방책을 제시한 글이었다. 그는 각종 공사에 모군이라는 일꾼을 고용하여 작업하지 않을 수 없다고 하였다. 그리고 모군에게 지급하는 품삯을 작업한 기간을 기준으로 하지 말고 작업량에 따라 지불해야 재정 지출을 절약할 수 있다고 제안하기도 했다.

경세학과 경학의 결합 – 경전 주석서

정약용의 학문 세계는 나라와 사회의 올바른 체제를 구상하는 경세학(經世學)에만 머물지 않았다. 그는 유학의 기반이라 할 수 있는 유교 경전에 독자적인 주석을 달아 자신의 사상 체계를 보다 굳건하게 만들었다. 《여유당전서》 2집 경집, 3집 예집에 수록된 내용이 바로 그의 경학 사상을 보여 준다. 그는 6경과 4서에 대한 경학과 알표이서의 경세론으로 학문의 본말을 갖추었다고 자부했다.

정약용은 《주례》를 깊이 연구하여 중국 삼대(三代)의 다스림을 회복하려고 했다. 그리고 《경세유표》에 나오는 개혁 방안도 주례의 그것을 바탕으로 삼았다. 이처럼 정약용의 경학 연구는 자신의 사회 개혁 방안과 연결되어 있었다. 특히 그는 예경(禮經)에 대한 연구를 5경의 하나인 《예기》를 주요 대상으로 삼는 것이 아니라, 《주례》, 《의례》,

《예기》 등을 종합적으로 활용하여 자기 자신만의 의례 체계를 만들어 냈다. 그리하여 《여유당전서》에 실린 내용도 상례와 제례를 중심으로 의례를 재구성했다. 이와 같이 정약용의 경학은 경세학과 긴밀히 연결되어 있었다.

역사 발전에 대한 인식 – 역사론

유교적 역사학은 역사 흐름을 발전이 아니라 순환으로 보는 입장이었다. 또한 인정(仁政)을 중시하고, 이단(異端)을 배척하며, 충절을 강조하여 역사적 사건과 인물에 평가를 내렸다. 그리하여 지배층 중심의 현실 체제를 유지하고 정당화하는 데 큰 역할을 했다.

그런데 정약용은 〈기예론(技藝論)〉이라는 글에서, 역사는 돌고 돈다는 입장에서 벗어나 분명히 변화 발전한다는 입장을 드러냈다. 사람들이 기예를 발전시키기 위해서는 성인(聖人) 한 사람의 힘에 의존하는 것이 아니라 천만인(千萬人)이 함께 노력하는 것이 필요하다고 보았다. 역사 발전은 성인으로 표현된 개인이 아니라, 중인(衆人)이라는 다수의 힘에 의해 이루어진다고 제시했다. 이러한 역사 발전에 대한 그의 생각은 〈탕론(蕩論)〉에서 백성들의 뜻이 아래에서 위로 올라가는 정치를 강조한 것과 이어졌다. 또한 그의 역사 연구는 지리 고증에 많은 강조점을 두었는데, 이러한 실증적 역사학 방법론은 지리(地理)=지리(地利)라는 바탕에서 나온 것이었다.

다산학의 깊이

정약용은 중화의 문물을 가진 나라는 누구나 중화 국가가 될 수 있다는 문화 중심의 화이론(華夷論)을 가지고 있었다. 중화(中華)와 이적(夷狄, 오랑캐)을 구별하는 것은 지리 조건에 따르는 것이 아니라, 문화와 문물 수준에 따라 정해진다는 주장이었다. 이러한 점에서 정약용은 청이나 일본의 문물 중에서 조선보다 앞선 것을 도입하자고 제안했다. 청이나 일본에서 도입한 문물을 이용후생에 이용하여 부국강병을 이루어야 된다는 것이다. 조선 백성들의 삶의 조건을 크게 개선하는 이용후생에 앞장 서는 것이야말로 조선이 중화가 되는 지름길이라는 생각이었다. 이러한 구상을 바로 《여유당전서》에 실린 저술에서 찾아볼 수 있다.

정약용의 학문 체계를 '다산학(茶山學)'이라고 부르기도 하는데, 이는 당시 조선 사회의 현실 인식에서 출발하여 중국과 조선의 전통적 개혁론에 근거한 실질적 사회 개혁론을 높이 평가하기 때문이다.

조선에 건너온 천주교

1791년 전라도 진산(현재 충청도 금산)에서 당시 조선 사람으로서는 도저히 믿기 힘든 고발 사건이 일어났습니다. 진산에 살고 있는 서교 (西敎, 천주교) 신자 윤지충이 그의 어머니 권씨가 죽자, 시신을 내다 버리고 신주를 불태웠으며 조문객을 받지 않았다는 고발이 관가에 접수된 것입니다. 같은 마을에 살던 권상연도 같은 천주교 신자로 부모의 신주를 훼손했다는 의심을 받았습니다. 이러한 사건이 전해지자 온 조정이 들끓었습니다. 윤지충은 정약용의 외사촌으로, 1784년 서울에 머물 때 중인 신분의 김범우 집에서 《천주실의》 등 책을 얻어본 뒤 자연스럽게 천주교 신자가 된 것으로 밝혀졌습니다.

천주실의 언해본
마테오 리치가 지은 《천주실의》를 언해한 책이다.

전라도 관찰사가 심문하자, 윤지충과 권상연은 신주를 불태워 버리고 땅에 묻었다는 사실을 실토했습니다. 윤지충은 심문 과정에서 천주교에 대한 굳은 믿음을 숨기지 않았습니다. 그는 양반 칭호를 빼앗긴다 해도 천주께 죄를 짓지 않겠다고 맹세했으며, 신주 대신 천주교를 충실히 믿는 것이 국법을 어기는 게 아니라고 주장했습니다. 천주교를 공격하려는 관료들은 윤지충의 행위가 제사 의례를 파괴할 뿐만 아니라 불효에 해당된다고 공격했습니다. 결국 두 사람은 조상의 신주를 태워 버린 흉악을 저지른 죄로 사형당했습니다. 더불어 진산군은 5년 동안 진산현으로 강등되었습니다.

대개 이 사건을 '진산 사건'이라 부르는데, 천주교에서는 '신해 박해'라 부르며 윤지충과 권상연을 순교자로 모셨습니다. 진산 사건은 천주교 신앙 생활과 조선의 의례가 정면으로 부딪친 사건입니다. 천주교 교리에서 볼 때 터질 수밖에 없는 사건이었고, 막상 그 일이 세상에 드러나면서 천주교 신자들은 거센 탄압을 받았습니다. 이 사건 이후 천주교 신자들은 제사를 포기할 수 없다 하여 신앙을 버리는 부류와, 제사를 포기하면서 천주를 더욱 믿는 부류로 갈라졌습니다.

우리는 조선의 백성들 가운데 일부가 국왕의 가르침과 다스림을 내팽개치고 천주에 매달리게 된 점을 주목해야 합니다. 왜 이러한 상황이 일어났을까요? 바로 역사학이 대답해 주어야 할 질문입니다. 조선 후기 천주교 교세가 크게 커진 현상을 파헤쳐 보면서 그 이유를 찾아볼까요?

서학은 17세기 이후 명나라와 청나라에 간 조선의 사신들이 서양 문물을 소개하고 한역 서학서*를 들여오면서 조선에 알려졌습니다. 많은 조선 학자와 관료들은 마테오 리치가 지은 《천주실의》를 즐겨 보면서 서학에 관심을 두었습니다. 그리하여 조선 학계에 서학과 서교(천주교)에 어떤 입장을 갖느냐에 따라 여러 갈래의 태도, 논의, 흐름이 나타났습니다. 첫째는 서양의 과학과 기술(서학)은 수용하되 천주교(서교)는 배격하는 흐름이었습니다. 둘째는 서구의 과학 기술을 수용하면서 천주교의 평등 사상 정도는 받아들일 만하다고 생각하

한역 서학서(漢譯西學書)
한문으로 번역된 서양 관련 서적.

는 흐름이었습니다. 그리고 마지막으로 천주교의 모든 교리를 적극 수용하여 신앙으로 받아들인 흐름이 있었습니다.

서학에 아주 큰 관심을 보인 안정복은 《천학문답》이라는 책을 지어 마테오 리치의 《천주실의》를 비판하고 배격했습니다. 이익의 제자인 그는 천주교를 불교처럼 위험한 종교로 보았는데, 안정복의 제자 가운데 이벽과 권철신은 천주교 신자가 되었으니 참으로 공교로운 일이 생긴 거지요.

천주교 교리에 담겨 있는 평등 사상, 그리고 이 세상을 떠난 뒤 저 세상에서 영생을 누릴 수 있다는 내세 사상은 조선 백성들의 호응을 얻을 만했습니다. 뿌리 깊은 신분 차별, 그리고 그 변동 등 조선 사회의 변화상에서 천주교 신자가 확산된 이유를 찾을 수 있습니다. 지배층 일부와 일반 백성들이 열성적인 천주교 신자가 되어 순교까지 감수한 것은, 그만큼 조선의 현실에서 벗어나려는 의지와 소원이 컸기 때문입니다. 순교자가 많이 생겨난 것은 특히 천주교의 내세 사상, 곧 천국에 대한 믿음과 관련이 있습니다.

18세기 중엽, 천주교는 무서운 기세로 퍼져 나갔습니다. 이미 서양의 많은 선교사들이 조선 땅에 들어와 천주교를 퍼뜨렸고, 이 무렵 천주교 신자는 각 지역마다 눈에 띌 정도로 늘어났습니다. 마침내 이승훈이 북경에 들어가 처음으로 영세를 받고 귀국한 뒤 이벽과 협력하여 1784년 천주교회를 창설했습니다.

유학에 바탕을 둔 조선 사회에서 서학이 아닌 서교는 사악한 신앙으로 여겨졌습니다. 조상을 모시는 제사를 금지하고 국왕에 대한 충성을 저버리는 천주교는 말 그대로 인륜을 어기는 종교였지요. 또한

양반, 상민, 노비를 구별하지 않는 교리는 조선의 사회 질서를 뒤엎을 위험천만한 종교였습니다.

가혹한 박해 속에 순교하는 천주교 신자들

18세기 중엽 이후 천주교 신자가 늘어나고 천주교 교리가 유교 의례와 부딪치면서 천주교 신자에 대한 박해가 이어졌습니다. 천주교 박해는 18세기 후반부터 본격적으로 시작되어 헤아릴 수 없이 많은 희생자를 냈지요. 순교한 사람 가운데 김대건, 정하상, 남종삼, 베르뇌

1783년 동지사 서장관인 아버지를 따라 청나라 북경에 간 이승훈은 이듬해 예수회의 루이 그라몽 신부에게 영세를 받았다. 베드로라는 이름으로 한국 최초의 영세 신자가 되어 조선에 돌아온 이승훈은 명례동에 있는 중인(中人) 김범우의 집에 한국 최초의 천주교회를 만들어 전도 활동을 벌였다.

주교 등 103명이 1984년 천주교 성인으로 인정받았으니, 순교자들이 얼마나 많았는지 알 수 있습니다.

신체형을 위주로 하는 조선의 형벌은 천주교 신자에게 특히 가혹했습니다. 자고 나면 참수형당한 천주교 신자의 목이 장대에 묶여높이 매달려 있곤 했습니다. 또한 죽은 시신을 토막내 일부분을 장터에 버리거나 지방 군현에 내려보내 곳곳에서 강제로 구경하게 했습니다.

가혹한 처벌과 굳건한 신앙이 맞선 천주교 박해는 조선 사상계의 경직성을 보여 주는 한편, 천주교 교리의 완고함도 함께 보여 줍니다. 그렇다면 천주교를 박해한 배경은 무엇일까요?

먼저 사상적으로 볼 때, 성리학 가치 체계만을 절대적으로 받아들이던 조선 사회는 학문이 아닌 믿음의 대상으로 천주교를 받아들이는 것 자체를 용납하기 어려웠습니다. 이것은 조선 사회의 지배층인 양반층 입장이기도 했습니다. 하지만 양반층 내부에서도 천주교 신자가 생겼으니 사상 문제만으로는 다 설명하기가 어렵습니다. 오로지 사상의 차이 때문에 생명을 빼앗는 박해가 일어났다고 말할 수 없다는 이야기입니다.

그럼 천주교 박해를 일으킨 사회·정치적 배경은 무엇일까요? 천주교가 내세운 평등 사상은 무엇보다도 당시 조선의 사회 현실과 부딪치는 요소였습니다. 18세기 들어 신분 질서가 많이 바뀌긴 했지만 아직도 양반층과 상민, 노비 등 신분이 엄격했고, 양반층 안에서도 경화 사족을 비롯한 등급이 분명히 존재했으며, 서얼 차별도 여전히 해소되지 않은 상태였습니다. 따라서 지배층인 양반 입장에서 천주교 신자라는 이유로 양반과 노비가 같은 자리에 모여 예배 드리는 모습은 상상도 할 수 없는 일이었습니다.

천주교 박해는 1785년 한성부 명례방에서 김범우가 신앙 집회를 열다가 들켜 처벌받으면서 시작되었습니다. 이 때부터 개항 이후 미국, 영국 등 서양 제국과 조약을 맺고 천주교 포교를 자유롭게 하도록 허용한 19세기 말까지 100여 년 동안 박해는 계속되었지요. 수많은 박해 중에서도 1801년 중국인 신부 주문모를 비롯해 이승훈, 정약종, 황사영이 처형당한 신유 박해, 1839년 프랑스 사람 앵베르 주교와 모방 신부가 순교한 기해 박해, 1846년 우리 나라 최초의 신부 김대건이 순교한 병오 박해, 1866년부터 7년 동안 베르뇌 주교, 남종삼 등 무려 8000여 명이 목숨을 잃은 병인 박해가 '4대 박해'로 꼽힙니다. 천주교에 대한 믿음을 죽음으로 밝힌 신자들은 모두 1만여 명에 이릅니다. 물론 박해 과정에서 신앙을 버리고 석방된 신자들도 있었지요.

정조가 세상을 떠난 뒤 순조 옆에서 수렴청정을 한 정순 왕후 김씨와 노론 벽파 세력들은 1801년 천주교 신자를 크게 탄압했습니다. 이 사건이 신유 박해인데 시파 세력을 몰아내고 남인 세력을 제거하기 위한 구실이라는 성격이 강했지요. 정조의 신임을 얻어 중앙 정계에 다시 등장한 남인 세력에게 천주교도라는 혐의를 씌워 중앙 정계에서 몰아낸 것입니다. 신유 박해로 말미암아 주문모, 이승훈, 이가환 등 100여 명이 처형되고, 정약용을 비롯한 400여 명이 유배되었습니다. 당시 천주교 신자였던 황사영은 신유 박해의 모든 상황을 흰 비단에 1만 3311자로 깨알같이 적어서 베이징 주교에게 보내려고

김범우가 신앙 집회를 열다가 발각되는 장면이다.

황사영 가백서(黃嗣永假帛書)
황사영이 1801년 신유 박해의 전말과 그 대응책을 흰 비단에 적어 베이징에 있는 구베아(Gouvea, A de) 주교에게 보내려고 한 밀서가 발각되면서 황사영 등이 처형당했다. 이 때 조선이 중국에 앞뒤 사정을 설명하는 사신을 보냈는데, 황사영 백서를 베껴서 중국에 보낸 것이 '황사영 가백서'이다.

했습니다. 비단에 적어서 백서(帛書)라는 이름이 붙은 '황사영 백서'는 베이징까지 전해지지 못했습니다. 중간에 압수되고 황사영은 외세를 끌어들인 대역죄인으로 능지처참을 당했습니다.

1834년 순조가 죽고 그의 손자이자 효명 세자의 아들인 헌종이 8세에 즉위하자, 순조비 순원 왕후 김씨가 수렴청정에 들어갑니다. 이 때 김유근은 동생 순원 왕후를 보좌하면서 시파인 안동 김씨 세도 권력을 다져 나가지요. 한편 헌종의 어머니이자 왕대비인 풍양 조씨 가문 일원들이 조정에서 안동 김씨 세력과 각축을 벌였습니다. 1839년 김유근이 병으로 은퇴하자, 천주교에 반대하던 우의정 이지연이 풍양 조씨 세력과 더불어 천주교에 우호적이던 순원 왕후를 비판하며 물러날 것을 요구합니다. 그리고 청나라에서 일어난 아편 전쟁을 빌미로 서양의 침략을 막아야 한다고 주장하면서 천주교 탄압을 정당화합니다.

1839년 형조판서 조병현과 사헌부 집의(執義, 사헌부의 종3품 벼슬자리) 정기

화가 상소를 올려 천주교 박해가 다시 시작되었습니다. 그리하여 천주교 신자로 사형된 자가 118명에 이르렀고, 참수된 자뿐만 아니라 고문받다가 죽은 자가 매우 많았습니다. 이 때 프랑스 인 앵베르 주교와 모방 신부도 순교했습니다. 기해 박해이지요. 기해 박해는 오로지 천주교에 대한 공격이 아니라, 안동 김씨를 대표로 한 시파에게서 권력을 빼앗으려는 벽파 풍양 조씨의 공격이었습니다. 세도 정치의 주도권을 차지하려는 벽파와 시파의 권력 싸움이었다고 할까요.

우리 나라 최초의 신부인 김대건이 순교한 병오 박해는 1846년에 일어났습니다. 여러 차례의 박해에도 불구하고 천주교 교세는 꺾일 줄 모르고 커졌습니다. 그런 가운데 조선인 최초의 신부 김대건이 등장하지요. 김대건은 1821년 8월 21일 충청도의 솔뫼(지금의 충남 당진군 중강면 송산리)에서 태어났습니다. 어려서부터 신앙 생활을 한 그는 파리 외방전교회 소속 모방 신부의 눈에 띄어 신학생으로 발탁됩니다. 1836년 12월 3일 서울을 떠나 같은 해 12월 28일 의주에서 압록강을 건넜으며, 1837년 6월 7일에는 랴오둥과 만주를 거쳐 중국 대륙을 횡단한 끝에 마카오에 도착합니다. 그 곳에서 성직자가 되기 위한 교육을 받고, 1845년 8월 17일 상하이에서 사제(신

앵베르 주교 추안(推案)
1839년 헌종 5년 기해 박해 당시 붙잡힌 앵베르(范世亨) 주교를 문초한 추안(推案, 죄인 문초 기록). 문서 중간 부분부터 경교(景敎), 곧 천주교를 조선에 전파하러 왔다는 등 앵베르 주교의 답변 내용이 보인다.

화산 천주교회(華山天主教會)
우리 나라 최초의 신부 김대건이 중국에서 사제 서품을 받고 돌아온 것을 기념하기 위해 1906년에 지은 교회 건물이다. 전북 익산시 망성면 화산리, (재)전주구 천주교회 유지재단.

김대건 신부 묘 표지석
출생, 서품, 순교, 시복(복자로 인정받음), 시성(성인으로 인정받음) 들의 날짜가 기록되어 있다. 경기도 안성시 양성면 미산리 미리내 성지.

부) 서품을 받습니다. 1845년 10월 충청도로 입국한 김대건은 같이 들어온 페레올 주교를 모시고 한양에서 활발한 전도 활동을 펼칩니다. 그리고 1846년 6월 조선 관원에게 체포되어 같은 해 9월 중순 한강변의 새남터 형장에서 목이 잘려 순교했습니다. 그 때 나이 26세였지요.

김대건은 최초의 한국인 신부로, 또 수많은 순교자들 가운데 유일한 한국인 신부로 한국 천주교 역사에서 추앙받는 인물이 되었습니다. 김대건이 신학 교육을 받고 신부로 활약하게 된 밑바탕에는 조선 전역에서 천주교를 열렬히 믿고 신앙 생활을 한 천주교 신도들이 놓여 있습니다.

범죄와 형벌의 사회사

사람이 사는 곳에 범죄가 일어나고, 죄인에게 형벌을 가하는 것은 동서고금이 똑같습니다. 고조선 시대에도 있었던 범죄와 형벌은 조선 왕조에도 분명히 존재했습니다. 범죄는 여러 사회 문제를 반영하고, 형벌도 범죄에 대한 당시의 관념(생각)을 보여 줍니다. 조선 시대의 범죄와 형벌을 살펴볼까요?

조선의 형벌은 지금 기준으로 보면 엄청 무시무시했습니다. 혹시 '부관 참시(剖棺斬屍)'라는 말 들어 보았나요? 부관이란 관을 쪼갠다는 말이고, 참시는 시신의 목을 벤다는 말입니다. 죽어서 움직이지도 못하고, 말 그대로 조용히 누워 있는 시신을 관에서 끄집어 내어 목을 베는 형벌입니다. 우리가 잘 아는 성리학자 김종직이 무오사화 때 이미 죽었음에도 불구하고 부관 참시를 당했지요. 이렇게 시신을 훼손하는 형벌까지 있었으니, 다른 형벌도 그 강도를 짐작할 수 있겠지요?

지금 우리가 쓰는 말에는 형벌과 관련된 욕설이 매우 많습니다. 잔인한 형벌에 빗대어 원한을 풀려 했기 때문이지요. 주리를 틀 놈, 곤장을 칠 놈 같은 말은 그래도 점잖은 편입니다. 물고*를 낼 놈이나 육시*할 놈과 같은 욕설은 그냥 죽일 놈이라는 말에 비해 무척 심한 욕이지요. 이렇게 심한 욕설이 형벌과 관련해 생겨난 것은 그만큼 우리 조상들이 경험한 형벌이 무서웠기 때문이겠지요.

조선에서 법에 따른 형벌은 죄에 대한 죄값이라는 뜻이 담겨 있었

물고(物故)
죄인을 죽이는 것. '물고를 내다'는 말은 죽을 만큼 혼을 낸다는 뜻이다.

육시(戮屍)
이미 죽은 시체를 끄집어 내 목을 베거나 사지(팔다리)를 자르는 형벌.

습니다. 곧 사회 정의를 이루고, 범죄 피해자 또는 가족이 가해자에게 행할 사적인 복수를 나라가 대신한다는 의미가 포함되었지요. 고대부터 형벌은 가해자에게 향하는 피해자의 복수를 가장 큰 특징으로 삼았습니다. 살인을 저지른 사람을 사형시키는 것은 죽은 사람 대신 나라가 형벌로 복수해 주는 것입니다. 그런데 조선의 법과 형벌은 인간의 사회 질서를 자연 질서와 합치시키는 방편이라는 의미도 지닙니다. 형벌이나 법보다 예치(禮治)와 교화(敎化)를 더 우선했지요.

조선 사회의 가치 체계는 유교를 따르고, 죄의식이나 범죄관도 유교 이데올로기를 바탕으로 했습니다. 따라서 10악(十惡)이라고 일컬으며 가장 금기시한 범죄는 가족 윤리의 핵심인 효와 국가적 의무의 상징인 충에 관련된 것이었습니다. 곧 나라의 기틀을 위협하는 모반·내란 같은 범죄와, 도덕과 윤리에 관련된 불경·불효가 10악에 해당했습니다. 그리고 이러한 범죄를 저지른 자에게는 형벌을 감면해 주는 특전을 절대로 베풀지 않았습니다.

조선의 재판과 형벌 제도를 직접 수행하는 기구를 '법사(法司)'라고 불렀습니다. 법사는 《경국대전》, 《속대전》 같은 법전과 명나라의 《대명률》*을 참고하여 범죄인을 잡아들이고, 재판을 하여 형벌을 내렸습니다. 법사 가운데 특히 형조와 사헌부, 한성부가 중요한 구실을 해서 삼법사라고 불렀지요. 그리고 죄수를 직접 구금할 수 있는 기관인 병조, 형조, 한성부, 사헌부, 승정원, 장예원, 종부시, 관찰사, 수령, 비변사, 포도청을 '직수아문(直囚衙門)'이라고 불렀습니다.

살인 사건을 '살옥'이라고 했는데, 살옥이 발생하면 오늘날과 마찬

대명률(大明律)
명나라의 형법전인 《대명률》을 조선 왕조에서도 일반 형법전으로 활용했다. 하지만 《경국대전》, 《속대전》 등 우리 고유의 특별 형법전을 먼저 적용했다.

가지로 살해 원인을 밝혀 내기 위한 검시(檢屍, 시체 검사)를 했습니다. 검시는 원나라의 법의학 서적인 《무원록》*을 활용했고, 모두 세 차례 했습니다. 검시에 사용되는 재료는 은비녀, 백반(밥), 목탄이었는데, 모두 죽은 원인을 밝혀 내기 위한 도구였습니다.

예를 들어 볼까요? 죽은 사람 목구멍에 은비녀를 넣고 종이로 밀봉하여 얼마 있다가 빼어 보아 은비녀가 청흑색으로 변하면 독살로 보았습니다. 또 백반 한 뭉치를 죽은 사람 목구멍에 넣고 종이로 덮어 한두 시간 지난 뒤 밥을 꺼내 닭에게 먹였을 때 닭이 죽으면 독살로 판정했습니다. 또 시간이 오래 흘러 살인에 사용한 칼인지를 분별하기 어려울 때는, 목탄을 사용하여 그 칼을 붉게 달구고 식초로 씻으면 피묻은 흔적이 나타나는 걸 이용했습니다. 이러한 검시 과정을 거쳐 살인범을 찾아내고 판결에 이르는 기록이 '검안'이라는 이름으로 현재까지 많이 남아 있습니다.

범죄를 저지른 죄인을 확정하는 데에는 증거와 증인, 범인의 자백이 필요합니다. 이 가운데 조선의 형벌 제도에서 최우선으로 중요하게 평가한 것이 자백입니다. 범인의 자백은 말 그대로 '증거의 왕' 대접을 받았지요. 따라서 범인을 잡아 심문하는 과정에 회초리로 종아리와 볼기를 때리면서 고문하는 고신*이 반드시 뒤따랐습니다. 증거가 명백한데도 자백하지 않는 죄인을 수령이 고문하는 것을 허락했습니다.

우리가 흔히 범인을 때리는 도구로 알고 있는 곤장(棍杖)은 좀더 중대한 범죄인에게 가하는 형벌 도구였습니다. 군대에서 군법 위반자나 포도청 따위에서 절도범을 치는 데 사용한 몽둥이가 바로 곤장

무원록(無寃錄)
중국 원나라 왕여가 저술한 법 의학 서적. 조선에 들어와 증보, 보완되었는데, 1438년 《신주무원록》, 영조·정조 때에 《증수무원록대전》 등을 발간하여 검시에 활용했다. '무원'은 원통함이 없게 하다 또는 억울함을 없애다 등의 의미로 새겨 볼 수 있는데, 검시를 통해 죽은 이유를 제대로 밝혀내어 죽은 자의 억울함을 풀어 주어야 한다는 뜻이다.

고신(拷訊)
신체적 고통, 곧 고문을 가하면서 심문하는 것. 이 때 사용하는 매가 신장(訊杖)이다.

이었지요. 종아리와 볼기를 때리도록 규정되어 있었지만, 고문은 상황에 따라 몽둥이로 몸을 마구 때리는 난장(亂杖)으로 바뀌기도 했습니다. 그리고 '주리를 튼다'는 것은 죄인의 양 다리를 묶고 그 사이에 붉은 몽둥이 두 개를 끼워 가위를 벌리듯 좌우로 벌리는 형벌입니다. 이 밖에도 법 규정에는 없지만 자백을 받기 위한 수많은 고문이 자행되었습니다.

형벌은 범죄가 가볍고 무거움에 따라 다섯 가지로 나뉘었습니다. 이를 5형(五刑)이라고 불렀는데 '태장도유사(笞杖徒流死)'로 간략히 말합니다. 태형(笞刑)과 장형(杖刑)은 물푸레나무로 만든 회초리로 볼기를 매질하는 형벌인데, 때리는 횟수에 따라 태형은 10~50대, 장형은 60~100대를 가리킵니다. 도형(徒刑)은 관

에 붙잡아 두고 힘든 일을 하게 하는 형벌로 장형을 같이 내렸습니다. 그래서 도형 1년에 장 60대가 붙었고, 반 년마다 10대씩 늘어나 도형 3년이면 장 100대를 맞아야 했습니다.

유형(流刑)은 매우 중한 죄를 지었는데 차마 사형을 집행하지 못할 경우, 먼 지방으로 귀양 보내 죽을 때까지 고향에 돌아오지 못하게 하는 형벌입니다. 여기에도 장 100대가 붙었는데, 유형에는 2000리, 2500리, 3000리가 있었습니다. 유형에 처해진 죄인을 보내는 곳은 대개 정해져 있었습니다. 삼수*, 갑산*과 같은 함경도·평안도 국경 지역, 거제도, 진도, 추자도 같은 경상·전라의 도서 지역이었습니다. 사형(死刑)은 말 그대로 목숨을 빼앗는 형벌입니다.

한 고을에 유배자를 10명 정도 보냈는데, 유배된 사람이 누구냐에 따라 처우가 크게 달랐습니다. 16세기에 경상도 성주에 유배 간 이 문건은 외척으로 큰 권세를 누리던 인물이었기에, 유배지에서도 향촌 사회의 유력자로 행세했습니다. 19세기에 전라도 강진에 유배 간 다산 정약용은 가족의 안부를 걱정하며 "이 해도 저무는데 병만 깊어 가는구려. 실낱 같은 이 목숨을 어이하면 좋을까"라는 내용의 편

① 고문 – 기와 위에 무릎 꿇기(위에서부터)
깨진 기와 위에 무릎을 꿇려 고통을 주는 고문.

② 고문 – 학춤 추기
죄인의 손을 묶어 높이 매달아 마치 학이 움직이는 것처럼 흔들어 고통을 주는 고문.

③ 형벌 – 치도곤 때리기
일반 태장(笞杖)에 비해 훨씬 묵직한 치도곤으로 죄인의 볼기를 때리는 형벌.

삼수(三水)
현재 북한 양강도 중부 압록강 연안의 삼수군. 조선 시대에는 함경도에 속함.

갑산(甲山)
현재 북한 양강도의 중심부인 갑산군. 조선 시대에는 함경도에 속함.

지를 썼습니다. 고향을 떠나 처자식과 만나지 못하는 귀양살이를 힘들게 이어나가는 심정이 엿보입니다.

그럼 조선의 형벌 제도에서 최종 판결권, 사형 결정권, 사면권을 지닌 최고 재판관은 누구였을까요? 예, 바로 국왕이었지요. 이 자리에서 국왕은 가능한 한 관대한 형벌을 내리려 했습니다. 그리고 백성을 불쌍히 여기는 입장에서 억울한 옥사 때문에 하늘과 땅에서 생기는 이상 현상을 없애기 위해 노력했습니다. "여인이 한을 품으면 오뉴월에도 서리가 내린다"는 말은 이러한 입장을 잘 보여 줍니다. 그리고 죄가 의심스러우면 가볍게 처벌하는 것을 원칙으로 삼았습니다. 여기에 여러 소원 제도가 있었지요. 신문고, 상언, 격쟁, 암행어사 파견이 그것입니다.

영조와 정조는 형벌 제도에서 가혹한 부분을 개혁했습니다. 악형(惡刑)이라 불린 가혹한 고문을 대부분 금지하고, 권세가 강한 자를 억누르고 약한 자를 도와 주는 원칙을 세우고, 사형(私刑)*을 강력히 금지했습니다. 이러한 내용을 반영하여 영조 때《속대전》이, 정조 때에는《대전통편》이 만들어졌습니다.

특히 정조는 모든 살인 사건에 관한 검안과 관찰사의 장계를 검토하여 억울한 죽음을 없애려고 노력했습니다. 밤새워 가면서 기록을 검토하여 증거가 의심스러운 경우, 증인의 증언이 미흡한 경우, 검시가 잘못된 경우, 심문이 틀린 경우 등에 재조사를 명령하거나, 의심스럽기 때문에 형량을 줄여 주는 방식으로 판결을 내렸습니다.

조선의 형벌 제도는 신분에 따라 적용 방식이 달랐습니다. 신분제 사회의 그늘은 인간 생활의 모든 부분에 드리워져 있었지요. 문무

사형(私刑)
개인이나 군중이 적법한 절차 없이 어떤 사람에게 형벌을 가하는 것.

관리나 사대부라면, 큰 범죄가 아니면 신체형 대신 돈을 내는 속전으로 처분을 받았습니다. 옥살이를 하거나 회초리를 맞는 대신 벌금을 낸 것이지요. 그리고 8의(八議)라고 하여 왕실 일원, 공로, 관작, 관직 등 여덟 가지 신분적 특권을 지닌 범죄자는 국왕에게 특별히 자세히 보고해야 했고, 형벌 집행 과정도 관대했습니다. 또한 "선비를 죽일 수는 있어도 욕보일 수는 없다"고 하여 양반의 명예를 소중히 다루는 원칙을 지켰습니다. 이러한 조선 시대의 형벌 집행은 개항 이후 새로운 재판 제도와 형벌 제도가 마련될 때까지 계속되었습니다.

5

위기는 기회다 - 일어서는 농민들

조선 후기의 농민 항쟁

삼정의 문란과 체제 위기

극에 달한 삼정 문란

19세기 조선 사회의 변동, 나아가 조선 왕조의 체제 위기를 살펴볼 때 빼놓을 수 없는 것이 삼정(三政)의 문란입니다. 조선 후기의 정치, 경제, 사회, 문화 모든 면에서 나타난 변화를 가장 집약적으로 보여 주는 것이 삼정의 문란이었지요. 삼정이란 전세를 거두는 과정인 전정(田政), 군포를 거두는 과정인 군정(軍政), 환곡을 내주고 거두는 과정인 환정(還政)을 한꺼번에 일컫는 말입니다.

19세기 조선의 지식인들은 입만 열면 삼정 문란이야말로 조선을 망하게 할 것이라고 소리 높여 말했습니다. 그들은 삼정 문란에서 국가 지배 체제의 위기를 직감했지만, 조정 대신들은 세도 정치의 틀에 파묻혀 있었습니다. 자, 그럼 삼정에 문제가 나타난 역사적 배경을 알아볼까요? 이것을 알려면 먼저 조선 후기의 부세 제도가 어떻게 변했는지를 알아야 합니다.

첫째, 고을 단위의 총액제 방식이 삼정에 대체로 적용된 점이 가장 큰 변화입니다. 총액제란 지방 군현 또는 면리 단위로 납부할 세금 총액을 정해 놓고, 이를 중앙 정부에 상납하는 방식입니다. 쉽게 말해서 일정한 부세 총액만 확보하면 된다는 중앙 정부의 입장에 따른 논리입니다. 이러니 실제 세금을 거두는 과정에서 지방 수령과 향리들의 농간이 쉽게 생겼지요.

둘째, 쌀 같은 현물 대신 동전(상평통보)으로 세금을 내게 되었습니다. 동전 납부는 부세를 내는 사람보다 거두는 쪽에 훨씬 유리했습니다. 쌀보다 부피가 훨씬 작으니 운반하기 편리했고, 분량을 잴 때에도 쌀가마니를 풀어서 되질*할 필요가 없었지요. 만약 부세 운영에 검은 손을 대려는 사람이 있다면, 동전 납부를 두 손 들고 환영했겠지요.

셋째, 부세 제도 변동의 결과이자 농민 항쟁의 주요 원인이 되는 도결(都結)이 등장했습니다. 도결이란 간단히 말해 모든 세금을 하나로 묶어 토지에 매기고, 이를 화폐로 환산하여 거두는 방식이지요. 도결은 군현 단위에서 부세 징수를 편하게 하려고 만들었기 때문에 정확한 규정이 없었습니다. 따라서 고을 수령과 아전들이 중간에 수탈할 가능성이 많았습니다. 지나친 도결 징수는 농민 항쟁에 중요한

되질
곡물의 양을 재기 위해 되를 놀리는 일. 되(升:승)는 곡물, 액체, 가루 등의 분량을 재는 나무 그릇. 조선 세종 때 제정된 기준에 따르면 한 되는 0.5776ℓ에 해당한다.

원인이 되었습니다.

이러한 부세 제도 변동이 삼정 문란을 불러온 배경이었습니다. 하지만 삼정 문란의 원인을 자세히 들여다보면 결국 정치적 요인과 맞닥뜨리게 됩니다. 왜냐 하면 삼정 '운영'의 잘못이 '문란'으로 나타난 것이고, 운영 문제는 정치적인 것이기 때문입니다.

19세기 초반부터 시작된 세도 정치는 지방 군현에서 부세 제도를 둘러싸고 나타난 여러 문제에 적절한 해결책을 내놓지 못했습니다. 이전의 대동법이나 균역법 같은, 부세 제도 개편과 변혁을 위한 노력이 뒤따르지 않았지요. 그 결과 삼정을 둘러싼 문제들이 계속 쌓였습니다. 이러한 사정은 1862년 전국적인 농민 항쟁 때 철종이 박규수 등의 건의로 삼정이정청을 설치한 데서 잘 알 수 있습니다. 이때가 되어서야 비로소 삼정책이라는 이름으로 삼정 관련 방책을 전국 인사들에게 묻고 개혁안을 모색한 것입니다. 철종이 추진한 삼정 개혁이 성공했을까요? 그렇지 못했습니다. 삼정이정청은 몇 달 만에 혁파되었고 삼정이정책도 실행되지 못했습니다. 이러한 점에서 19세기 초반 삼정의 문란 문제는 세도 정치의 문제점과 같이 살펴봐야 합니다.

비총제 실시와 전정의 문란

전정(田政)은 전세를 부과하고 수취하는 과정을 통틀어 가리키는 말입니다. 그렇다면 전세를 거두어들이는 과정에서 어떠한 일이 벌어졌기에 '전정의 문란'이 그토록 문제되었는지 잘 살펴봐야겠습니다.

전세 납부 과정에서 부(夫), 곧 '주비'라는 공동 납세 조직은 예전부터 운영해 온 틀입니다. 경작지 8결을 단위로 부를 조직하고, 부의 대표자인 호수가 부에서 내야 할 전세액을 모아 납부하는 것입니다. 이러한 공동 납세 방식을 고을 단위의 총액제와 연결시킨 것이 조선 후기 부세 제도의 주요한 변동 내용이었습니다.

공동 납세 단위인 주비가 동이나 리 같은 마을 단위로 확대되면서, 자율적이고 자치적인 공동 납세 조직이라는 사적인 성격 대신 수세 행정 체계의 최말단이라는 공적 성격이 커졌습니다. 그리고 전결세*를 현물인 쌀 대신 동전으로 납부하는 금납이 많아지면서, 납세자의 거주지가 아니라 토지 소재지를 기준으로 세금을 거두는 흐름도 강화되었습니다. 앞의 방법이 납세자에게 편한 방식이라면 뒤의 것은 거두는 쪽에 편한 방식입니다. 예를 들어 어떤 지주가 여러 군현에 토지를 소유하고 있는 경우를 봅시다. 앞의 방식으로는 지주 자신이 거주하는 군현에 전결세를 모아 내면 되지만, 뒤의 경우는 여러 군현마다 전결세를 잘 헤아려 납부해야 합니다. 그리고 전세제가 총액제로 운영되면서 면리 가운데 리(里)가 중심적인 납세 기구로 발전했습니다.

총액제는 중앙 정부 입장에서 일정한 세액 이상을 확보하려는 방식입니다. 전결세를 비롯하여 군포액 등에 군현별 총액을 정해 놓고, 이를 군현 안에서 자율적으로 확보하여 중앙 정부에 바치게 하는 방식이지요. 때문에 중앙 정부는 해마다 크게 바뀌지 않는 부세액을 기대하고 이를 받아들일 수 있었습니다.

전정(田政)의 경우, 이미 18세기 초반부터 한 해 농사의 풍년이나 흉

전결세(田結稅)
조선 후기에 토지에 부과하던 부세를 총괄하여 부르는 말. 영정법에 따라 전토 1결에서 쌀 4~6두를 거두는 전세, 공물 대신 토지 1결에서 쌀 12두를 거두는 대동세, 훈련도감 삼수병 급료를 위해 1결에서 2두 2승을 거두는 삼수미세(평안도, 함경도 제외), 균역법으로 1결에서 2두를 거두는 결작 등이 기본이다. 여기에 여러 부가세가 붙는다.

년이 수시로 뒤바뀌는 것을 감안하여 비총제 방식으로 운영하고 있었습니다. '비총'이란 총액을 비교한다는 뜻으로 두 단계를 거칩니다. 먼저 올해 농사의 풍흉이 이전 어느 해의 풍흉과 같다고 판정을 내립니다. 그런 다음 그 해에 거두었던 전결세액을 올해에 거둘 전결세액으로 정합니다. 이렇게 한 해 농사의 풍흉 정도를 실제로 조사하지 않고 과거의 예를 기준으로 전결세액을 결정하는 것이 비총이지요.

해마다 8월이면 호조에서 그 동안 파악한 각 도의 농사 형편을 감안하여 비총하고, 각 도에 재결*로 인정해 줄 토지 결수와 재해 종류를 내려보냅니다. 그러면 각 도는 자신들이 받은 재결에 해당하는 토지 결수를 군현별로 나누어 줍니다. 이 때 군현 단위로 농사의 풍흉 등급을 매긴 것을 기준으로 삼았지요. 등급은 3등급으로 나누었는데, 풍년에서 흉년 쪽으로 초실(稍實), 지차(之次), 우심(尤甚)입니다. 예전의 연분 9등에 비하면 무척 엉성하고, 군현 단위로 풍흉 등급을 매기는 것이 현실과 맞지 않았습니다. 그래서 우심 아래 최우심을 두든가, 군현이 아닌 면리 단위를 기준으로 해야 한다는 주장이 나와 시행되었습니다.

비총제를 실행하는 가장 중요한 단계는 전결세를 내지 않는 경작지(재결)를 정하는 것이었습니다. 전결세는 말 그대로 땅을 소유하고 있기 때문에 내는 보유세가 아니라, 농사를 지어 수확을 했기 때문에 수확물에 세금을 부과하는 소득세에 해당합니다. 그런데 농사의 풍흉은 사람 마음대로 될 수 없지요. 따라서 농사를 완전히 망친 사람은 소득이 없기 때문에, 소득세에 해당하는 전세 부과 대상에서 빠져야 마땅합니다. 이러한 경우를 '재결로 판정받는다'고 표현했지

재결(災結)
재해를 입은 전토. 실제로는 재해를 입었다는 사실을 인정받은 전토.

요. 결국 한 해 농사를 지어 군현 단위에서 내야 할 전결세액은 그 지역 토지 결수 가운데 재결이 얼마나 되는지를 근거로 정해집니다. 따라서 비총은 해당 군현의 전체 경작지 가운데 어느 정도의 경작지가 재결에 해당하는지를 결정하는 과정이라고도 할 수 있습니다.

비총제는 농사의 풍흉을 감안하여 전결세를 총액으로 확보한다는 점에서 어느 정도 합리적이지만, 운영 과정의 합리성 여부가 문제였습니다. 당시 기록을 보면, 비총제를 얼마나 황당하게 적용했는지 쉽게 알 수 있습니다. 지방 군현의 수령이 농사의 형편을 감안하여 재결을 더 내려보내 달라고 조정에 보고하면, 대신들은 이를 믿지 않고 터무니없이 낮은 재결을 해당 군현에 내렸습니다. 예를 들어 수령이 재결로 1만 결을 요청했는데 대신들은 100결만 인정하는 따위였습니다.

이렇게 서로를 믿지 못하는 상황이 나타난 것은, 대신들은 지방 수령들이 백성들의 칭찬만 바라고 중앙 정부의 재정 문제를 도외시한다고 생각했고, 반면에 지방 수령들은 중앙 정부가 반드시 요청한 재결 액수를 깎을 게 뻔하니 애초에 재결 결수를 부풀려서 요청할 수밖에 없다고 생각했기 때문이었지요. 또한 군현 단위로 내려온 재결을 어느 전토의 농민에게 베풀 것인지는 군현 내부에서 결정했기 때문에, 부세 담당자가 농간을 부릴 수 있는 여지가 아주 컸습니다.

이렇듯 전결세 총액제 운영에서 많은 문제가 나타났습니다. 게다가 전결세를 거두어 중앙에 납부하는 과정에 필요한 경비가 모두 부가세로 붙었지요. 하다 못해 거둔 세금이 정확한지 파악하기 위해 관아 마당에서 다시 되질을 하는데, 이 때 멍석 바깥으로 떨어진 만큼을 보충하는 부가세도 있었고, 되질하는 향리의 노고에 보답하기 위한 부가세도 있었습니다. 당연히 전세를 중앙으로 운반하기 위한 배삯도 포함되었고요.

19세기 초반 다산 정약용이 전라도 강진에서 목격한 바에 따르면, 부가세 성격의 잡세가 40여 가지나 붙어 있었다고 합니다. 이러한 갖가지 세목들은 더욱 늘어나는 추세였고, 농민의 부담은 그만큼 더 늘어났습니다. 부가세는 법전에 규정되어 있는 것도 있고, 법전에는 없는 지역 사회의 관행인 것도 있었습니다. 법전에 규정되어 있는 부가세를 들면, 일반적으로 발생하는 손실을 보충하기 위한 가승미(加升米)가 1석에 3 승(升, 되)이고, 쥐의 피해와 부패로 인한 손실을 보상하는 곡상미(斛上米)가 역시 1석당 3승이었습니다. 그리고 납입 사무를 관장하는 경주인* 보수를 구실로 내세운 창역가(倉役價), 납세 수수료로 용지 대금인 작지가(作紙價)가 붙었습니다.

법전에는 없지만 지역 관행으로 볼 수 있는 부가세에는 세곡 수량을 검수하는 관리의 보수를 위한 간색미(看色米), 되질하는 관리의 보수를 위한 타석미(打石米), 관찰사와 군수 사이의 문서 수발을 담당한 영주인 보수를 위한 영주인 역가미(營主人役價米) 들이 있었습니다.

또한 지방 군현은 실제로 전세 납부 전 단계부터 납세 대상지를 결정하는 사이에 여러 문란한 모습을 보였습니다. 경작하지 않아 전세를 매길 수 없는 진결(陳結)에도 전세를 매기고, 토지가 전혀 없는데도 장부에 거짓으로 올려 강제 징수하기도 했습니다. 이러한 전결세의 부가세와 근거 없는 징세 등은 농민의 불만을 사고 사회 기틀

탁지지 외편, 탁지지 1권
정조 때 호조(戶曹)와 관련된 사항을 모아 정리한 책. 관제, 전제 등을 비롯하여 양전, 전세 등에 관한 규정을 수록하고 있다. 서울대학교 규장각.

경주인(京主人)
중앙과 군현 사이의 연락을 위해 군현에서 서울에 파견한 향리. '경저리'라고도 부른다.

을 크게 흔들었습니다. 하지만 이를 해결하기 위한 방책 마련은 먼 일이었습니다.

군포도 총액제로

양인 백성들을 대상으로 한 군정(軍政)에서 전체 부담 군포액은 균역법 실시로 절반으로 줄었습니다. 하지만 군포 납부와 징수를 둘러싼 문제는 여전히 깊어 갔습니다. 이른바 삼정의 문란 가운데 하나가 군정이라는 사실은 이런 사정을 잘 보여 줍니다. 19세기에 군포 징수는 전결세의 총액제 원리와 마찬가지로 군총제가 실시되었습니다. 총액을 군현 단위마다 정해 주고 공동으로 납부하게 하는 책임 제도이지요.

군총제는 중앙 정부 차원에서 일정 액수의 군역세를 확보하기 위한 방법이었습니다. 그런데 신분제가 흔들리면서 군역을 담당하는 층이 크게 줄어들었지요. 앞에서 살펴보았듯이 납속이나 공명첩 매입으로 관직이나 관품을 얻어 군역에서 벗어나려는 부유한 양인층이 늘어난 만큼 군역 부담층이 줄어든 것입니다. 이를테면 군대에서 필요로 하는 장정 숫자는 많은데, 이를 감당할 양인 장정의 숫자는 줄어들었지요. 사정이 이러하니 실제로 군역을 부담하는 양인 장정이 더욱 힘들 수밖에요.

군포 총액은 지방 군현의 수령이 책임지고 확보해야 했는데, 수령은 포폄*에서 나쁜 평가를 받지 않기 위해 기를 쓰고 노력했습니다. 그러다 보니 군포 징수가 가혹해졌고, 결국 백골징포, 황구첨정, 족

포폄(褒貶)
조선 시대에 관리의 근무 성적을 평가하는 제도. 중앙 관료는 그 관청의 당상관 등이, 지방 관료는 관찰사가 담당했다. 매년 6월 15일과 12월 15일에 등급 평정을 시행하여 국왕에게 보고했다.

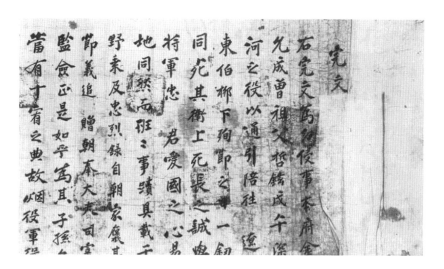

군역 관련 완문
김윤성이라는 사람이 자신의
증조부 김철현이 랴오둥에서
순절한 공이 있으므로, 연역
(烟役=戶役)과 더불어 군역을
면제시켜 달라고 요구한 것
을 들어준다는 내용의 결정
문(完文)이다.

징, 인징과 같은 폐단을 불러왔습니다.

군포를 징수하는 과정에서 벌어진 군정의 문란은 백성들이 자신
의 성기를 끊어 버릴 만큼 엄청났다고 합니다. 신분제 변동에서 살
펴본 것처럼, 부유한 양인이 양반 신분을 얻으려고 노력한 중요한
이유는 바로 군역에서 벗어나기 위함이었습니다. 족보를 꾸며 양반
이 되기도 했는데, 당시 식견 있는 사람들은 이를 환부역조(換父易
祖)라고 불렀습니다. 족보를 위조하여 자신의 아버지와 할아버지를
다른 사람으로 바꾼다는 점을 표현한 말입니다. 힘없는 양인 장정
한 사람이 여러 사람의 군역을 짊어지기도 했으니, 군포 부담은 전
세와 달리 살아 있는 한 벗어날 수 없는 것으로 양인들을 더욱 몸서
리치게 만들었습니다. 오죽했으면 자신의 양물까지 끊었을까요.

양물을 잘라 버린 애달픔

갈밭 마을 젊은 여인 울음도 서러워라
현문(縣門, 현령 동헌의 정문) 향해 울부짖다 하늘 보고 호소하네

군인 남편 못 돌아옴은 있을 법도 한 일이나
예부터 남자 양물 자르는 것은 들어 보지 못했노라

시아버지 죽어서 이미 상복 입었고
갓난아인 배냇물도 안 말랐는데
삼대(三代)의 이름이 군적에 실리다니

달려가서 억울함을 호소하려도
호랑이 같은 문지기 버티어 있고
이정(里正, 마을의 이장)이 호통하여 하나 남은 소마저 끌려갔네

남편 문득 칼을 갈아 방 안으로 뛰어들자
붉은 피 자리에 낭자하구나
스스로 한탄하네 "아이 낳은 죄로구나"

깊은 방에서 거세하는 것은 또한 지나친 형벌이고
민(閩, 중국 지명)이라는 곳에서 자식 거세함도 가엾은 일이거든

자식 낳고 사는 건 하늘이 내린 이치
하늘 땅 어울려서 아들 되고 딸 되는 것

말, 돼지 거세함도 가엾다 이르는데
하물며 뒤를 잇는 사람에 있어서랴

부자들은 한평생 풍악이나 즐기면서
한 톨 쌀, 한 치 베도 바치는 일 없으니

다 같은 백성인데 이다지 불공평하고
객사의 창가에서 거듭거듭 시구편*을 읊노라.

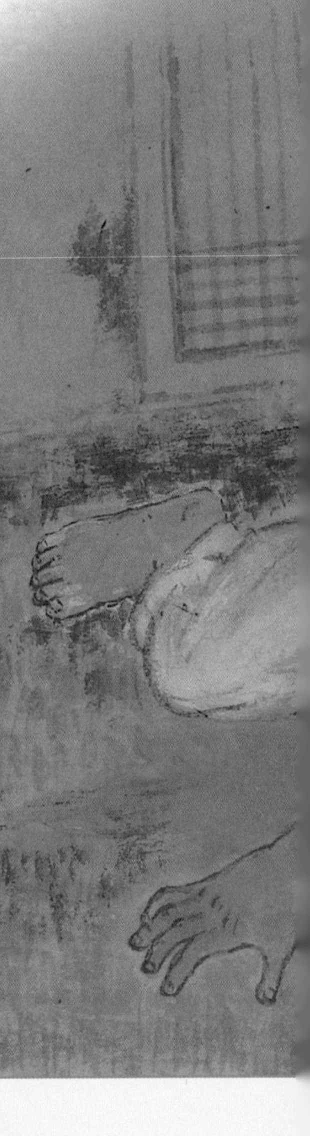

시구편(鳲鳩篇)
통치자가 백성을 고루 사랑해야 한다는 내용의 《시경》의 편명.

이 시는 정약용이 1803년에 지은 〈애절양〉이라는 한시이다. 우리는 이 한시에서 양인 농민의 군역 부담에 대한 애절한 호소를 읽을 수 있다. 제목에서의 양(陽)은 남성의 상징물을 가리키고, 절(絶)은 잘라낸다는 뜻이며, 애(哀)는 슬퍼한다는 뜻이다. 힘없는 백성의 고통이 구구절절 느껴진다.

진휼책 변화와 환곡의 부세화

환곡은 흉년이 들었을 때 굶주린 백성을 구제하는 요긴한 국가 정책이었습니다. 곡물을 구하기 어려운 보릿고개나 흉년이 들면 나라에서 백성에게 곡물을 빌려 주었다가 추수 뒤에 거두어들이는 것을 환곡이라고 했지요. 16세기에는 나라 차원에서 창고에 보관해 놓은 곡물, 특히 군자곡(軍資穀, 만일을 대비해 군량으로 쓰려고 모아 놓은 곡식)을 이용했습니다. 그런데 국방에 쓸 군자곡을 한정 없이 환곡으로 이용할 수는 없었습니다. 게다가 환곡 운영 과정에서 실제로 농민에게 혜택을 주지 못하는 실정이었습니다.

환곡으로 곡물을 운용할 때는 '모곡'이 항상 따라다닙니다. 봄에 받은 곡물 액수의 10분의 1을 가을에 덧붙여 내게 했는데, 이를 모곡이라 했지요. 모곡을 받는 명분은 곡물을 보관할 때 생기는 자연 감소분을 보충하거나 환곡 운영 비용으로 쓰기 위해서였지만, 결국 일종의 이자라고 볼 수 있습니다. 환곡을 둘러싼 문제는 바로 모곡 때문에 생겼습니다. 백성 구제에는 뜻이 전혀 없고 아예 모곡만 확보하기 위해 환곡을 운영하는 여러 편법이 동원된 것입니다. 이 경우 환곡은 백성을 구제하는 게 아니라 재정을 보충하는 용도가 되어 버렸습니다. 환곡의 재정 보충 기능이 강해지면서 환정 문란이 크게 늘어났지요.

17세기 중반 인조 때부터 환곡의 재정 보충 기

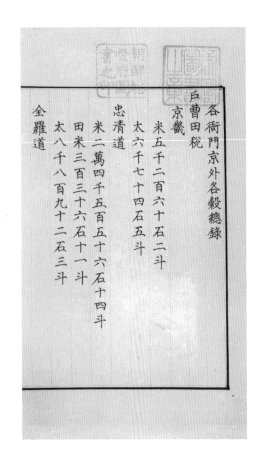

각 아문 경외 각곡 총록(各衙門京外各穀總錄)
서울 밖 각 지역에 설정되어 있는 각 아문의 환곡 총량을 조사하여 정리한 책이다. 각 아문의 환곡 내역을 지역별로 나누고, 다시 쌀, 조, 콩 등의 곡물별로 정리했다.

능이 뚜렷이 나타나면서 모곡 회록(會錄)이 시작되었습니다. '회록'이란 모곡 중에서 일정 부분을 애초에 환곡 곡물을 마련한 관청에서 떼어 가는 것을 가리킵니다. 조선 초기 명종 때 처음 등장한 회록은 모곡의 10분의 1이었는데, 인조 때부터는 10분의 3을 떼어 갔습니다.

예를 들어 볼까요? 호조에서 환곡 곡물 100석을 마련하여 어느 군현에 맡겼다면, 가을에 해당 군현에서 거두어 받을 모곡은 10석이 됩니다. 이 모곡 10석 가운데 7석은 환곡 운영을 전담하는 군현에서 비용으로 사용하고, 나머지 3석을 호조에 바치는 것이지요. 호조에서는 환곡으로 운영할 곡물을 많이 확보하면, 가만히 앉아서 회록으로 곡물을 챙길 수 있었지요. 이런 모습은 고리대업자와 다르지 않았습니다. 환곡을 사채(私債)에 비유하여 관채(官債)라 부른 이유가 여기에 있지요. 이처럼 환곡의 재정 보충 기능이 커지면서 모곡에서 떼어 가는 회록 양도 늘어났고, 나중에는 모곡 전부를 회록하는 방식도 등장합니다.

그래도 환곡은 여전히 굶주린 백성을 구제하는 진휼* 기능을 수행했습니다. 재정 보충 기능이 커졌어도 진휼이라는 본래 목적이 완전히 없어지지는 않았지요. 조정에서는 잦은 자연 재해 때문에 진휼을 위한 환곡이 더욱 필요했고, 환곡으로 나누어 줄 곡물을 확보하지 못할 경우 이를 해결할 방법도 썼습니다. 곡물을 각 도와 도 사이에 이전하거나, 지방에 특정한 창고를 두어 곡물을 모아 두는 방법도 이용했습니다. 그리고 지방 수령을 동원하여 향촌 사회의 부민에게 곡물을 추렴하여 환곡으로 활용하기도 했고요.

진휼(賑恤)
흉년이 들면 관에서 곤궁해진 백성을 도와 주던 일.

모곡에서 회록으로 10분의 3을 떼어 가는 일이 등장한 뒤, 중앙의 각 아문과 군영은 앞다투어 자신들이 보유한 곡식을 환곡으로 운영하고 모곡을 회록하여 재정을 보충했습니다. 이로 말미암아 여러 관청에서 갖가지 명목의 환곡을 만들었고, 또한 환곡이 필요없는 백성에게도 강제로 환곡을 주는 일이 늘어났습니다. 그리고 환곡 운영 방식도 크게 바뀌었습니다. 전체 곡물 가운데 반만 환곡으로 운영하고 나머지 반은 창고에 쌓아 두어야 한다는 원칙이 무너지고, 3분의 2 또는 전체를 환곡으로 운영하는 일이 늘어난 것입니다.

중앙 관청, 군영, 지방 군현 등에서 환곡을 만들어 강제로 나누어 주고 모곡을 받아 내는 환곡의 부세화 경향은, 전정이나 군정에서 나타난 문제가 환곡 운영에도 그대로 나타날 수 있는 기반이 되었지요. 이제 환곡 운영은 어떻게 하면 많은 모곡을 거두어들이고 이를 회록할 것인가에 맞추어졌습니다. 상품 화폐 경제가 발달하면서 곡물을 주요 상품으로 거래하는 규모가 훨씬 커지자, 환곡 곡물을 쌀 시장에 끌어들여 이득을 꾀하는 방법도 나타났습니다. 곡물 가격은 지역과 계절에 따라 차이가 날 수밖에 없고, 싼 가격일 때 사서 비쌀 때 파는 방법을 손쉽게 동원할 수 있었기 때문입니다. 예를 들어 볼까요? 봄에 환곡으로 쌀 10석을 나누어 주기로 하고, 실제로는 돈으로 바꿔 줍니다. 이 때 쌀 1석에 동전 5냥씩 계산하면 모두 50냥이지요. 그런데 가을이 되어 곡물을 수확하면 당연히 곡물 가격이 내려 갑니다. 이 때 환곡을 돌려받을 때는 55냥(원곡 50냥+모곡 5냥)을 다시 쌀로 환산하는데, 쌀 1석이 4냥이 되었다면 모두 16석에 가까운 쌀을 받게 됩니다. 불과 몇 개월 사이에 쌀 10석이 16석으로 변하는 마술이 일어났습니다.

환곡에서도 환총제라는 군현 단위의 총액제가 적용되었습니다. 그리고 호의 경제력을 무시하고 일정한 양을 호마다 배정하는 문제를 해소하기 위해 5가가 모인 통을 단위로 환곡을 나누어 주는 통환(統還)을 시행하기도 하고, 전결 단위로 8결에 얼마씩 환곡을 분급하는 결환(結還)을 실시하기도 했습니다. 통환은 1통(=5가)의 대표인 통수에게, 결환은 8결의 대표인 호수를 중심으로 환곡을 공동 책임지게 하는 방식이었습니다. 그리고 환곡을 아예 토지에 매기는 지세(地稅)로 바꾸려는 개혁안이 나오기도 했지만 실현되지는 못했습니다.

빗발치는 농민 항쟁

조선 후기 민(民)이 성장한 배경

19세기 중후반부터 봇물처럼 쏟아져 조선 사회를 요동치게 만든 사건이 농민 항쟁입니다. 농민, 곧 백성들이 사회·경제적으로 성장하여 자체 조직을 만들고, 이들이 사회적 힘을 지닌 세력으로 등장하면서 농민 항쟁이 일어났습니다. 조선 후기 사회·경제적 변동이 다양하게 나타나면서 농민도 더불어 성장한 것이지요.

농촌 사회의 경제 변동은 농민들에게 경제력을 키울 수 있는 기회이자 파산할 수 있는 위기이기도 했습니다. 한쪽에서는 토지의 상품

화와 농업 기술 발달에 적절히 대응하면서 토지를 모으고 신분 상승을 꾀하는 부농층이 생겼습니다. 다른 한쪽에서는 토지를 잃고 서서히 몰락하여 나중에 농업 임금 노동자로 생계를 꾸려 가야 하는 빈농층도 나타났습니다. 이러한 변동 과정에서 농촌 사회에는 이해 관계가 다른 여러 계층의 사람들이 섞여 살게 되었습니다. 잘사는 계층과 못사는 계층이 삼정 문란을 포함한 국가의 부세 제도, 수령 중심으로 새롭게 형성되는 향촌 사회의 지배 질서, 사회 현실을 개혁하려는 여러 개혁론에 각자 나름의 입장을 갖는 것은 당연한 결과였지요.

농민 항쟁에 참여한 농민들은 거리낌없이 향리를 죽이거나 향촌 양반을 구타했고, 양반들의 가옥과 향촌민의 원한을 산 부민의 가옥들을 불지르고 재물을 빼앗았습니다. 신분 제도가 엄격한 조선 사회에서 정말 대단한 사건이었지요. 이러한 투쟁 의식은 신분제가 흔들리고 평등 의식이 성장하면서 서서히 만들어진 결과입니다. 신분은 서서히 해체되어 갔습니다. 백성들 가운데 부를 쌓아 신분 상승한 사람들도 여기저기 나타났습니다. 게다가 수령 중심으로 향촌 질서를 다시 꾸리는 과정에 참여한 새로운 향권 참여층은 이제 향촌 양반층의 권세를 두려워하지 않았습니다.

국왕의 은혜에 기대 세상을 살아가던 농민들을 봉기로 내몬 것은 몰락 농민층의 생존이 바람 앞의 등불처럼 흔들렸기 때문입니다. 자신과 가족의 생존이 위협받자 사회적 불만과 비판 의식이 절정을 향해 달려갔습니다. 이러한 상황을 당시 지식인들은 '사란(思亂)'이라고 불렀습니다. 백성들이 평온한 세상을 바라는 게 아니라 '난리가 나기를 바라는' 어려운 시절이었습니다.

정약용은 《목민심서》에서 "근래 부역이 너무나 번거롭고 무거우며, 관리들이 마음대로 침범하여 백성들이 간신히 살아가기에도 어려운 지경이다. 백성들 대부분이 난리가 나기를 바라고 있어, 요사스러운 말과 허망한 말이 동쪽에서 일어나면 서쪽에서 호응하고 있다"라고 당시 분위기를 전했습니다. 그리고 강위는 《고환당수초》에서 "궁지에 빠져 유랑하면서 밥을 얻어먹는 자들이 밤낮으로 나라를 원망하고 난리가 나기를 고대한 지 오래되었다"라고 지적했습니다. 이러한 분위기에서 '민란(民亂, 농민 항쟁)의 시대'가 온 것입니다.

백성들은 여러 차원에서 힘을 조직했습니다. 먼저 활성화된 농민들의 독자 조직이 있습니다. 향도, 촌계, 두레, 초군 조직을 들 수 있지요. 또 하나는 농민 가운데 경제력을 갖춘 부류의 활동입니다. 이들은 양반의 전유물이었던 향회에 참여하여 그 운영 원리를 바꾸어 놓는가 하면, 기존 통치 기구인 면리 조직이나 부세 운영 기구에 참여하기도 했습니다.

1811년 홍경래의 난

1811년 겨울, 평안도에서 반란이 일어났다는 급보가 전해지자 조정은 발칵 뒤집혔습니다. 《조선왕조실록》과 《일성록》은 그 때의 급박한 상황과 대비책이 전혀 없는 가운데 우왕좌왕하는 국왕과 신하들의 모습을 잘 보여 줍니다. 《순조실록》 기사에 "봉기 소식이 서울에 전해지자, 권문 세가들이 먼저 피난을 준비하고, 이에 관련한 유언비어가 사람들에게 널리 퍼져 민심이 크게 동요되고 있었다"고 적혀 있습니다. 서북인에 대한 뿌리 깊은 차별을 떨쳐 버리려는 변란이자 농민 항쟁 성격도 강한 홍경래의 난이 바로 그 사건입니다.

평안도 지역은 청나라와 무역하기 위한 교통로였기 때문에 상업이 활발했습니다. 평양, 의주, 안주가 도회지로 성장했고, 상인 세력도 많은 자본을 모았습니다. 그리고 평안도 곳곳에 광산이 개발되어 금, 은, 동이 채취되었습니다. 한 마디로 평안도는 상업과 광업이 번성하고 청나라와 교류가 활발한 곳이었습니다.

정치 면에서 볼 때 평안도 지역은 예부터 사족이 존재하지 않는 곳이라는 평가를 받았습니다. 하지만 이러한 평가는 관직 진출에서 이 곳 주민이 받는 차별을 합리화하려는 편견일 뿐이었지요. 평안도에 대한 정치적 차별은 많은 불만 세력을 만들었습니다. 홍경래 난이 진행되는 과정에서 나온 격문 내용을 볼까요?

조정은 서쪽 땅을 마치 더러운 흙과 같이 버버렸다. 심지어 권문 세가의 노비들도 서쪽 땅 사람을 보면 반드시 평안도 놈이라 일컫는다. 서쪽 땅에 있는 사람들 가운데 어찌 억울하고 원통치 않은 자가 있겠는가.

어떤가요? 물론 봉기군에 동참시키기 위한 과장이 섞였겠지만, 서북 사람 차별에 대한 반감이 얼마나 컸는지 알 수 있습니다.

홍경래, 우군칙, 김창시, 이희저 등 반란군 지도부는 오래 전부터 봉기를 준비했습니다. 실제로 홍경래의 난이 일어난 시기는 1811년 12월부터 1812년 4월까지 약 4개월이지만, 홍경래가 동료들을 모으고 우군칙 등이 봉기 자금을 만들어 봉기군을 조직하기까지는 오랜 시일이 걸렸습니다. 반란군은 봉기 이후 청천강 이북 여러 읍에서 기세를 올렸지만, 12월 29일 박천에서 관군에 패하자 정주성에 들어가 농성하며 계속 대항했습니다. 하지만 관군이 땅굴을 파고들어가 정주성을 무너뜨려 1812년 4월 진압되었습니다.

당시 봉기군에 주로 참여한 세력은 상인, 농민, 임금 노동자들이었습니다. 일부는 광부를 모집한다는 핑계로 끌어들였지만 일부는 스스로 참여했습니다. 특히 상인들이 적극 참여하면서 봉기를 주도하려는 의지를 보여 주었지요. 참여 세력 가운데 가장 눈에 띄는 부류가 '장사층(壯士層)'입니다. 장사층이란 무과 시험을 치르지 않은 무예인을 말합니다. 이들은 관직에 진출할 자격이 없는 존재이지만 농민층과는 가장 친화력 있는 사람들이었습니다. 장사층은 홍경래 난이 처음부터 군사적 성격을 띠었음을 보여 줍니다.

홍경래 난 자체가 농민 항쟁은 아니지만, 이 변란에 농민들이 적

관서통문(關西通文)
홍경래의 난이 일어났을 때 관서 지방 각 군현에 군신 사이의 의리를 지킬 것을 종용하는 내용의 통문이다. 평안도 지역 지배층이 홍경래의 난에 대해서 어떻게 대응했는지 잘 보여 준다.

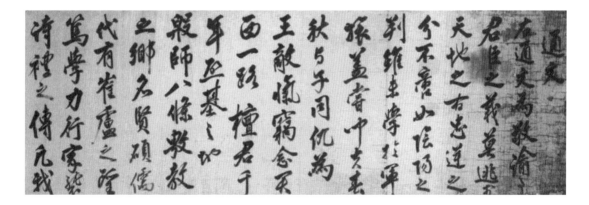

극 참여했음은 아주 중요한 변화입니다. 그 동안 농민들이 합법 공간에서 소극적으로 저항했다면, 홍경래 난에서는 적극적인 저항의 주체, 변혁의 주체로 자기 자리를 찾아가기 시작했다고 볼 수 있기 때문입니다. 봉기 세력은 평안도 차별 철폐, 세도 정치의 부정부패 숙청, 민본 이념 부활을 해결 과제로 내놓았습니다. 당대의 사회 현실에서 가장 고통을 준 부분에 개혁을 촉구한 저항임을 알 수 있습니다.

1862년, 전국에서 농민 항쟁이 일어나다

철종 말년에 해당하는 1862년 경상도, 충청도, 전라도 지방을 중심으로 전국에서 잇따라 민란이 발생했습니다. 왕조 국가 시대에 백성들이 일으킨 반란을 살펴볼 때는 무엇보다 먼저 반란을 일으키는 것 말고는 다른 방법을 찾을 수 없던 사정을 떠올려야 합니다. 국왕에게 신민(臣民)인 백성이 반기를 들었다는 것은 그만큼 절박하고 피할 수 없는 사정이 있었다는 이야기이지요.

1862년 팔도 전역에서 일어난 민란을 현대 역사학자들은 '농민 항쟁'이라고 부릅니다. 민란이라는 용어는 말 그대로 백성들이 일으킨 폭동, 난리라는 뜻으로, 당시 일어난 사태를 정확히 전하긴 합니다. 하지만 백성들의 행동을 폭동, 난리라고 규정하여 잘못된 행동이라는 평가가 들어 있습니다. 만일 인조 반정이 성공하지 못했다면 1623년의 간지를 따서 '계해난'이라고 하고, 반대로 1728년 이인좌의 난이 성공했다면 '무신년의 반정'이라는 이름을 붙였을 수 있다는 점을 생각해 볼 필요가 있지요.

다음으로 국왕 또는 당대의 정권 담당 세력에 맞서 백성들이 무력을 사용한 방식을 두 가지로 나눠 살펴볼 필요가 있습니다. 조직적인 군대를 동원하는 경우와 비조직적인 대중이 참여하는 경우입니다. 민란이란 용어만으로 백성들의 항거를 표현하면, 1862년의 민란과 1894년의 동학란을 분명히 구별하기가 어렵습니다. 그러므로 1862년의 사태를 '농민 항쟁', 1894년의 사건을 '농민 전쟁'이라는 용어로 표현하는 것이 정당할 것입니다. 농민 항쟁보다 훨씬 더 조직화된 농민군이 활동한다는 점이 농민 전쟁이라는 용어에 잘 표현되어 있습니다.

19세기 후반에 발생한 농민 항쟁은 우리 나라 역사에서 엄청난 사건입니다. 농사만을 평생 과업으로 알던 백성들이 향리와 수령에 맞서 들고 일어났다는 사실만으로도 그렇습니다. 게다가 실제로 수령을 비롯한 향촌 사회의 힘 있는 자들에게 맞설 힘을 보여 주었으니 더욱 그러하지요. 다만 농민들이 세상을 뒤엎을 계획을 미리 짠 다음 행동에 옮겼는지는 잘 알 수 없습니다. 하지만 농민이 커진 힘을 바탕으로 수령과 향리, 토호 등 향촌 사회 지배층에 대항하는 움직임을 보였다는 사실이 무엇보다도 중요합니다.

그리고 19세기 후반의 농민 항쟁은 우리 나라 역사를 연구하는 사람들에게 그 당시 사회 문제가 무엇이었고, 그 대책은 무엇이었는지 등 여러 궁금증을 풀어 주는 사건이기도 합니다. 아무 일도 일어나지 않을 때보다 어떤 사건이 벌어졌을 때, 당시 모습을 더 잘 살펴볼 수 있기 때문이지요.

민장 초개장
백성들이 억울한 사정을 호소하여 올린 소장을 민장(民狀)이라 부르기도 했다. 각 군현에 접수된 민장 내용은 정리되어 중앙에 올려졌다. 위 사진은 안동에서 작성한 민장 기록이다.

1862년, 경상도 진주를 비롯하여 전국에서 농민 항쟁이 일어났습니다. 전체 70여 곳 가운데 경상도는 단성·진주·상주 등 20곳, 전라도는 장흥·익산·함평·제주 등 37곳, 충청도는 공주·은진·회덕 등 12곳, 그리고 다른 여러 지역에서 일어났습니다. 농민 항쟁이 일어나자, 조정에서는 안핵사를 파견하거나 주변 군현의 수령을 동원하여 성난 백성들을 다독이려 했습니다. 또 농민 항쟁을 주도한 사람이 누구인지, 왜 그러한 항쟁을 벌였는지 조사하기도 했습니다. 이러한 정부의 조사 활동과 당시 향촌에 살던 사람들이 남긴 기록에서 우리는 1862년 농민 항쟁의 특징을 살펴볼 수 있습니다.

농민 항쟁을 주도한 사람은 대략 두 부류였습니다. 그리고 이 두 부류는 항쟁 전개 과정에서 나타나는 앞뒤 두 단계에 각각 대응합니다. 다시 말하면 관에 부세 문제의 억울함을 호소하는 첫 단계의 주도층과, 무력을 이용하여 봉기하는 다음 단계의 주도층이 다릅니다.

본격적인 농민 항쟁의 앞 단계가 바로 관에 부세 문제 등의 해결을 호소하는 단계입니다. 이 단계는 합법 투쟁을 벌여 나가는 시기에 해당합니다. 향촌 사회에서 발언권이 있고 여론을 주도할 수 있는 토호가 이 단계를 주도했지요. 이들은 지역 여론을 만들고 뜻을 같이하는 사람을 모으기 위해 통문을 돌렸으며, 여러 사람이 모여서 의논하는 향회를 열었습니다. 향회에서 대표자를 뽑아 군현의 수령에게 보내 담판을 짓게 했지요. 이러한 단계를 '정소(呈訴) 단계'라고

하는데, '정'은 올린다는 뜻이고 '소'는 호소한다는 의미입니다. 억울한 내용을 해결해 달라고 관에 요구하는 것입니다.

수령이 호소문을 받고 억울함을 풀어 주는 쪽으로 행동한다면 본격적인 농민 항쟁은 아예 없었겠지요. 하지만 관청의 문은 그렇게 쉽게 열리지 않았고, 수령은 정소 자체를 묵살하거나 주동한 사람을 처벌했습니다. 이제 결단의 순간이 다가왔습니다. 억울함을 가슴에 묻고 그냥 살아갈 것이냐, 아니면 어떤 방법을 써서라도 요구 사항을 받아 낼 것이냐! 이 시점에서 기득권을 누리던 토호들은 몸을 사리기 시작합니다. 반면에 실패해도 아무것도 잃을 것 없는 가난한 농민들은 이제 물불 가리지 않고 나서서 집단으로 무력 항쟁을 시작합니다. 이제 '봉기(蜂起) 단계'에 들어갑니다. 농민들이 벌떼(蜂)처럼 들고 일어나는(起) 단계이지요.

소농, 빈농들은 향회를 기반으로 스스로 농민군을 조직하여 수령이나 악질 지주, 고리대금업자를 공격했습니다. 향리층을 공격하기도 하고, 관청을 점령하고 창고를 뒤집어 놓으면서 관권에 대항하기도 했습니다. 하지만 농민군은 끝장을 볼 때까지 무력 봉기를 이어 가지 못했습니다. 대개 국왕의 처분을 받거나 정부의 회유를 받아들여 조직을 해산하고 향리로 다시 돌아가곤 했습니다.

그 과정에서 일부 농민들은 무력 봉기를 하지 않으면 안 된다는 사실을 강조하고, 끝내 승리할 것이라는 확신을 갖기 위해 일부러 어떤 소문을 퍼뜨리기도 했습니다. 평안도의 홍경래가 아직 죽지 않고 살아 있다거나, 해도(海島)에 참된 도를 깨우친 진인(眞人)이 살고 있어 우리를 구원해 줄 것이라고요. 그리고 농민들 스스로 역량을 키워 나가면서 향회, 민회, 도회 이름이 붙은 조직체를 다진 뒤 다시 농민군 기반으로 활용했습니다.

농민 항쟁에 참여한 농민들의 요구 사항은 거의가 부세 문제 개선과 혁신이었습니다. 삼정의 문란으로 대표되는 부세 문제는 당시 농민들에게 가장 견디기 힘든 일이었습니다. 정부도 농민 항쟁의 주요 원인이 삼정 문란에서 생긴 부세 문제라고 보고, 1862년 윤8월 '삼정이정청'이라는 임시 관청을 설치합니다. 삼정을 개혁하려는 삼정이정청 설치와 아울러 전국의 관리, 유생, 백성 들에게 삼정이정에 관련된 개혁 방안을 올리라고 왕명을 내렸지요. 이 때 나온 전국의 상소문이 바로 '삼정책'입니다.

그러나 백성들의 기대를 받았던 삼정이정청은 몇 개월 만에 백지화되고 말았습니다. 대동법이나 균역법 제정 과정에서 보였던 치열한 논란도 없었고, 정책 마련을 시작하지도 못했습니다. 실제로 몇몇 삼정책만으로 뿌리 깊은 삼정 문란을 해결할 수 있었을까 하는 점도 의문입니다. 어찌 보면 이 시기가 조선 왕조를 새롭게 다질 기회였다고 볼 수도 있는데, 당시 세도 정권에게 그러한 변신을 기대한다는 것 자체가 말이 안 되었지요.

결국 19세기 중후반에 일어난 농민 항쟁의 주도층은 국가 권력을 뒤엎으려는 의지까지는 없었던 것입니다. 물론 농민들 사이에 사회 현실을 변화시켜야 한다는 생각은 계속 불타올랐지요. 그리고 이 때의 경험은 농민 의식이 점점 깨어나면서 다음 세대에 농민 전쟁이 일어나는 데 밑거름이 되었습니다.

1862년 진주 농민 항쟁

1862년(철종 13년) 정월에서 2월에 걸쳐 벌어진 진주 농민 항쟁은 당시 전국에서 일어난 농민 항쟁의 대표 사례입니다. 진주는 대도회지로서 정부의 큰 관심을 불러일으켰고, 그만큼 관련 자료도 많이 남아 있습니다. 또한 농민 항쟁의 주도층이나 전개 과정도 전형적인 모습을 띠었습니다. 그러므로 진주 농민 항쟁은 19세기 중후반 농민 항쟁의 특색을 파악하는 데 아주 좋은 보기입니다.

그럼 진주 농민 항쟁은 왜 일어났을까요? 문제는 도결과 통환이었습니다. 1861년 겨울, 진주 목사는 여러 이유로 징수할 수 없게 된 부세 명목을 모두 모아 전결에 부과하고, 이를 동전으로 바치게 하는 도결을 결정했습니다. 그리고 경상 우병사는 강제로 통환을 거두려고 했습니다. 진주 지역의 여론 주도층을 불러 모아 향응 제공과 위협을 번갈아 해 가면서 우병영 환곡 중에서 본래 액수에서 모자란 부분을 통을 기준으로 백성들에게 할당한 것입니다.

졸지에 도결과 통환을 내게 된 진주목 백성들은 1862년 정

도결 – 경상 우도 함양 군수
1842년 8월 29일 경상 우도 암행어사 김기찬이 올린 서계에 나오는 도결의 사례. 함양 군수가 묵은 폐단을 씻어 내려고 도결(都結)을 실행했는데, 도리어 백성들에게 고통을 주고 있다는 내용이다. 《일성록》, 서울대학교 규장각

통환 – 전라 좌수사
1808년 전라 좌수사 유상량이 의금부에 올린 진술서를 기록한 기사이다. 유상량의 진술에 따르면 환곡을 분급할 때 혹은 통(統=5家)을 기준으로 나누고, 혹은 결(結)을 기준으로 나누는데, 작년 9월에 통환(統還)했다고 한다. 《일성록》, 서울대학교 규장각

월부터 2월까지 정소를 올리는 운동을 펼치고, 계속해서 무력 항쟁을 일으켰습니다. 통문을 돌려 2월 1일과 6일 두 차례 장날에 도회(都會)를 열었습니다. 통문을 작성하고 도회를 이끈 사람은 몰락 양반 유계춘이었습니다. 이 당시의 움직임은 법과 제도 안에서 이루어진 합법적인 정소 운동이었지요. 하지만 정소만으로 도결과 통환을 물리는 것은 불가능했습니다.

이 때 몰락 양반으로서 초군* 조직의 우두머리였던 이계열은 초군 조직을 이용하여 도결과 통환 문제를 해결하려고 했습니다. 당시 초군은 토지를 잃은데다가 소작농 지위도 잃어 농업 임금 노동자로 살아가는 사람들이었습니다. 관아에 땔감과 숯을 공급하는 조직인 초군에 가입한 것이지요. 이계열은 2월 1일에서 6일 사이에 초군 동원을 계획하고 2월 14일 덕산을 먼저 공략했습니다. 이 때부터가 무력 봉기 단계라고 할 수 있지요. 그리고 2월 19일과 20일 목사와 병사를 위협하여 도결과 통환을 혁파한다는 문서를 받아 냈습니다. 그 뒤 2월 23일 진주성에서 철수하고, 부민의 가옥을 무너뜨리고 파괴한 다음 해산했습니다. 진주 농민 항쟁은 봉기에 참여한 농민들이 스스로 해산하면서 마무리되었습니다.

이쯤에서 진주 농민 항쟁의 특징을 알아볼까요? 당시 전국에서 벌어진 농민 항쟁이 거의 그랬듯이 진주 농민 항쟁도 진주 지역 바깥으로 확산되지 않았습니다. 군현이라는 지방 행정 단위는 백성이나 국왕 입장에서 국왕의 보살핌과 가르침이 이루어지는 하나의 독립된 공간입니다. 다시 말해 왕명을 받은 한 명의 수령이 국왕을 대신하여 한 고을 백성들을 다스리는 곳이지요. 따라서 항쟁에 나선 백

초군(樵軍)
초군은 생계를 위해 산에 올라가 목재, 땔감을 채취하는 나무꾼을 가리킨다. 초군들은 농촌에 살고 있지만 농업 생산 현장에서 벗어나 있었다. 농민 항쟁과 관련하여 초군이 눈에 띄는 것은 이들이 일정한 조직을 갖춘 집단이었기 때문이다. 이들은 자체적인 조직체를 이루고 있었는데, 경상도 진주는 각 마을별로 초군 조직이 마련되어 있었고, 그 우두머리를 좌상(座上)이라고 불렀다. 이들은 조선 후기에 점차 사적인 산림 소유가 강화되는 가운데, 주된 산림 소유자인 양반 사족들과 이해 관계가 대립되었다.

성들도 고을 경계를 벗어나 다른 지역 농민들과 힘을 합해 행동하는 것은 생각조차 하기 힘들었습니다.

그리고 농민들이 항쟁을 일으킨 배경에는 국왕을 대신하는 수령이 백성들을 제대로 다스리지 못하고 있다는 사실을 국왕에게 알리려는 목적도 있었습니다. 이 점에서 진주 농민 항쟁은 농민 의식이 성장했음을 보여 주는 동시에, 왕조 국가에서 농민의 정치 의식의 한계를 잘 보여 준다고 할 수 있습니다.

1862년 농민 항쟁의 의의

19세기 후반으로 넘어가는 시점에 크게 번진 1862년 농민 항쟁에는 꼭 짚어 봐야 하는 역사적 의의가 있다.

첫째, 세도 정치가 이루어지던 조선 사회에 어떠한 문제가 있었는지를 확인할 수 있는 사건이다. 농민들은 피지배층이라는 자신의 처지를 알고 있음에도 불구하고, 구체적인 행동과 실천으로 조선 사회의 문제점을 보여 주었다. 부세와 토지 소유 문제, 향촌 사회의 지배 질서 문제 들을 행동으로 보여 준 것이다.

둘째, 조선의 백성들을 구제할 방안이 무엇인지 여러 각도에서 모색하는 계기가 되었다. 많은 사람들이 제출한 삼정책에서 그러한 개혁 방안을 찾아볼 수 있는데, 크게 두 계통으로 정리할 수 있다. 하나는 불합리한 부세 제도를 바꿔 농민 경제를 안정시키고 혼란을 수습하자는 견해이고, 다른 하나는 부세 제도뿐 아니라 농민 경제를 근본적으로 안정시키기 위해 토지 소유 불균등 문제를 개혁하자는 견해이다. 앞의 견해는 부세 제도 운영(삼정의 문란)만 고치면 농민 경제를 안정시킬 수 있다고 보는 소극적이고 개량적인 개혁 방안이다. 반면 뒤의 견해는 토지 제도의 이상적 방안이 정전제, 한전제, 균전제라고 주장하면서 백성들에게 토지를 균등히 나누어 주라고 요구하는 적극적이고 급진적인 개혁 방안이다. 여러 방안이 조정에 올라왔지만, 실제로 백성을 구제하는 실천 방안을 마련하기 위한 토론과 논의는 진행되지 못했다.

마지막으로 농민을 비롯한 백성들의 사회·경제적 지위가 올라가고 나름대로 의식이 성장하면서, 그들이 사회를 이끌어 가는 하나의 세력으로 등장했음을 보여 주었다. 농민 항쟁에 참여한 농민들은 부세 제도 운영 방식에 항의했으며, 관권에 대한 도전을 뚜렷하게 보여 주었다. 사회적 평등 의식 확산과 양반 중심의 사회 질서 변동 과정에서 경제력을 쌓은 일부 농민들은 수령과 결탁하기도 했지만, 농민 항쟁 과정에서는 관권에 대항하고 토호에 맞서 싸웠다. 물론 군현 단위의 경계를 넘어 여러 군현의 농민들이 연합하지는 못했다.

흔히 1862년의 농민 항쟁을 평가할 때 이런저런 이유로 실패했다고 평가하기도 한다. 그러나 굳이 성공과 실패로 나누는 자세는 농민 항쟁을 역사적으로 평가하는 데 방해가 된다. 당시 농민 항쟁에 참여한 농민들이 전혀 생각할 수 없었던 부분을 성공에 필요한 요인이었다고 지적하는 것은 잘못이다. 왜냐 하면 농민 항쟁에 참여한 사람은 과거에 살았던 인물이고, 그들이 살았던 역사적 조건에서 벗어날 수 없기 때문이다. 예를 들어 진주 농민 항쟁에 참여한 농민에게 왜 1894년 농민 전쟁처럼 농민군을 조직하지 않았는지를 따지는 것은, 후대에 살고 있다는 이유로 앞선 시대 사람을 까닭 없이 깔보는 태도라고 할 수 있다.

그 때 인물들이 상상할 수도 없는 조건을 붙여 당신들이 한 일은 실패한 것이니 더 공부해야 한다고 지적하는 것은 뒷 시기에 역사를 공부하는 사람의 월권이다. 예를 들어 조선 시대 사람이 타임 머신을 타고 현대 한국 사회에 왔는데, 그를 국회 의사당에 데리고 가서 국회가 무엇인지 설명하면서 제대로 알아듣지 못한다고 따귀를 때리는 것과 같다. 그러므로 1862년 농민 항쟁을 살펴볼 때, 역사적 의의와 평가를 중심으로 정리하는 자세가 중요하다. 또한 그렇기 때문에 어떤 사건을 평가할 때 역사적 한계, 실패 요인 등을 섣불리 강조하지 말아야 한다. 먼저 당시에 어떤 일이 있었는지 분명히 파악하는 노력이 필요하다. 그 다음에 해석과 평가를 해 나가야 할 것이다.

6

서민 중심의 문화가 꽃피다

조선 후기의 문화 예술

거듭 발전하는 국학 연구

역사학, 주체적이고 객관적으로 발달하다

18~19세기에 역사학 분야에서는 조선의 주체적인 입장에서 역사를 강조하고 정통성을 세우고자 했으며, 실증적이고 객관적인 연구가 이루어졌습니다. 이에 따라 우리 역사에 대한 인식이 넓어지고 다양한 역사서가 등장했지요.

조선 후기 역사서의 특징은 크게 네 가지로 살펴볼 수 있습니다. 첫 번째로 중국 중심의 역사 인식에서 벗어나 민족의 주체적 입장에서 한국사 계통을 체계화했습니다. 안정복이 지은 《동사강목》(1778

년)은 강목체 사서로, 단군에서 기자를 거쳐 조선에 이르는 역사 흐름을 정통론 관점에서 정리했습니다. 정통(正統)이란 '바른 흐름'을 뜻합니다. 역사의 경우 여러 왕조가 같은 시기에 등장했을 때, 어느 왕조 중심으로 역사를 서술하느냐의 문제가 '정통론'이겠지요. 안정복은 스승 이익의 입장을 이어받아 삼한 정통론을 내세웠습니다. 따라서 단군, 기자, 마한(삼한의 대표)을 정통 국가로 치켜세우고, 위만 조선과 한사군을 제외했으며, 이 시대를 중국의 삼대*에 비견하는 이상 시대로 미화했습니다. 중국 출신 위만이 세운 위만 조선과 한나라의 군현인 한사군을 우리 역사의 '바른 흐름'에서 빼놓은 것입니다. 그리고 고구려, 백제, 신라가 나란히 존재했던 시기는 어느 한 나라만 정통 국가로 설정할 수 없는 시기로 처리했습니다. 이러한 안정복의 역사 서술은 우리 나라 역사를 주체적이고 체계적으로 파악하는 데 중점을 둔 것입니다.

강목체란 하나의 역사적 사실을 간추려 강(綱)으로 내세우고, 그것을 일일이 다시 설명하는 목(目)을 붙이는 체제입니다. 강목체로 사서를 쓰려면 일관된 서술 기준이 필요합니다. 다시 말해서, 역사를 보는 하나된 관점이 있으면서 역사 전체에 대한 식견이 풍부해야 합니다. 안정복이 수십 년에 걸쳐 완성한 《동사강목》은 강목체뿐만 아니라 광범위한 사료를 수집하여 비교 검토하는 등 고증학*적 연구 방법을 따랐습니다. 역사 지리학 측면에서도 많은 성과를 거두어 조선 후기의 대표 사서로 꼽히지요.

두 번째로 실증적이고 객관적인 역사 서술이 한층 강화되었습니다. 역사에 대한 사실 여부를 충실히 고증하여 확인하려는 태도가

삼대(三代)
중국 하, 은, 주 세 왕조가 이어지던 시대로 중국사에서 이상으로 삼던 시대.

고증학(考證學)
옛 문헌에서 확실한 증거를 찾아 실증적으로 연구하려고 하는 학문. '고증'이란 옛 문헌이나 유물을 서로 견주어 살펴보아 증거를 대어 설명하는 것을 말한다.

강역(疆域)
한 나라의 통치권이 미치는 지역.

나타났지요. 한치윤(1765~1814년)의 《해동역사》는 만주 지역을 비롯한 조선의 강역*을 집중적으로 고증하여 정확한 위치를 밝혀 내고자한 사서입니다. 옛날에 쓰이던 지명이 자신이 사는 시기에 어느 곳에 해당하는지를 충실히 밝혀 내고자 했지요. 그리하여 조선의 국토와 자연 환경이 독특한 개성을 지녔음을 뚜렷이 일깨웠습니다. 그는특히 문헌을 철저히 고증하여 역사 지리 분야에 탁월한 업적을 남겼습니다. 이와 더불어 우리 문화의 뿌리인 '동이 문화권'에 대한 인식이 깊어지고, 우리 국토와 자연 환경, 언어, 풍속, 종교, 혈통의 독자성에 대한 자각이 깊어졌습니다.

《해동역사》는 한치윤이 서술한 원편 70권과 그의 조카 한진서가보충한 15권 6책으로 구성되어 있습니다. 1814년 한치윤이 세상을뜨자 한진서가 이어받아 1823년 마무리하여 펴냈습니다. 조선과 중국, 일본 서적을 포함하여 모두 550종에 이르는 책에서 자료를 뽑아썼습니다. 중국, 일본 등지의 자료를 활용하여 조선의 역사를 더 객관적으로 서술하면서, 역사와 지리학을 결합시켜 주요 지역에 대한 지리 고증을 시도했습니다.

세 번째로 고대사 연구 분야가 크게 확대되

해동역사
조선 후기 한치윤 등이 펴낸 우리 나라 역사책이다. 원편(原篇) 70권은 한치윤이 저술하고, 속편(續編, 지리고) 15권은 조카 한진서가보충하여 완성했다. 편년체 서술과 지리고, 인물고, 식화지 등 지(志)로 구성되어 있다. 사진은 조선광문회에서 1912년에 간행한 것의 표지이다.

었습니다. 발해에 대한 관심은 유득공이 쓴 《발해고》에 분명히 드러났고(6권 《발해》 218~221쪽 참고), 만주 지방까지 우리 역사에 넣은 역사서가 등장했습니다. 또한 같은 맥락에서 만주 수복에 대한 열망에서 고대사 강역에 대한 역사 지리 연구가 활발해졌습니다. 그리고 섬과 바다 중심의 방위 개념인 '해방'에 관심이 높아지면서 도서 지역에 주목하기도 했습니다.

네 번째로 야사(野史)에도 많은 학자들이 관심을 두었습니다. 정조 때 학자 이긍익이 지은 《연려실기술》은 조선 시대의 야사 총서입니다. 30여 년에 걸쳐 완성한 이 책은 59권 42책에 달하는 방대한 분량으로 기사 본말체 형식으로 씌어 있습니다. 어떤 사건을 중심으로 그 사건에 관련된 기사를 모두 모아 사건 전체 모습을 한 곳에 기록하는 형식을 기사 본말체라고 합니다. 이 방식은 기전체나 편년체 방식에서는 하나의 사건에 대한 기사가 여러 곳으로 나뉘어 사건 전체 모습을 살피기 어렵다는 점을 보완한 것입니다. 이긍익은 역사적 사실을 취사 선택할 때 객관적인 탐구 태도를 취했으며, 아주 공정하여 사사로운 마음 없이 불편부당함을 잘 지켜 이 책을 썼다 평가받고 있습니다.

체계를 갖춘 지리지 편찬과 지도 제작

영조와 정조 때 지리지 편찬과 지도 제작이 활발히 이루어졌습니다. 전국의 군현 실태를 답사와 현지 조사를 하여 객관적으로 설명한 인문 지리서들이 여럿 나왔습니다. 지도 제작은 군사 행정적 목적뿐만 아니라 산업, 문화, 교통 면에서도 필요했습니다.

영조 때인 1757~1765년 사이에 읍지(邑誌) 313개를 한데 모아 만든 책이 《여지도서(輿地圖書)》입니다. 군현뿐만 아니라 영과 진, 곧 군사 주요 거점의 현황도 정리하여 실었지요. 조정에서 '읍지 편찬 규정'을 정해 내려보냈고, 이에 따라 각 군현에서 만들어 올린 읍지를 그대로 모아 《여지도서》를 만들었습니다. 때문에 각 읍지의 항목 구성은 똑같지만 어느 것은 내용이 아주 상세하고 어느 것은 간략하다는 차이가 있습니다. 군현별 읍지를 보면 앞부분에 채색된 군현 지도가 붙어 있고, 전결(田結) 크기, 부세 부담 내역 등이 적혀 있습니다. 18세기 중엽의 사회·경제를 살펴보는 데 큰 도움을 주는 자료이지요.

영조 때에는 특히 도성 방위와 왕권 강화의 필요성에 따라 지도를 제작하기도 했습니다. 도성 방위 방법을 도성 사람들에게 알리기 위해 만든 《수성윤음》에 〈도성 삼군문 분계지도〉가 실려 있는데, 이것은 인쇄된 최초의 서울 지도입니다. 또한 영조 때 군현 지도인 열읍도, 팔도도, 전국도 등 행정 지도를 체계를 밟아 펴냈습니다.

1708년에는 중국에서 활약하던 선교사 마테오 리치가 만든 세계 지도 〈곤여만국전도〉를 본떠 〈건상곤여도〉가 제작되었습니다. 이 지도에는 최석정의 발문이 있는데, 현재 서울대학교 박물관에 보관되어 있습니다. 이 같은 세계 지도와 짝하여 18세기에는 정상기가 조선에서 처음으로 백리척을 사용하여 〈동국지도〉를 만들었습니다. 정상기가 창안한 백리척은 당시의 지도 제작 방식을 한 단계 발전시킨 방법이었습니다. 백리척은 우리 나라의 특수성을 고려하여 평지는 100리를 1척으로 계산하고, 굴곡이 심한 지역은 120~130리로 차등을 두어 더욱 사실에 가까운 직선 거리를 계산

동국문헌비고

《동국문헌비고》는 1770년(영조 46) 8월에 영조의 왕명에 따라 김치인 등이 우리 나라의 역대 문물 제도에 관련된 사항을 모아 만든 책이다. 13개 항목으로 나누었는데, 지리·학교·부세·호구·관직 등이 주요 항목이다. 이 책은 이후 두 차례 교정 보완 과정을 거쳐 20세기 초에 《증보문헌비고》로 크게 모습을 바꾸었다. 먼저 정조 때 빠진 것과 잘못된 것을 이만운이 교정하여 1790년 《증정문헌비고》가 편찬되었다. 다음으로 대한제국 시기인 1903년 문헌비고 찬집청을 설치하여 대대적인 증보 작업을 했고, 1907년 《증보문헌비고》가 완성되었다. 한국학의 여러 분야에서 기초적인 사실이나 제도를 살펴볼 때 가장 먼저 꺼내 보는 책이 《증보문헌비고》이다.

할 수 있었습니다.

1770년(영조 46) 신경준이 제작한 《동국여지도》는 〈열읍도〉 8권과 〈팔도도〉 1권, 족자로 된 〈조선전도〉 세 종류를 묶은 것입니다. 신경준의 지도는 정조 때까지 규장각에 보관되었음을 확인했지만 20세기 초 이후 행방을 알 수 없습니다. 신경준은 지도 제작에 앞서 이미 정밀한 지리서를 편찬해 왔고, 이를 종합하여 《동국문헌비고》의 〈여지고〉 편찬을 담당했습니다. 신경준은 지리지 편찬과 지도 제작을 같이 해낸 사람입니다.

영조 전반기에는 개별적인 관방 지도 제작도 매우 활발했습니다. 특히 비변사의 지시에 따라 많은 관방 지도를 제작했는데, 이는 영토 확장 정책의 하나였지요. 여기에는 농지 개척에 중점을 두고 지도를 제작하여 세금을 좀더 쉽게 거두려는 의도도 깔려 있었습니다. 또한 도서 벽지에 대한 해안 방어 정책이 강화되면서 섬 지도도 제작했습니다. 특히 나라의 운명을 최후에서 보장하는 중요한 곳으로 여긴 강화도의 지도는 여러 차례 제작되었지요.

그리고 정조 때 전국의 지리지 편찬과 지도 제작 사업이 다시 한번 일어납니다. 먼저 지리지 편찬 사업으로 1788년(정조 12)부터 《해동여지통재》(60권)를 편찬하기 시작했습니다. 여기에는 서울과 화성, 개성, 남한(광주), 강화의 연혁, 궁전 건물 등을 자세히 기록했습니다. 서울과 네 유수부의 밀접한 관계를 앞부분에 넣고, 이어서 팔도의 지역 현황을 정리했지요. 정조는 정항령의 아들 정원림에게 제작을 맡겼습니다.

정조 후반에는 전국 전도(1791년 제작)와 도별도, 그리고 군현 지도가 제작되었습니다. 그런데 정조 때 지도는 조선에서 측량한 북극 고도를 고려하여 만들어졌습니다. 지도 제작과 북극 고도는 어떤 관계일까요? 좀 어렵긴 하지만 요점만 설명하지요. 북극에서 남극으로 이어지는 가상의 선 위에 한성부와 지방 각 지역이 어느 위치에 있는지를 따지는 것이 북극 고도를 산정하는 것입니다. 당연히 북극 고도가 1도 또는 2도 차이가 나면 실제 지표면의 거리도 떨어져 있게 되는데, 1도가 200리에 해당한다고 보았습니다. 지도를 제작할 때 땅을 실측하여 산출한 두 지역의 거리를 북극 고도 측정으로 확인할 수 있다면, 훨씬 정확하게 지도를 제작할 수 있습니다. 정조 때 제작된 〈동국지도〉는 1830년대부터 활발하게 지지 및 지도 제작을 한 김정호, 최한기, 최성환, 신헌 등에게 직접 영향을 끼쳤습니다.

18세기 전국 군현 지도집 《해동지도》에 담긴 뜻

영조 때 만들어진 《해동지도》는 좀 작다 싶은 회화식 군현 지도집이다. 전국 군현도를 모두 망라하여 8책으로 편집했고, 여기에 〈조선전도〉, 〈도별도〉, 〈천하도〉, 〈요계관방도〉 들도 실려 있다. 조선 시대에는 군현 지도를 만들 때 군현의 지형, 지물, 도로 등만 그리지 않고 전답의 면적, 호구의 크기, 창고 같은 중요 건물, 관원 숫자 등의 정보도 지도 곳곳에 표시했다. 지도에 표시된 정보는 비슷한 시기에 만들어진 다른 지도, 읍지 등의 기록과 비교할 수 있고, 이러한 과정을 거쳐 지도가 만들어진 연대를 파악할 수 있다.

《해동지도》에 수록된 군현 지도는 1735년 무렵 비변사에서 제작하여 활용하고 있던 회화식 군현 지도집을 바탕으로 한 것이었다. 다시 말해서 비변사에서 이미 사용하던 군현 지도집을 모사하여 새롭게 편집한 지도책이다. 그렇다면 영조가 굳이 《해동지도》라는 새로운 군현 지도집을 만든 이유는 무엇이었을까? 서울 시립대학교 배우성 교수가 이 점을 자세히 살펴보았다.

첫째, 《해동지도》는 전국의 모든 군현을 망라하는 '전국 군현 지도집'이라는 뚜렷한 목적 의식 아래 만들어졌다. 비변사에서 제작 활용한 군현 지도집이 '도' 단위로 하는 실용 중심의 지도집이라는 성격과 비교된다.

둘째, 지도의 공간을 활용하여 군현의 연혁, 서원 현황, 토산품 등의 정보를 기록했다는 점이다. 이는 《해동지도》라는 군현 지도집을 활용하여 각 군현의 특색을 전체적으로 파악하려 한 의도에서 나온 것이다. 읍지 성격을 곁들인 새로운 군현 지도집인 셈이다.

셋째, 《해동지도》는 비변사가 아닌 국가의 학술 활동을 주도하던 홍문관에서 펴낸 것으로 추정된다. 영조 때 홍문관은 붕당의 공론을 형성하는 언론 기관이 아니라, 국왕 중심의 국정 운영을 돕는 관청으로 바뀌고 있었다. 이 과정에서 학술 활동을 주관하던 홍문관이 각 군현의 현황을 종합하기 위해 군현 지도집 편찬을 주도한 것으로 보인다. 홍문관의 기능 변화는 영조가 추진한 탕평책으로 말미암은 것이었다.

이렇게 볼 때 영조가 비변사의 도 단위 군현 지도집 대신 굳이 전국의 군현 지도집을 펴낸 것은 바로 국왕 중심으로 정치를 운영하려 한 탕평책의 하나였다고 설명할 수 있다.

정조 때 지도 제작에서 또 하나 중요한 일은 1794년(정조 18) 화성 성역을 시작하면서 병행한 전국의 성도(城圖) 제작입니다. 정조는 전국 성도를 하나로 모아 《성도전편》을 펴내려 했지요. 이 때 만든 지도가 〈도성도〉입니다. 1787년(정조 11)에서 1802년(순조 2) 사이에 제작한 것으로 보이는 이 지도는 서울을 북쪽에서 남쪽을 바라보고 그린 유일한 지도입니다. 이 지도는 세련된 진경 산수화로 도성 주변 산세를 아름답게 그려 예술 작품의 수작으로도 꼽히지요. 또 초월적 군주상을 과시하려 한 정조의 의지가 반영된 지도라고 할 수 있습니다.

도성도
18세기 후기에 지도와 산수 풍경를 조화시켜 서울의 성 안쪽과 주변 지역을 그린 지도. 제작자는 밝혀져 있지 않으나 그림과 글씨로 보아 정부 기관인 도화서에서 그린 것으로 추정되며, 제작 연대는 지도의 종묘 동쪽에 표시된 장용영을 기준으로 추정할 수 있다. 곧 장용영 청사는 1787년(정조 11)에 이현 별궁에 마련되어 1802년(순조 2)까지 존속되었으므로, 이 기간에 제작되었음을 알 수 있다.

한의학의 발전

17세기에 허준의 《동의보감》으로 우리 나라 전통 한의학이 체계를 갖추었다면, 18세기 이후에는 한 발 더 나아가 한의학의 이론과 실제 치료 기술을 결합시키는 일이 더욱 구체화되었습니다. 마진(홍역)의 증상과 치료법을 정리한 정약용의 《마과회통》(1798년)은 영조 때 이헌길이 지은 《마진방》 등 여러 의학서를 참고한 것입니다.

19세기 들어서면서 한의학은 기본적으로 허준의 《동의보감》을 실용적으로 활용하는 방향으로 나아갔습니다. 그러한 성과는 19세기 후반 황도연·황필수 부자의 의서 편찬으로 나타났지요. 황도연은 《의종손익》(12권)을 지었는데, 《동의보감》이 분량이 너무 많아 이용하기 불편하여 이 책을 지었다고 설명했습니다. 그리고 여러 의서를 참고하고, 자신의 경험이나 민간의 속방(俗方)도 증보했습니다. 그의 아들 황필수는 조선의 각종 약재를 정리한 《방약합편》(1권)을 지어 약재의 특성을 밝혀 놓았습니다. 이러한 움직임은 개항 이후 서양 선교사, 의사의 의약 활동과 연관됩니다.

19세기 말 이제마가 저술한 의서가 《동의수세보원》입니다. 1894년(고종 31)에 일부 내용이 간행되었고, 계속 증보하여 1901년(광무 5) 제자의 손에 완결되었습니다. 이 책에는 이제마의 사상 의학설*이 잘 정리되어 있는데, 그는 사람의 체질을 사상(四象), 곧 태음인·태양인·소양인·소음인, 이 네 가지로 나누었습니다. 이제마는 사상 의학설을 실증하기 위해 많은 실험을 시도했습니다. 처녀에게 수치심을 불러일으켜 체질을 파악한다든지, 사람들에게 시비를 걸어 성격의 완급과 표정 변화를 살피면서 사상의 성질을 적용하기도 했습니다.

이제마의 사상 의학설
이제마는 질병을 치료할 때 증세보다는 체질에 중점을 두고 치료해야 한다고 주장했다. 질병 예방과 치료의 초점을 증세가 아니라 사람 중심으로 바꾼 것이다. 그는 사람을 태음인, 태양인, 소양인, 소음인으로 구분했다. 인간의 몸은 이 네 가지 중 하나의 체질에 속한다는 것이다. 이렇게 나눈 기준은 각 개인별 장기의 크기이다. 폐(허파)가 크고 간이 작은 사람을 태양인, 이와 반대인 사람을 태음인이라고 보았다. 동시에 비(지라)가 크고 신(콩팥)이 작은 사람을 소양인, 그 반대인 사람을 소음인이라 했다.

그리고 사상인의 각 체질에 맞는 약초 성분을 실험하기 위해 산간 벽지에 들어가 각종 약초를 실험하기도 했습니다. 이제마의 사상 의학은 조선 고유의 의학 발달 과정에서 이전과는 다른 가능성을 보였다는 점에서 중요하다 하겠습니다.

문학과 예술, 새 흐름을 만들다

훨씬 다양해진 한문학

조선 후기의 사회 변동은 문학 활동에도 그대로 반영되었습니다. 한문학 작가층이 크게 넓어졌고, 문학 작품의 내용도 중화 중심의 세계관에서 많이 벗어났습니다. 또한 대상과 묘사에서 현실성이 훨씬 높아진 작품이 많이 나왔고, 관인들 사이의 전통 문학을 이은 한문학 사대가(四大家)가 나타났습니다. 한편 정치 변동과 맞물려 정조가 문체반정을 이끌기도 했습니다. 하나씩 살펴볼까요?

첫째, 예전에 사대부에 국한되었던 한문학 작자층이 중인층까지 확대되었습니다. 이들을 위항인(委巷人), 여항인(閭巷人)이라고 불렀습니다. 앞 장에서 말했던 것 기억나지요? 위항인에는 서리, 아전, 서얼, 역관이 망라되었고, 이들은 다양한 문학 활동을 펼쳤습니다. 특히 시사(詩社)를 결성하거나 시회(詩會)를 열면서 시문을 창작하여 서로 주고받았습니다. 역관 시인들은 청과 일본을 다니면서 외국 문물을 받아들여 시대의 변화에 앞장 서는 모습을 보여 주었습니다.

둘째, 조선 후기의 사회 현실을 반영한 한문학 작품이 많이 등장했습니다. 정약용이 지은 한시에서 농민이나 어부 같은 하층민의 괴로움을 읊은 작품을 많이 찾아볼 수 있습니다. 정약용은 또 한자를 이용해서 조선 고유의 정서와 의미를 담아 조선 사람만 이해하고 감상할 수 있는 한시를 지었습니다. 예를 들어 북동풍을 뜻하는 높새바람을 한자로 '고조풍(高鳥風, 높은+새+바람)'으로 표기하거나, 보릿고개를 '맥령(麥嶺, 보리+고개)'으로 쓰는 식이었습니다. 이렇게 한자를 우리 식으로 차용하고, 우리 속담을 사용하는 따위의 창작 방법을 나중에 김삿갓이 한시에 그대로 인용했지요.

셋째, 한문학의 여러 갈래 가운데 '전(傳)'이라는 산문 형식이 조선 후기에 성황을 이루었습니다. 《사기》의 〈열전〉에서 비롯한 이 형식은 사람의 일생을 간략히 서술하거나 사물을 의인화하여 지은 산문입니다. 조선 후기에 많은 작자들이 기록물이면서 문학물인 전을 지었습니다. 양반 신분에 한정되었던 대상이 중인인 역관, 의원, 화원으로 확대되었고, 소설적 요소를 띠기도 했습니다. 그리고 이런 작품 속에서 독자들은 인간의 본질과 당시의 현실과 규범을 읽을 수 있습니다. 이 밖에 몽유록(夢遊錄)에 해당하는 작품이나 야담으로 분류되는 작품도 많이 나타났습니다.

하지만 한문학에서 가장 눈에 띄는 분야는 한문 소설입니다. 조선 전기에는 김시습이 처음으로 선보인 《금오신화》 이후 한문 소설은 대부분 남녀 사이의 애정을 다루었습니다. 또한 기이한 이야기가 주를 이루어 전기(傳奇) 소설로 불리기도 했습니다. 조선 후기 한문 소설의 서막은 이미 허균의 손에 이루어졌습니다. 그가 지은 〈장생전〉은 전이면서 소설 성격을 띠었고, 지어낸 내용을 많이 담았습니다.

18세기 후반 박지원과 이옥이 지은 한문 단편 소설은 주옥 같은 작품으로 평가받고 있습니다. 그 가운데 박지원의 한문 소설은 아주 잘 알려져 있지요. 〈허생전〉 같은 그의 한문 소설은 다양한 신분층이 주인공으로 등장하고, 양반 사회의 숨겨진 치부와 잘못된 현실의 실상과 그 뒷면을 그대로 보여 줍니다. 물론 허구 세계지만 박지원의 한문 소설을 읽어 보면 그가 살았던 사회의 모습을 눈으로 보는 듯합니다.

고대 한문 소설선
1979년 대제각 출판사에서 펴낸 《고대 한문 소설선》이라는 책이다. 〈금오신화〉를 비롯하여 많은 한문 소설이 실려 있는데, 박지원의 작품인 〈예덕선생전〉, 〈민옹전〉 등이 뽑혀서 같이 실려 있다.

한편 이옥의 한문 소설은 그의 이름만큼이나 일반 대중에게 잘 알려져 있지는 않습니다. 하지만 박지원에 비해 훨씬 많은 소설 작품을 쓴 그는 입에서 입으로 전해 오던 설화를 소설로 형상화했습니다. 그리고 여항, 곧 백성들이 살아가는 현실 세계의 일상을 담아 냈다는 데 의의를 부여할 수 있습니다.

조선 시대에는 조선 사회의 정신적 바탕이라 할 수 있는 주자학적 세계관에 따라 문학을 도(道)를 추구하는 수단으로 보는 효용론적 입장이 주류를 이루었습니다. '문(文)은 도(道)를 싣는 그릇'이어야 한다는 입장이지요. 곧 도의 성취, 도의 확산, 또는 도 자체를 문학에서 다루어야 한다는 것입니다. 지극히 도덕적인 문학관이라고 할 수 있지요.

이것도 알아 두세요

정조의 문체반정에 맞선 천재 작가 이옥

조선 후기의 문인 이옥(李鈺, 1760~1816)은 한 마디로 때를 잘못 타고 태어난 천재였다. 정조 때 관직에 진출할 기회를 문체(文體) 문제로 놓치면서 자신의 이름을 역사에 깊이 새길 운수를 잡지 못했다. 하지만 '주머니 속의 송곳'은 언젠가 '주머니'를 뚫고 나오게 마련이듯, 이옥의 이름은 그의 글과 함께 지금 세상에서 널리 알려지고 있다.

그의 글로는 친구 김려(金鑢)가 교정하여 자신의 문집인 《담정총서》에 수록한 11권의 산문과, 《예림잡패》에 시 창작론과 함께 남긴 〈이언(俚諺)〉 65수 등이 전한다. '이언'은 민간에 떠도는 속된 말이라는 뜻이다. 이옥은 자신의 시 창작론에 따라 일상 용어를 활용한 한시 작품 모음의 제목을 〈이언〉이라 붙였다.

이옥의 생애는 대부분 알 수 없다. 그런데 《정조실록》에 그의 이름이 특별한 의미를 갖고 등장한다. 정조의 문체반정(文體反正)의 직접 대상자로 지목되어 처벌받은 인물이 바로 이옥인 것이다. 1792년(정조 16), 성균 유생으로 있던 이옥은 소설식 문체로 지은 글 때문에 경박한 문체를 바꾸라는 정조의 경고를 받았다. 그런데 이옥은 문체를 바꾸지 않았고, 정조는 매일 10편씩 10일 동안 시를 지어 바치라는 명을 내리기도 하고, 과거 응시 자격을 박탈하기도 했다. 그리하여 1795년 충청도 정산현(지금 청양군)의 군적(軍籍)에 이름이 올랐고, 그 해 9월 다시 문체 문제로 경상도 삼가현(三嘉縣)의 군적에 편입되었다. 그 뒤 1799년 10월에서 다음 해 2월까지 삼가현에 머물다가 귀경하기도 했다.

이러한 고초를 겪으면서도 이옥은 자신만의 독특한 글 쓰기 방식을 바꾸지 않았다. 결국 관직에 나가기를 포기한 이옥은 경기도

위진 삼당
위진은 남북조 시대를 가리키고, 삼당은 당나라 시대를 세 시기로 나누어 초당, 성당, 만당으로 구분한 것을 말한다.

조선 후기에 와서 자연이 지닌 원래의 성질이나 작용, 또는 천연의 속성을 의미하는 천기(天機)에 근거하여 시문을 지어야 한다는 '천기론'이 눈길을 끌었습니다. 인·의·예·지와 같은 바른 심성을 강조하는 성정론과 큰 차이가 있지요. 시적 감정을 자연스럽게 표현하는 것을 중시하고, 도덕 규범에 따라 기교에만 치중하는 것을 반대하는 입장

남양으로 내려가 전원 생활을 하며 저작 활동을 했고, 이후의 생애는 알려진 것이 없다.

이옥의 글 가운데 특히 전(傳) 23편이 유명하다. 박지원이 남긴 9편의 전에 비해 분량이 훨씬 많고 내용도 더욱 풍부하다. 전은 전기 형식의 소설로 볼 수 있는 산문인데, 현실 세계에서 소재를 찾아 가공의 일화를 곁들인 문학 형식이다. 이옥이 남긴 전은 특히 등장인물이 포수, 의원, 거지, 도둑, 장사꾼, 병졸, 기생 들과 같이 사회적으로 낮은 대우를 받는 부류여서 당시의 현실 세계를 풍부하게 보여 준다.

이옥은 남녀 관계를 노래한 민요를 한시로 옮긴 〈이언〉 앞부분에 붙인 '삼난(三難)'이라는 제목의 긴 서문에서 자신의 시 창작론을 제시했다. 이옥은 "나는 요즘 세상의 사람이다. 내 스스로 나의 시, 나의 문장을 짓는데 선진양한(先秦兩漢)*과 무슨 관계가 있으며, 위진삼당(魏晉三唐)*에 무어 얽매일 필요가 있는가"라고 자부했다. "문장은 반드시 선진양한을 본받고, 시는 반드시 성당을 본받아야 한다(文必秦漢 詩必盛唐)"는 관행이 철칙으로 여겨지던 시기에, 이옥은 자신만의 독특한 문학관을 제시했을 뿐만 아니라, 그에 근거한 작품을 지어 놓았다. 바로 〈이언〉이다.

〈이언〉에서 이옥이 주로 묘사한 소재는 '도시 여성의 다채로운 삶'이다. 그 중에서도 천한 백정의 딸로 태어난 여성의 파란만장한 삶을 장편 서사시로 엮었다. 〈이언〉에서 이옥은 남녀 관계를 여성적 감각으로 묘사했고, 우리말 어휘와 어법을 대담하게 활용하기도 했다. 18세기 후반에서 19세기 초반에 걸쳐 조선 사회의 일상 생활, 여성의 삶 등을 문학 작품으로 표현한 이옥의 글은 오늘날 높은 평가를 받고 있다. 그가 남긴 한시나 전을 모아 번역한 《역주 이옥 전집》이 발간되는 등 많은 연구가 이루어지고 있다.

이었습니다. 시인의 개성까지 강조하는 천기론은 중인층 문학을 인정하는 이론적 바탕이 되었습니다. '자연스러움', '개성' 등을 시인의 중요한 요건으로 보았기 때문에, 중인을 비롯한 하층 문학도 정당성을 얻었지요. 이성보다는 감성을 강조하는 천기론은 새로운 문학론으로 등장하여 문학의 다양성을 더욱 높여 주었습니다.

선진 양한
진시황 이전 시기를 선진이라 하는데, 춘추 전국 시대를 말한다. 왕망이 왕 자리를 빼앗은 시기 앞뒤인 전한과 후한을 합해 양한이라 한다.

조선의 회화, 새로운 독창성으로 빛나다

조선 후기 회화의 특색을 한 마디로 표현한다면 바로 독창성입니다. 진경 산수화, 풍속화, 민화를 들여다보면, 이전과 다르게 새롭고 두드러진 경향의 회화가 발전했음을 알 수 있습니다. 가장 한국적이고 민족적인 화풍들이 이 시대를 수놓아 독창적인 조선 회화가 번성한 시기라고 할 수 있지요. 물론 18세기 이후 청나라 회화와 서양 화풍이 조선 회화에 영향을 끼친 점을 무시할 수는 없습니다.

중국의 남종화법(《조선 2》 283쪽 참조)을 토대로 조선의 산천을 독특한 화풍으로 표현한 '진경 산수화'가 정선 일파를 중심으로 크게 발달했습니다. 본디 조선 산천의 실제 모습을 소재로 그리는 실경 산수는 이미 고려 시대에 생겨나 조선 초기와 중기까지 계속 이어져 왔습니다. 정선 일파의 진경 산수는 조선의 실경을 소재로 다룰 뿐만 아니라 남종화법을 새로이 발전시킨 화풍이라는 점이 특징입니다. 상상으로 그린 관념적 산수화가 아니라 실제로 보고 느낀 경험을 생생하게 화폭에 담기 때문에, 진경 산수는 농도 짙은 생동감을 자아냈습니다.

정선은 도화서 화원으로 일하면서 그림을 그렸습니다. 나중에 지방 수령까지 맡았는데, 전국의 명승지를 찾아다니며 진경 산수화를 그렸지요. 그 가운데 금강산을 그린 〈금강전도〉는 가장 유명한 그림입니다. 그림을 보면, 먼저 위에서 굽어보는 시선 처리와 원형으로 산세를 모은 구도가 독특합니다. 왼쪽은 무성한 침엽수림이 어우러진 부드러운 토산(土山)이고, 오른쪽은 화강암의 예리한 봉우리가 번득이는 골산(骨山)으로 그려져 있습니다. 1734년에 그렸다고 전하는

金剛全圖
謙齋

二子華省皆山行人用
爲爲衆嶺衆香浮
拔萃外
氣雅諸
眼
泰人素
平林松
似宲圖縱令斷
須今遠多似快速者不授

정선이 그린 〈금강전도〉 우리 나라 진경 산수화의 걸작 중의 걸작으로 꼽힌다.

이 그림은 '아! 이게 바로 진경 산수화구나' 하고 금방 그 특색을 알아보게 하는 걸작 중의 걸작입니다. 정선의 화풍을 이어받은 강희언, 김윤겸, 최북, 김응환 등이 18세기 후반까지 활발하게 활동했습니다.

의관을 차려입은 강세황
조선 후기 문인 화가인 강세황이 의관을 차려입은 모습이다. 강세황은 강희언 등 당대의 화가들과 교류했으며, 김홍도 신위 등 제자를 배출하는 등 당시 화단의 중심 인물이었다. 또한 그는 그림을 제대로 볼 줄 아는 감식안을 지닌 인물로 이름이 높았다.

선면 산수도
강세황이 부채에 그린 그림으로, 남종화풍을 바탕으로 산수를 표현했다.

계회도(契會圖)
사족들의 친목 모임인 계회 장면을 그린 그림. 봄이나 가을에 경치 좋은 곳이나 정자에 모여 술과 시를 즐기는 모임을 갖고, 이를 기념하기 위해 그림을 그려 참석자들이 한 폭씩 나누어 가졌다.

한편 조선 후기 사람들의 생활상과 애정 행각을 해학적으로 다룬 '풍속화'가 김홍도와 신윤복에 의해 크게 번성했습니다. 조선 후기 풍속화 하면 김홍도와 신윤복 두 사람이 자연스럽게 입에서 튀어나옵니다. 그만큼 유명하다는 이야기지요. 특히 김홍도는 일하는 백성들의 모습과 생산 활동, 생산 도구를 소재로 재미있는 그림을 그렸습니다. 1745년에 태어나 적어도 60세 이상까지 살았을 것으로 추정되는데, 그의 생애에 대해 상상력을 자극하는 여러 가지 믿기 어려운 일화가 전하기도 합니다. 김홍도가 일본으로 건너가 자신의 재주를 과시했다는 이야기도 그 중 하나이지요.

풍속화는 조선 초기와 중기의 각종 계회도*를 비롯한 기록화에서 그 연원을 찾을 수 있습니다. 계회도는 사족의 생활 모습을 그린 '사족 풍속화(사인 풍속화)'라고 할 수 있지요. 그리고 산수화나 기록화 한쪽 구석에 구경꾼이나 지나가는 사람을 그려 넣은 모습에서 풍속화 성립 과정을 엿볼 수 있습니다. 구경꾼이나 지나가는 사람을 주된 소재로 삼으면 풍속화가 되지요. 당시에 '속화'라고도 불리던 풍속화는 김홍도, 신윤복, 김득신 등 도화서 화원들을 중심으로 발전했습니다.

김홍도는 주로 서민 생활의 단면들을 소재 삼아 해학적으로 표현했습니다. 김득신도

김득신이 그린 〈성하직리〉
한여름에 짚신을 삼고 있는 아버지, 이를 지켜보는 할아버지와 아들, 그리고 개 모습에서 한여름 농가의 풍경을 엿볼 수 있다.

마찬가지로 서민 생활과 직접 관련된 소재를 찾아 이를 집중 묘사했습니다. 계회도를 관복을 차려입은 양반을 그린 기록 사진이라고 한다면, 풍속화는 바지 저고리와 치마 저고리를 입은 서민을 주인공으로 삼은 활동 사진으로 비유할 수 있습니다. 그림 속에서 백성들의 모습이 살아 움직이는 것입니다. 화원들이 풍속화를 그린 배경에는 이러한 그림을 요구하는 수요층이 있었습니다. 곧 당시 서민들의 지위가 향상되면서 이들의 생활상을 그린 그림이 필요했던 것이지요.

신윤복은 백성들의 생활 모습보다는 남녀 간의 애정 문제를 그림으로 옮기는 데 주력했습니다. 그의 그림을 보면 애정 행각을 펼치는 남녀의 열정과 긴장감이 그대로 묻어납니다. 신윤복 그림의 주인공은 생업에 종사하는 백성들이 아니라, 인생의 즐거움과 애정을 추구하는 한량이나 기녀, 양반이 대부분입니다. 풍속화가 당대의 현실

을 전해 주는 속성을 지녔다면, 신윤복의 그림은 당시 남녀 사이의 애정 표현 방식 같은 정보를 잘 전해 줍니다. 이렇게 당시의 시대상을 솔직히 표현한 화원들의 풍속화 덕분에, 우리는 그 시대의 모습을 생동감 있게 살펴볼 수 있습니다.

조선 후기 회화에서 특이한 점은 서양화법을 받아들여 어느 정도 수용하기 시작했다는 점입니다. 중국을 거쳐 들어온 서양화법의 영향으로 명암법과 원근법, 투시법이 조선 회화에 적용되기 시작했습니다. 김두량, 이희영 같은 화가들이 받아들인 서양화법은 화원들이 그리는 궁궐의 의궤도나 민화의 책꽂이 그림(책가도)에도 나타났습니다.

조선 후기 민간에서 널리 유행한 그림이 '민화(民畵)'입니다. 백성들이 자신들의 처지를 자각하고, 그러한 자각을 그림으로 표현할 수 있는 경제력이 마련되면서 민화가 제작되었지요. 민화는 주로 현실에서 쉽게 접할 수 있는 동식물을 주된 소재로 삼았습니다. 그리고 장수를 상징하는 해, 달, 산, 물, 대나무, 소나무, 거북, 학, 사슴, 불로초 등 십장생을 그린 민화도 많았습니다. 십장생에는 돌, 구름을 넣기도 합니다. 동식물 중에는 까치와 호랑이를 같은 화면에 그린 '까치 호랑이 그림'이라 불리는 민화가 많습니다. 그리고 '효제충신(孝悌忠信)'이라는 글자를 소재로 글자 모양을 이러저러한 상징물로 꾸민 '문자도'도 유행했습니다. 민화는 창의적이기보다는 되풀이하여 그려지면서 마련된 형식적인 면이 더욱 강했습니다. 따라서 여러 작품이 비슷한 구도와 필체를 보여 줍니다.

십장생도(十長生圖) 민화 가운데 10폭 병풍으로 된 십장생도이다. 늙지 않고 오래 살기를 바라는 마음을 열 가지 자연 물상에 비유하여 그린 그림이다. 그 열 가지란 해, 달, 산, 물, 대나무, 소나무, 거북, 학, 사슴, 불로초 등이다.

문자도(文字圖) 효·제·충·신(孝悌忠信) 네 글자를 각 글자 일부에 동물 등의 모습을 그려 넣은 그림이다. 각 글자에 들어 있는 동물은 나름대로 이유가 있다. 예를 들면 효(孝) 윗부분을 장식한 잉어는 바로 효자가 병든 부모에게 잉어를 힘들게 구해서 올리는 고사와 관련 있다.

장군도(將軍圖)
위엄이 있다기보다 정겨운 모습의 장군 그림이다. 민화의 성격이 잘 드러나 있다.

책가도(册架圖)
책, 벼루, 먹, 화병 등으로 장식된 책꽂이(책가 : 册架)를 마치 그 자리에 있는 듯 그려 낸 그림이다. 방의 한쪽 편을 장식하려는 성격이 강한 그림이다. 또한 일반 백성들 사이에 서책이 지닌 위엄을 그림으로나마 소유하려는 의식이 높아지면서 유행한 그림이기도 하다.

김홍도의 《단원 풍속도첩》 따라잡기

국립중앙박물관에 소장되어 있는 《단원 풍속도첩》은 조선 후기의 화가 김홍도(1745~?)의 대표적 풍속화첩이다. 보물 제527호로 지정되어 있는데, 종이 바탕에 수묵담채로 그려져 있다. 《풍속도첩》에 수록되어 있는 그림은 〈서당〉, 〈밭갈이〉, 〈활쏘기〉, 〈씨름〉, 〈행상〉, 〈무동〉, 〈기와이기〉, 〈대장간〉, 〈장터길〉, 〈시주〉, 〈나룻배〉, 〈주막〉, 〈고누놀이〉, 〈빨래터〉, 〈우물가〉, 〈담배썰기〉, 〈자리짜기〉, 〈벼타작〉, 〈서화감상〉, 〈길쌈〉, 〈말징박기〉, 〈고기잡이〉, 〈신행길〉, 〈들밥〉, 〈노중상봉〉 등으로 모두 25점이다. 《풍속도첩》의 몇몇 작품을 따라가 보면서 당시 사회의 모습을 머릿속에 그려 보자.

먼저 당시 백성들의 생활 모습을 담은 작품 가운데 〈서당〉을 살펴보자. 이 그림은 오래전부터 학교 교과서에 실렸다. 훈장 선생님과 한문 공부를 하는 어린 아이들의 모습으로 공부에 열중하고 매진해야 한다는 당부를 대신할 수 있기 때문일 것이다. 훈장 선생님 앞에서 뒤돌아 앉아 있는 아이가 전날 배운 것을 제대로 암송하지 못했는지, 훈장 선생님과 같이 배우는 동료들의 얼굴 표정이 무척 재미있다.

다음으로 놀이와 관련된 〈씨름〉을 주목할 수 있다. 씨름을 하고 있는 두 선수의 격렬한 몸동작과 씨름에 폭 빠진 구경꾼의 모습을 한눈에 담아낸 작품이다. 한 선수가 들배지기로

상대를 공격하고 다른 선수가 중심을 잃을 찰나이다. 어린 아이가 엿판을 매고 엿을 파는 모습이 씨름판의 긴장감을 덜어 주고, 구경꾼이 두 패로 나뉘어 두 선수를 각각 응원하고 있다.

다음으로 생계 유지 활동과 관련된 〈빨래터〉그림을 살펴보자. 개울가 빨래터에 여인들이 모여서 빨래를 하는 모습은 아주 일상적인 활동이었다. 일상 활동의 대명사인 빨래도 한 아낙 옆에 어린아이가 있고, 바위 뒤에 숨어서 엿보는 사나이 모습과 어울리면 재미가 넘치는 작업이 된다.

마지막으로 〈점심〉 그림을 보자. 농사일을 하다가 한곳에 모여앉아 점심 식사를 하는 광경을 그린 그림이다. 등장 인물의 동작에 생동감이 있고, 화면 왼쪽 아래에 자리 잡은 개 한 마리가 화면 전체 모습에 어울리지 않게 이채롭기도 하다.

김홍도의 풍속화는 그림으로 그린 당대의 사회 모습이었다. 그리고 김홍도가 풍속화의 주된 소재로 일반 백성들의 삶의 모습에 주목한 것 또한 당시 사회에서 비롯한 것이다. 다시 말해서 조선 후기에 백성의 생활 풍속이 그림 소재로 등장한 것은, 그러한 그림을 그려 낼 것을 요구하는 경제력을 지닌 계층이 있었기 때문이다. 다른 김홍도의 풍속화를 자세히 들여다보면 이러한 사정을 찾아볼 수 있을 것이다.

왼쪽부터 〈서당〉, 〈씨름〉, 〈빨래터〉, 〈점심〉

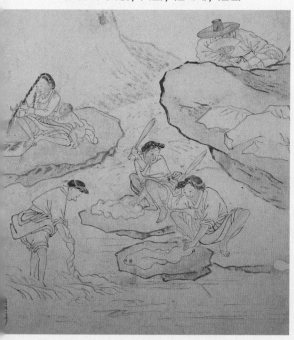

신윤복의 《혜원 풍속도첩》에 나오는 남과 여

조선 후기의 화가 신윤복이 그린 대표적인 풍속화첩이 《혜원 풍속도첩》이다. 국보 제135호로, 종이 바탕에 담채로 그려져 있다. 간송미술관에 소장되어 있는데, 1930년 일본 오사카(大阪 : 대판)에서 고미술상으로부터 구입한 뒤 새로 표구했으며, 이 때 오세창이 새로 표제와 발문을 썼다.

《혜원 풍속도첩》은 〈연당야유〉, 〈기방무사〉, 〈청루소일〉, 〈월하정인〉, 〈월야밀회〉, 〈춘색만원〉, 〈소년전홍〉, 〈주유청강〉, 〈연소답청〉, 〈상춘야흥〉, 〈노상탁발〉, 〈납량만흥〉, 〈임하투호〉, 〈무녀신무〉, 〈주사거배〉, 〈쌍검대무〉, 〈휴기답풍〉, 〈쌍육삼매〉, 〈문종심사〉, 〈정변야화〉, 〈노중상봉〉, 〈계변가화〉, 〈삼추가연〉, 〈표모봉심〉, 〈야금모행〉, 〈유곽쟁웅〉, 〈이승영기〉, 〈이부탐춘〉, 〈단오풍정〉, 〈홍루대주〉 등 모두 30점으로 이루어져 있다.

신윤복의 《풍속도첩》은 주로 기생과 한량을 중심으로 남녀 사이의 행락이나 풍류 등을 담고 있다. 또한 그림 배경도 한성부를 중심으로 도회 분위기를 물씬 풍긴다. 때에 따라서는 화면 앞뒤 장면에 호기심을 불러일으키는 그림도 있어 선정적인 그림이라는 딱지를 붙일 수 있는 경우도 있다.

먼저 현실의 주막 모습을 잘 그린 〈주사거배〉 그림을 보자. 사람들이 많이 다니는 교통로 주변이나 장터 주변에는 주막이 번성했다. 그런데 신윤복 그림에서 주막을 찾은 사람들의

눈빛과 행동거지는 예사롭지 않다. 가지각색의 복색도 대단히 개성 있고, 그림의 구도 또한 주막의 주인 여자를 중심으로 생기 있게 설정되어 있다.

다음으로 〈연소답청〉은 3월 3일 답청(踏靑)에 나선 남녀 일행 모습을 그린 그림이다. 새봄을 맞이하여 들로 놀러 나가는 남녀 일행의 기운이 선명한 의복 빛깔처럼 뛰어노는 듯 느껴진다. 기생으로 보이는 여인네 가운데 한 사람의 머리에는 벌써 붉은 꽃이 꽂혀 있으니 흐드러진 마음가짐의 한 구석을 보여 주는 것이 아닐까.

다음으로 여러 가지로 의미심장한 해석을 해 볼 수 있는 〈기방무사〉를 살펴보자. 기생의 방, 기방(妓房)은 여러 가지 일이 일어나는 곳이었다. 한 방에 같이 있는 두 남녀와 이들을 불러세운 듯한 또 다른 여인의 모습이 서로 감정 대립이 있는 것처럼 보인다. 물론 그러한 대립 연유는 당사자 사이에서나 알 수 있을 터이지만.

다음으로 〈청금상련〉은 연꽃이 피어 있는 연못가에 모인 한량과 기생의 술자리 모습이다. 그런데 풍류놀음이란 마냥 정겹고 흥겨운 자리만은 아니었나 보다. 이 그림 속 등장인물 여섯 사람 가운데 유독 제자리에 서 있는 사람을 눈여겨 볼 필요가 있다. 자기들을 뚫어지게 바라보고 있는 이 사람을 의식하는지 의식하지 않는지, 나란히 앉아 있는 다정한 두 사람은 떨어질 줄 모른다. 그에 비해 담배를 피우면서 가야금 연주를 듣고 있는 사내의 마음은 한결 평안할 것 같다.

왼쪽부터 〈주사거배〉, 〈연소답청〉, 〈기방무사〉, 〈천금상련〉

추사의 삶과 예술이 담긴 〈세한도〉

김정희는 19세기에 세도를 부린 가문 중 하나인 경주 김씨 집안에서 태어났습니다. 그는 24세 때 연경에서 청나라의 유학자 완원, 옹방강을 만나 계속 교분을 나누었습니다. 청나라 학자들과의 교류는 경학뿐만 아니라 금석학, 서화에 관심을 갖게 했지요. 그는 특히 청나라 고증학 연구 경향에 큰 자극을 받았습니다.

유력한 가문의 일원으로 출세 가도를 달리면서 중앙 정계에서 활동하던 김정희, 55세 때인 1840년(헌종 6) 윤상도의 옥사에 연루되어 제주도로 유배되어 8년을 지내고 풀려 나왔습니다. 그리고 1851년(철종 2)에는 헌종의 무덤을 옮기는 일이 문제가 되어 66세의 노구를 이끌고 북청으로 귀양 갔다가 이듬해 풀려났습니다. 유배 생활의 고초를 겪으면서 그는 고증학풍을 조선에 드높이고, 자신만의 독특한 서체인 추사체를 완성했습니다. 작품 〈세한도〉에는 그의 생애와 학풍이 응축되어 오롯이 자리합니다.

김정희에게는 굉장히 많은 아호(雅號)가 있는데, 추사(秋史)와 완당(阮堂)이 대표입니다. 추사체라는 글씨체는 김정희의 분신 같은 존재라고 할 수 있습니다. 첫눈에 보아도 힘이 넘쳐흐르는 글씨체이지요. 그 안에 무언가 살아서 꿈틀거리는 것처럼 파격적입니다. 한국 미술사에서 추사체를 높이 평가하는 것은 서체가 지닌 생동감, 개성, 역동성, 자유로움 등 때문이라고 할 수 있습니다. 그리고 글자마다 뚜렷한 의식을 집어넣어 표현하려 한 자세도 돋보입니다. 그는 "가슴 속에 청고고아(淸古高雅)한 뜻이 없으면 글씨가 나오지 않는다. 문자의 향기와 서책의 기운이 필요하다"라고 주장했습니다. 이

(한문 발문)
去年以晚學大雲二書寄來今年又以藕畊文偏寄來此皆非世之常有群之千萬里之遠積有年而得之非一時之事也且世之滔滔惟權利之是趨為之費心費力如此而不以歸之權利乃歸之海外蕉萃枯槁之人如世之趨權利者太史公云以權利合者權利盡而交踈君太世之滔滔中一人其有超然自拔於滔滔權利之外不以權利視我耶太史公之言非耶孔子曰歲寒然後知松柏之後凋松柏是毋四時而不凋者歲寒以前一松柏也歲寒以後一松柏也聖人特稱之於歲寒之後今君之於我由前而無加焉由後而無損焉然由前之君無可稱由後之君亦可見稱於聖人也耶聖人之特稱非徒為後凋之貞操勁節而已亦有所感發於歲寒之時者也烏乎西京淳厚之世以汲鄭之賢賓客与之盛衰如下邳榜門迫切之極矣悲夫阮堂老人書

김정희가 쓴 〈세한도〉 발문
김정희가 이상적에게 〈세한도〉를 그려 주면서 지은 발문. 앞 부분에 '완당'이라는 도장이 찍혀 있다.

러한 김정희의 서체와 그림, 그리고 그의 삶이 고스란히 녹아 있는 작품이 〈세한도〉입니다.

〈세한도〉는 제주도에서 유배 생활을 할 때 그린 그림입니다. 당시 김정희의 제주도 시절은 외로움과의 싸움이었지요. 이 때 유일하게 스승과 제자의 의리를 지키면서 김정희가 필요로 하는 서책을 전해 준 사람이 있었습니다. 바로 역관 이상적입니다. 〈세한도〉는 1844년 김정희가 이상적에게 그려 준 그림입니다.

〈세한도〉는 겨울 바람이 휩쓸고 간 듯한 빈 공간을 배경으로 곧 무너질 듯 위태롭게 자리 잡은 허름하고 작은 집 한 채, 그리고 좌우에 잣나무와 소나무 네 그루로 구성되어 있습니다. 그림 오른쪽에 '세한도'라는 제목과 '이상적이 이 그림을 감상하다'라는 글, 그리고

'완당'이라는 서명이 들어 있습니다. 그림 왼편에는 세로 15칸 가로
20칸의 선 속에 〈세한도〉라는 이름을 붙인 배경 설명이 적혀 있습니
다. 그림과 글씨가 조화롭게 어우러졌다는 점에서도 특별한 의의를
찾을 수 있습니다.

김정희는 공자의 《논어》에서 "추운 겨울을 당한 후에야 송백(松柏,
소나무와 잣나무)이 다른 나무보다 뒤에 시드는 것을 안다(歲寒然後 知
松柏之後凋)"는 글귀를 인용하면서 이상적을 송백에 비유했습니다.
그렇다면 그림에 보이는 작은 집은 추사가 거처하는 곳이라고 할 수
있습니다. 그렇다면 김정희는 〈세한도〉에 '비록 이상적이 역관 직을
수행하느라 나에게 자주 오지는 못하지만, 작은 집을 둘러싼 송백

같은 마음을 가지고 있음은 언제나 기억하고 있다'는 뜻을 담은 것이
아닐까요?

　이상적은 그 해 동지사 수행원으로 연경에 갈 때 이 〈세한도〉를
챙겨 가서 청나라 문사들에게 보여 주었습니다. 이 때 많은 청나라
문인들이 그림에 붙이는 시와 찬사를 달았습니다. 조선의 문사들도
다투어 〈세한도〉에 글을 붙였지요. 이상적은 이러한 시와 찬문들을
〈세한도〉와 함께 한 권의 책으로 만들어 제주도에 있는 스승 김정희
에게 보냈습니다. 당대에 〈세한도〉가 받은 높은 평가는 오늘날까지
이어지고 있습니다.

훨씬 풍성해진 서민 문화

한글 소설의 성행

허균이 쓴 한글 소설 《홍길동전》, 서포 김만중의 《구운몽》에 이어서 조선 후기에는 한글 소설의 전성기라고 불릴 정도로 다양한 소설이 창작되었습니다. 그러나 대부분 원작자를 알기 어렵고, 입에서 입으로 전해지던 작품이 많습니다. 그 가운데 다행히도 판본으로 간행되어 전승되는 것도 있습니다.

한글 소설 가운데 《완월회맹연》은 전체 분량이 180책이나 되는 대작이고, 가문 소설로 분류되는 작품입니다. 그리고 판소리계 소설로 유명한 《춘향전》, 《심청전》 들이 있습니다. 또 소설은 아니지만 사도세자의 부인이자 정조의 어머니인 혜경궁 홍씨가 지은 《한중록》은 여성 작가가 지은 자전적 회고록에 속하는 작품입니다.

《완월회맹연》은 18세기 전반의 작품으로 추정됩니다. 특정 가문의 여러 대에 걸친 파란만장한 이야기가 복잡한 소설 구조 속에 얽혀 있는 사람들을 중심으로 전개됩니다. 가문 소설은 아무래도 사대부 집안의 부녀나 궁중 여인들이 주된 독자층이 아니었을까 추정합니다.

《숙향전》, 《장화홍련전》 같은 가문 소설은 당대의 사회상을 그대로 보여 주는 작품입니다. 가문 소설에 나오는 가부장제의 모순과 일부다처제에 따른 가문 안의 갈등, 그리고 가문을 방편 삼아 부귀영화를 계속 유지하려 한 상층 사대부 집안의 의식도 잘 반영되어 있습니다. 또한 당대 사람들이 가문을 지켜 나가기 위해 설정한 이념적 지향도 찾아볼 수 있습니다. 무엇보다도 충성과 효도, 형제 간의 우애가 강조되었지요.

판소리계 소설은 서민 예술의 꽃으로 불리는 판소리를 소설로 쓴 것입니다. 《춘향전》을 비롯한 판소리계 소설은 18세기 후반에서 19세기 초반 사이에 형성된 것으로 전합니다. 판소리가 17세기 후반에 등장하여 발전했기 때문에, 판소리를 소설로 바꾼 판소리계 소설은 조금 뒷시기로 보아야겠지요.

구어체 문장으로 쓰였다는 점이 판소리계 소설의 가장 큰 특징입니다. 여기에는 하층 여성과 상층 남성의 애정, 부모에 대한 헌신적 사랑, 탐관 오리의 폐해나 부자의 탐욕을 꼬집는 등 당시 현실 사회에서 끄집어낸 다양한 소재와 주

책 읽는 여인
윤두서의 아들인 윤덕희가 그린 그림이다. 여성들의 학문 탐구는 매우 제한되어 있고 경서 공부도 어려웠다. 그림 속 여인은 책 읽는 자세로 볼 때 한글 소설에 빠져 있는 것 같다.

제가 담겨 있습니다. 오랜 세월 동안 입에서 입으로 전해져 지금에 이른 판소리계 소설은 모두 지은이를 알 수 없습니다.

《춘향전》은 이본*만 수십 종이 전하고 최근까지 영상화 작업이 수없이 시도된 작품입니다. '춘학(春學)'이라고 불러야 한다는 말이 나올 만큼 《춘향전》에 대한 우리 나라 국문학계의 연구는 무척 활발합

이본(異本)
같은 내용이지만 펴낸 때나 장소가 다른 책이 개념상 이본이다. 하지만 《춘향전》 등의 이본은 내용상으로도 조금씩 차이가 있다. 또한 한글본, 한문본, 국한문 혼용본 등 이본도 있다.

니다. 잘 알고 있듯이 《춘향전》은 이몽룡과 성춘향이라는 두 청춘 남
녀의 사랑 이야기입니다. 여기에 당시 사회의 주된 모순을 잘 반영
하는 사회 소설 면모도 갖추었지요. 신분제 사회에서 기생과 양반
자제는 정상적인 부부 관계를 이룰 수 없었습니다. 그러나 춘향은
스스로 기생이라는 신분의 장애물을 뛰어넘는 데 주저하지 않았습
니다. 사회의 관습에 저항하고 신분 제도에 반항하는 조선 후기의
사회 모습이 춘향의 행적 속에서 낱낱이 드러나지요.

그런데 사람들은 한글 소설을 어떻게 즐겼을까요? 당시에는 인쇄된 판본으로 읽을 기회를 얻기가 어려웠고, 대개 이야기꾼한테서 소설 내용을 들었습니다. 문자로 읽는 소설이 아니라 소리로 듣는 이야기였지요. 마을마다 설화 구연에 능숙한 이야기꾼들이 있었습니다. 마을에 사는 나이 지긋한 할머니, 할아버지, 입심 좋은 아저씨, 아주머니 모두 이야기꾼이었고, 혹시라도 멀리 나갔다가 재미난 이야기를 듣고 마을로 돌아와서 다른 사람에게 들려 주는 사람 또한 이야기꾼이었습니다. 이들은 이야기하면서 듣는 사람을 웃기고 울리는 재주가 있었고, 입에서 입으로 전해 오는 설화도 많이 꿰고 있었습니다.

이야기꾼의 재주는 자루 속에 넣어 둔 송곳처럼 언제라도 튀어나와 세상에 알려질 수밖에 없었습니다. 북학파의 대가 박지원의 소설 가운데 〈민옹전〉은 바로 "기이한 선비이고, 노래 실력이 교묘하며,

춘향전
1947년 서울 을유문화사에서 펴낸 《춘향전》으로 국한문 혼용본이다. 김기창이 그린 삽화가 실려 있는데 남원 광한루에서 멀리 춘향이 그네 타는 모습을 넋이 나간 듯 쳐다보는 모습이 실감나게 묘사되어 있다.

남원 광한루
광한루는 춘향과 이 도령의 만남이 성사되는 곳으로 《춘향전》 앞 부분에 등장한다.

조선 후기의 문화 예술   333

이야기를 거침없이 아주 재미있고도 능청스럽게 해서 듣는 이들의 기분을 능히 뒤바꾸고 트이게 해 준다"는 전문 이야기꾼 민 영감의 전기 소설입니다. 이야기꾼으로 소문이 나서 명성을 얻으면 이 집 저 집 사랑방을 쫓아다니며 입담을 펼쳐 내곤 했습니다.

이야기꾼은 설화, 곧 신화, 전설, 민담을 눈앞에 보듯 술술 이야기를 풀어내 손에 땀을 쥐게 하고, 울분에 방바닥을 내려치거나, 배꼽을 잡고 데굴데굴 구르게 하는 재주가 있었습니다. 이야기꾼이 풀어내는 구비 문학에는 당대의 가치 체계도 담겼습니다. 절의와 충성, 효도와 우애 등 보편적이면서도 특히 유학에서 강조하는 가치관은 설화 세계에서도 뛰어난 위력을 보여 주었지요.

몇 가지 예를 들어 볼까요? 조선 건국에 관련된 옛이야기를 하면서, 이성계가 돼지띠이므로 개성 사람들이 돼지고기를 넣어 끓인 국을 성계탕이라 부르는 내력을 재미있게 들려 주었습니다. 그리고 최영 장군에게 바치는 돼지고기를 '성계육'이라고 한다는 사실에서 이성계의 조선 건국에 대한 고려 유민들의 반감과 그에 공감하는 당시 민간인들의 시선을 잘 드러내기도 했습니다. 또한 사육신과 끝까지 벗할 것으로 믿었던 신숙주가 수양 대군 편에 서서 변절자의 이름을 날리자, 여름철에 하루만 지나도 곧 쉬어 버리는 녹두 나물을 숙주 나물로 바꾸어 불렀다는 이야기도 지금까지 전합니다. 숙주 나물 이야기가 널리 퍼진 것은 사육신의 절의를 민중들이 공감했기 때문이지요. 이 밖에도 지금까지 전하는 많은 설화, 특히 소설들은 이야기꾼들의 재간 넘치는 말솜씨 덕분에 오늘날까지 이어져 옵니다.

서민의 생활을 담은 사설 시조와 시조집

시조(時調)는 시절가조(時節歌調)에서 나온 명칭입니다. 시절가(時節歌)는 '이 시절의 노래'라는 뜻이고, 여기에 곡조를 뜻하는 조(調)를 더해서 시절가조라는 말이 만들어졌습니다. 그러므로 시조는 노래로 부르는 가사를 뜻하지요.

시조는 형식에 맞추어 시를 짓는 정형시로 초장, 중장, 종장 3장으로 구성되어 있습니다. 그리고 각 장은 3~4자 정도의 네 개 단어 또는 어절로 되어 있고요. 평시조는 이러한 정형에 거의 맞추어진 형식이고, 사설 시조는 종장의 첫째 마디를 3자로 지키는 것 말고 다른 부분은 제한 없이 길어질 수 있는 형식입니다. 조선 후기 시조 창작에서는 사설 시조 등장과 시조집 편찬을 주목할 수 있습니다.

사설 시조는 영조·정조 이후 서민이 주체가 되는 문학 활동이 크게 발달하면서 주로 중인, 부녀자, 기생, 서민 들과 몰락한 양반이 지은 시조입니다. 초장, 중장이 제한 없이 길고, 종장도 긴 형태이지요. 사설 시조의 내용은 서민들의 생활 세계를 반영하고, 재담이나 욕설 등을 담기도 했습니다. 또한 신분 차별 문제, 애정 행각 등을 표현하여 당시 사회상을 사실적으로 묘사하고 풍자했습니다.

시조 내용에 담긴 서민적 요소는 위항인들이 지은 시조뿐만 아니라 일부 사대부 작가의 작품에서도 찾아볼 수 있습니다. 18세기 중후반 전라도 장흥에서 향촌 지식인으로 활약한 위백규의 연시조 가운데 〈농가구장〉이라는 작품이 있습니다. 〈농가구장〉은 농촌을 자연에 묻혀 풍류를 즐기는 공간으로 보거나, 농민의 삶을 관념적으로 예찬한 사대부 계급의 흔한 시조 작품들과 달랐습니다. 농촌을 농민들의 치열한 삶의 현장으로 보고, 농민의 삶을 사실감 있게 그린 작품이지요. 대체로 농민 입장에서 그들의 삶을 그리려 한 작가의 의도가 잘 반영되어 있습니다.

시조 작품을 모은 시조집으로는 김천택의 《청구영언》이 가장 먼저 나왔습니다. 이후 김수장이 지은 《해동가요》, 안민영과 박효관이 펴낸 《가곡원류》가 뒤를 이었습니다. 본디 시조 작품은 노랫말(가사)만으로 구성되지 않고 곡조가 포함되었습니다. 그런데 《청구영언》과 같은 시조집은 노랫말만 모은 가사집입니다. 곡조는 아무래도 시조를 부르는 사람들 사이에 전승되었지요. 시조집마다 시조 내용이 다른 경우도 있고, 동일 작품의 작자를 각각 다르게 적은 경우도 적지 않습니다.

시조의 작자는 학자나 무인에 한정되지 않았고, 기녀나 양반 규수들의 작품도 상당히 많습니다. 또 작자가 제대로 밝혀지지 않아 무명씨(無名氏) 작품으로 전하는 것도 많지요. 시조는 하층민이 주된 향유층은 아니었지만, 조선 후기로 갈수록 다양한 계층이 함께 즐기고 참여하는 문학이 되었습니다. 당대의 사회 현실을 반영하여 시조는 오랫동안 명맥을 유지할 수 있었습니다. 또한 산문이 아닌 노래로서 압축성을 지녔기 때문에 역동적인 작품이 나왔지요.

관청 소속 기녀
일본 사신을 접대하는 자리에 나가기 위해 말을 타고 나선 관청에 소속된 기녀들 모습이다. 장악원에서 교육받은 기생들이 모자라면, 바느질을 하는 침선비와 여성 진료를 담당했던 의녀가 동원되기도 했다.

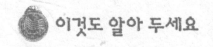

익살과 풍자, 솔직한 감정 표현이 돋보이는 사설 시조 엿보기

조선 후기에 이르러 평시조보다 초장이나 중장이 훨씬 긴 사설 시조가 본격적으로 등장했다. 사설 시조는 평시조를 크게 변형시킨 것인데, 지은이와 시조 내용이 평시조와는 사뭇 다르다. 평시조가 주로 양반 사족이 짓고 도덕적인 내용을 많이 담은 것에 비해서, 사설 시조는 평민층 작자도 많이 참여했고 일반 백성들의 삶을 익살과 풍자를 바탕으로 표현했다. 몇몇 사설 시조 작품을 살펴보면서 조선 후기의 사회 변화가 문학 작품에 어떻게 나타났는지 살펴보자.

> 창(窓) 밧기 어룬어룬하거늘 님만 넉여(여겨) 펄쩍 뛰여 뚝 나셔보니
> 님은 아니 오고 으스름 달빛이 녈(지나가는) 구름 날 속여고나.
> 마초아(마침) 밤일세만졍 행여 낫(낮)이런들 남 우일(웃길) 번(뻔)하여라.

  지은이를 알 수 없는 이 작품은 임을 간절히 기다리는 마음을 그리고 있다. 초장은 임이 오기를 간절히 바라는 마음으로 창밖에 어른거리는 그림자 때문에 착각을 일으킨 모습을 그렸다. 그리고 중장은 그러한 착각이 달빛과 구름 때문임을 깨달은 사정을 묘사했다. 마지막 종장은 자신의 행동이 다른 사람들에게 웃음거리가 될 뻔했다고 고백하는 내용이다. 임이 오기를 애타게 기다리다 한밤중에 일어난 해프닝을 재미있게 묘사한 시조이다. 결국 임이 오지 않아 가슴속이 더 타들어 갔을 법한데도 이를 다른 사람을 웃길 뻔한 일이었다고 넘어가는 대목에서, 당시 사람들이 현실의 삶을 있는 그대로 받아들이면서도 이를 풍자와 해학의 대상으로 삼을 만큼 여유도 지녔음을 알 수 있다.

발가벗은(벌거벗은) 아해(아이)들이 거미줄 테를 들고 개천으로 왕래하며

발가숭아(잠자리를 부르는 말) 발가숭아 저리 가면 죽느니라 이리 오면 사느니라 부르나니

(부르는 사람이) 발가숭이로다

아마도 세상 일이 다 이러한가 하노라.

마찬가지로 지은이를 알 수 없는 이 작품은 약육강식의 험난한 세태를 풍자한 시조이다. 어린 아이들이 잠자리를 잡으려고 잠자리들에게 자기들에게 와야 살 수 있다고 속이면서 유혹하는 모습을 그렸다. 세상 일이 모두 이러하다고 마무리짓는 종장의 묘사는 현실 속에서 살아가는 사람들이 속고 속이는 모습을 생생하게 담았다.

바람도 쉬여 넘는 고개 구름이라도 쉬여 넘는 고개

산진이(산에서 자란 매) 수진이(집에서 길들인 매) 해동청(송골매) 보라매라도 다 쉬여 넘는 고봉 장성령 고개

그 넘어 님이 왔다 하면 나는 아니 한 번도 쉬여 넘으리라.

이 시조는 임을 향한 그리움을 절절이 토해 내고 있다. 누구인지 알려지지 않았지만 지은이는 바람도 구름도 쉬어야 넘을 수 있고, 날쌘 매들도 쉬어서 넘을 고개라 할지라도, 그 너머에 나의 임이 왔다는 소식만 듣게 되면 한 번도 쉬지 않고 넘고야 말겠다는 의지를 고스란히 드러내고 말았다. 이러한 절실한 그리움을 과연 누가, 어떤 장애물이 막을 수 있겠는가. 간절하고 솔직한 애정 표현이 낯설지만 정겹고 대담하다.

세시 풍속과 농경 의례

조선 농민의 한해살이는 시시때때로 세시 풍속*을 거치면서 지나갔습니다. 세시 풍속은 그냥 때가 되었기 때문에 치르고 지나가는 행사가 아니었습니다. 농민이 수행하는 세시 풍속에는 농민의 농사 경험과 풍년을 기원하는 주술이 함께 담겼습니다. 그리고 농사일을 하는 도중에 풍년을 기원하는 의례를 치렀습니다.

농민의 농사 경험은 농업 생산 활동 전반에서 찾아볼 수 있습니다. 언제쯤 비가 오고 가뭄이 들며 큰바람이 부는지 따위의 기후 변화에 대한 지식을 경험으로 알았습니다. 또한 산과 들의 경작지 위치에 따른 토질을 파악하고, 그에 따라 적합한 곡물 품종을 선택하는 것도 농민 자신의 몫이었습니다. 농사일에 익숙한 노농은 복잡다단한 자연 환경 변화에도 풍성한 수확을 거두기 위해 그 동안 쌓은 전문 경험과 풍부한 견식을 앞세워 맞서 나갔습니다.

노련한 농민도 사람 힘으로는 어찌 할 수 없는 자연의 거대한 위력 앞에서 풍년을 기원하는 여러 행사를 치러야 했습니다. 엄청난 자연의 힘이 농사에 보탬이 되기를 소원하면서 주술에 의지하여 대처하는 것은 반드시 필요한 선택이었지요. 농민들은 막을 수 없는 자연 현상을 이겨 내기 위해 의지하고 도움을 바라며 여러 가지 주술적 행동 양식을 만들어 냈습니다.

한 해 농사의 풍흉을 미리 알고자 하는 욕구는 세시 풍속이자 농경 의례의 하나인 '농점(農占)'을 만들어 냈습니다. 농점은 설날부터

풀이한 농가월령가
1948년에 유열이 《농가월령가》를 풀이하여 펴낸 책이다. 《농가월령가(農家月令歌)》는 조선 헌종 때 정약용의 아들 정학유(丁學游 ; 1786~1855)가 지은 월령체 장편 가사이다. 유열은 해방 이후 조선 농민이 참으로 해야 할 일이 무엇인지를 알릴 목적으로 이 책을 지었다고 한다.

세시 풍속
음력 정월부터 섣달까지 주기적으로 반복하여 거행하는 의례 행위.

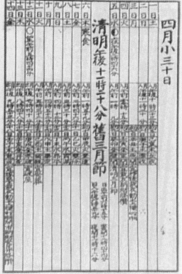

시작하여 24절기에 따라 수많은 방법이 이어지면서 행해졌습니다. 특히 정초에 한 해 농사의 풍흉을 미리 알아보기 위해 자연 현상이나 동식물과 농사를 관련시켜 풀이했습니다.

예를 들면 정월에 하는 줄다리기 같은 민속 놀이에서 일부러 승부를 꾸며서 풍년을 기원하기도 했습니다. 또한 그 해의 간지와 그 간지에 적합한 곡물을 관련시켜 작물별로 풍흉을 점치는 방법, 1월에서 12월까지 달마다 특정일과 12간지를 연결하여 그 해의 풍흉을 점치는 방법 등이 있었습니다. 입춘 날 보리 뿌리를 캐어 보아 그 해 풍년을 점치기도 했습니다. 보리 뿌리가 세 가닥 이상이면 풍년, 두 가닥이면 평년작, 한 가닥인 채 가지가 없으면 흉년이라고 풀이했습니다. 이 방법은 보리 뿌리의 성숙도에서 그 지역에 한정된 기후 변동과 단기간의 변화를 파악하는 하나의 수단이기도 했습니다. 당시

대한 융희 3년력
일상 생활에서 빼놓을 수 없는 달력은 농사짓는 데는 더욱 요긴했다. 그리고 전근대 시기에 국가는 달력 제작과 배포를 자신의 고유한 권력을 백성들에게 분명히 보여 주는 기회로 삼기도 했다. 대한 제국의 손에 만들어진 융희 3년력은 곧 이어 조선 총독부가 만든 달력으로 승계되고 말았다.

대한민국 4년 역서
대한민국 임시 정부가 펴낸 1922년치 달력이다. 양력, 음력, 절기 들이 표시되어 있다.

저동 농악대 농기
강릉시 저동 농악대가 사용하
던 농기이다. '농자천하지대
본'이라는 글자가 선명하다.

는 자연 환경을 이겨 낼 적합한 수준의 과학적 방법이 없던 상황이었기 때문에, 이러한 농점들을 미신이라고 마냥 무시할 수 없었습니다. 주술에 의지하는 자세는 현실을 회피하려는 것이 아니라, 오히려 더욱 강건하게 자연 재해에 맞서려는 의지의 표현이었지요.

농민의 한해살이는 여러 가지 농경 의례와 제의가 결합되어 있었습니다. 농민의 하루하루 활동이 농경 의례로 서로 연결되었지요. 한 번의 의례와 제의가 끝나면 다음 의례가 이어지는 식으로요. 농경 사회에서 초자연적 존재에게 풍성한 수확을 기원하는 행위는 워낙 오래 전부터 있었습니다. 이러한 기원 의식이 서서히 의례로 정착되면서 농민 사회에 이어졌지요. 농경 사회에서 초자연적 존재에게 풍성한 농작물 수확을 기도하는 행위가 바로 농경 의례입니다.

농경 사회에는 농경 생산의 풍요를 결정짓는다고 믿는 초자연적 존재, 곧 농신(農神)에 대한 신앙이 존재했습니다. 농경 의례 과정과 내용에 이와 같은 신앙 체계와 관념이 일정한 행위 양식으로 나타났습니다. 농경이 해마다 주기적으로 이루어짐에 따라 의례도 해마다 반복되었습니다. 농경 의례의 기원은 멀리 신화의 세계까지 올라가고, 우리 역사에서도 《삼국유사》 같은 역사책에서 그 흔적을 찾아볼 수 있습니다.

조선 시대 전국의 농촌 마을은 마을을 대표하고 상징하는 깃발인 농기(農旗)를 갖고 있었습니다. 두레를 실행하거나, 마을 제사를 지내거나, 이웃 마을과 비전투적인 싸움을 벌일 때 농기를 앞세웠습니다. 농기에는 단순히 용 모습만 깃발에 가득 그리기도 했지만, 대개 흰색 천에 먹 글씨로 '신농유업(神農遺業)', 또는 '황제신농씨유업(黃帝神農氏遺業)' 등의 글귀를 적었습니다. 농기에 적힌 글귀 가운데 가장 유명한 것은 '농자천하지대본(農者天下之大本)'입니다. 농사는 온 천하의 커다란 근본이라는 뜻입니다.

농경 의례에서 빼놓을 수 없는 것이 두레 조직입니다. 두레는 순 우리말인데, 17세기에 이앙법이 널리 퍼진 뒤 마을 공동체 단위의 공동 노동 조직이 더욱 조직화되어 만들어졌습니다. 벼농사에서는 모내기와 김매기할 때 노동력을 단기간에 집중해서 쏟아부어야 하는데, 이에 필요한 노동력을 공동으로 마련하려는 조직이 두레였지요. 두레의 확산과 더불어 많은 노동력이 필요한 수도* 건파* 재배 지역인 평안도 일대에서는 '황두'라는 공동 노동 조직이 풍물 등을 갖추고 강력한 조직체로 성장했습니다.

백성들이 기댄 정감록과 미륵 신앙

사람들은 세상 일이 마음대로 되지 않을 때 어딘가에 기대고 싶어 합니다. 농사일은 제대로 되지 않는데 나라에 바쳐야 할 세금은 쌓여 가고, 양반들 위세에 눌려 지내던 조선의 농민들에게 무언가에 대한 믿음과 신앙은 한 가닥 위안을 주는 안식처였습니다. 그 중에

수도(水稻)
무논에 심는 벼를 말한다.

건파(乾播)
마른 논에 볍씨를 뿌려 밭 곡식처럼 가꾸다가 물을 대는 농사 방법을 말한다. 마른 논을 뜻하는 건답(乾畓)과 볍씨를 논에 뿌리고 그대로 기르는 방식인 직파(直播)를 합한 말이다.

서도 앞날을 예언한다고 내세우는 비기(秘記)에 대한 믿음은 현실 극복 성격을 띠었습니다. 미륵불이 나타나 자신을 구원해 주기를 바라는 미륵 신앙은 현실 구원의 성격이 좀더 짙었습니다.

비기는 사람의 길흉과 화복을 미리 알려 준다는 예언 기록입니다. 조선 시대의 비기 가운데 《정감록》이 가장 유명하지요. 《정감록》은 조선 왕조를 연 이성계의 조상이라는 이심(李沁)과 조선 멸망 뒤 일어설 정씨의 조상이라는 정감이 금강산에서 마주 앉아 대화를 나누는 형식으로 엮여 있습니다. 조선 왕조 이후의 흥망대세를 예언하는데, 이씨의 한양 도읍 몇백 년 다음에 정씨의 계룡산 도읍 몇백 년이 있고, 조씨의 가야산 도읍 몇백 년, 범씨의 완산(전주) 몇백 년과 다시 왕씨의 송악(개성) 도읍 등을 주장하고, 그 중간에 언제 무슨 재난과 화변이 있어 세태와 민심이 어떻게 되리라는 것을 차례로 예언했습니다.

새로운 왕조 수립을 예언하는 내용은 곧 조선 왕조를 부정하는 것이기 때문에, 조선 시대에 《정감록》은 자연스럽게 다른 사람들 눈을 피해 몰래 돌려보는 금서가 되었습니다. 이미 1589년(선조 22) 정여립 사건 때

《정감록》이 정치적으로 이용되었지요. 이 책은 당시 사회의 여러 문제에 대한 해결책으로 이씨 왕조를 부정하고 정씨 왕조의 도래를 예언했습니다. 새로운 왕조의 수도는 계룡산이었지요.《정감록》은 현실을 부정하고 기존 질서 파괴를 가리키면서도 말세를 주장하지는 않았습니다. 따라서 일반 백성들에게 기존 질서를 파괴하는 행동에 근거를 제공했습니다.

《정감록》에 담겨 있는 병란설은 전쟁에 대한 민중들의 공포 의식을 말해 줍니다. 임진왜란과 병자호란이 일어났을 때, 병사로 참여할 수 없는 조선 백성들에게는 피난 가는 일 말고 따로 대비책이 없었습니다. 다만 언제 병란이 일어날지 알아낼 수 있다면, 적과 마주치지 않고 피할 수 있으니 더 바랄 게 없었습니다. 전쟁이 일어났을 때 피난처라도 마련할 수 있으면 더할 나위 없었지요.《정감록》에 나와 있는 십승지(十勝地)는 바로 병란이 일어나도 이를 피할 수 있는 좋은 곳으로 지목된 곳입니다. 그런 장소로 경상도 풍기, 전라도 운봉, 충청도 공주 등지를 꼽아 놓았지요.

미륵 신앙도 《정감록》에 못지않게 일반 백성들의 현실 인식에 크게 작용했습니다. 조선 시대의 미륵 신앙은 하층민에게 더욱 파고들어 주술 성격을 띠면서 민간 신앙으로 퍼졌습니다. 그리하여 미륵불을 형상화한 불상을 만드는 행위도 아주 의례적인 것이 되었지요. 따라서 불상으로서 갖추어야 할 조형미가 없는 길쭉한 바위를 세워 놓고

계룡산
《정감록》 등 비기에서 주목한 지역이 바로 계룡산 일대이다. 서울대학교 규장각에 소장된 《청구요람》(김정호 제작 채색 지도)이라는 지도책에서 계룡산의 위치를 찾아보면, 연기현, 공주목, 청주목, 노성현, 회덕현, 진잠현, 연산현, 진산군 지역으로 둘러싸여 있다. 현재 행정 구역상 충청 남도 연기군, 논산시, 공주시, 대전 광역시 일대가 계룡산을 감싸고 있다.

선운사 도솔암 마애불
선운사 도솔암으로 오르는 길 옆 절벽에 새겨진 마애불 좌상으로 고려 시대에 만들어진 것이다. 이 마애불의 명치 끝에 감실(龕室)이 있는데, 예부터 내려온 비기가 간직되어 있다고 전해졌다. 후환이 두려워 아무도 손을 대지 못하고 있을 때 전라도 관찰사로 내려온 이서구가 감실을 열려고 하자 폭우가 내리고 천둥이 진동했다고 한다. 이서구가 놀라 감실을 다시 닫았는데, 동학 농민 전쟁 때 손화중이 감실을 열고 비기를 꺼내 갔다고 전한다. 보물 1200호, 전북 고창군 아산면 삼인리 선운사.

미륵으로 여기며 기원 대상으로 삼았습니다. 이러한 현상은 남성 생식기 모양의 큰 바위에 소원을 빌고 치성하는 전통 민간 신앙과 비슷하게 미륵 신앙이 민간 신앙으로 변화하면서 나타난 것입니다. 다시 말해서 조선 시대 미륵 신앙에는 아들 낳기를 바라고, 병을 다스리는 복을 얻기를 바라는 기능도 많이 포함되었습니다.

미륵이 나타나 세상을 구제한다는 미륵 신앙에 바탕한 여러 변란 사건이나 사회 운동도 등장했습니다. 미륵 신앙과 직접 관련 있는 사건 하나가 숙종 때 일어난 여환의 역모 사건입니다. 1688년(숙종 14) 8월, 요승 여환 등 하층 평민과 노비 11명이 모반을 꾸미다 적발되어 죽임을 당했습니다. 이들은 "7월에 큰비가 와서 도성이 무너질 것이다"라고 말하면서 신봉자를 이끌고 한성부에 쳐들어가 점령하려다가 비가 오지 않아 실패했지요. 이 때 여환은 부인인 무녀 원향을 용녀 부인이라 불렀습니다. 미륵불이 나타나기 전에 커다란 흉년과 재해가 나타나는데, 이 때 용이 나타나 해결해 줄 거라면서 그 사람이 바로 용녀 부인이라고 주장했습니다. 결국 여환은 미륵이 출현했다고 주장하면서 세력을 모아 궁궐을 침범하려다 발각되어 실패하고 말았습니다.

《정감록》과 미륵 신앙에 기댄 민중들은 정진인(鄭眞人)이 나타나 불의와 불평등, 그리고 고통 없는 왕조를 건설한다는 믿음에 의지했

습니다. 또한 미륵이 나타나서 병을 없애고 원통
함을 풀어 주는 이상 사회인 용화 세계가 건설된
다는 신앙을 굳게 믿었습니다. 미륵과 진인은 메
시아(구세주) 같은 존재였기 때문에, 민중들은 이
들이 등장할 거라 믿고 같이 행동하기를 두려워하
지 않았습니다.

예천 금당실 소나무 숲
《정감록》에 나오는 십승지의
한 곳으로 알려져 있는 경북
예천 금당실 마을의 소나무
숲이다. 이 소나무 숲은 금당
실 마을의 수해 방지와 바람
막이를 위하여 조성되었다.
현재 약 800미터에 걸쳐 소
나무 수백 그루가 울창하게
남아 있다. 천연 기념물 69
호. 경북 예천군 용문면 상금
곡리.

또한 단순히 미륵불을 찾아 기원하는 것만으로
만족하거나, 《정감록》에 기록된 십승지를 찾아 자신과 자손의 안녕
만 꾀하는 도피 분위기가 나타나 환상적이고 비현실적인 요소가 나
타나기도 했습니다. 이러한 한계가 있었지만 비기·미륵 신앙은 사회
를 변혁하려는 사람들에게 강력한 이론적 틀을 제공했습니다.

민가에 사는 신들

일반 백성들이 거주하는 주택을 '민가(民家)'라고 하는데, 민가에는
사람만 산 것이 아닙니다. 사람들은 수많은 신들과 같이 지낸다고
생각했습니다. 만약 민가에 사는 신들이 집을 떠난다면 집안에 커다
란 우환이 생긴다고 지레 겁을 먹기도 했지요. 예를 들어 업신으로
모시는 구렁이가 담장을 휘돌아 집을 나가 버리면 패가망신할 조짐
이라고 생각했습니다. 그럼 지금부터 집에 같이 사는 수많은 신들을
만나 볼까요?

민가에 사는 백성들은 집안 곳곳에 존재하는 가신(家神)들을 모시
며 집안의 평안과 복을 기원했습니다. 가신은 집안 곳곳에 존재하기

때문에 그 종류도 매우 많고, 또한 지역 혹은 가정에 따라 가신 믿음에 차이가 많았습니다. 주요한 가신은 대체로 신을 상징하는 일정한 신체(神體)를 가지고 있었습니다. 성주처럼 헝겊을 직사각형으로 접고 그 위에 띠풀이나 실타래를 매어 놓은 것을 비롯하여, 단지(항아리), 바가지, 주머니, 대나무 고리, 짚가리 등 여러 형태가 있었지요. 경우에 따라서는 비록 신체가 없더라도 건궁(또는 허궁)으로 섬기는 경우도 흔했고요.

민가에서 모시는 가신 가운데 성주(城主)는 가장 높은 신으로, 대개 마루 위쪽 대들보에 모셨습니다. 그리고 성주독이라고 해서 항아리를 안방 한쪽 구석이나 대청마루 구석에 놓아 두기도 했습니다. 성주는 말 그대로 큰집 주인입니다. 따라서 집안의 흥망성쇠를 관장하는 신이지요. 사람들은 때에 따라 시루떡, 삼색 과일, 메(제사상에 올리는 밥), 국 등을 차린 제사상을 올려 기원을 드렸습니다.

다음으로 조왕(竈王)은 부엌을 관장하는 신입니다. 조왕은 음력 12월 23일 승천해서 일 년 동안 있었던 일을 하늘 나라 옥황상제에게 보고한 다음, 설날 새벽에 다시 내려온다고 믿기도 했습니다. 또한 집안의 융성, 특히 자녀를 지켜 주는 일을 하는 신으로 받들었습니다. 부엌 살림을 맡는 안주인은 부엌 한가운데에 흙으로 자그마한 제단을 만들어 놓고, 거기에 중간 크기의 사발을 올려놓은 다음 밥을 짓기 전에 정한수를 떠 놓고 소원을 비는 방식으로 조왕신을 모셨습니다. 가신은 대부분 안주인과 관련이 깊은데, 그 중에서도 조왕신이 더욱 그러했습니다.

집안 식구들이 모두 이용하는 변소에는 칙신(廁神)이 있다고 믿었는데, 이 또한 모셔야 할 대상이었습니다. 잘못 만나면 시름시름 앓다가 죽게 한다는 칙신은 성질이 고약한 여신으로 여겨졌지요. 매달 6일, 16일, 26일과 같이 6자가 들어 있는 날에는 변소에 머

베에 쌀을 넣은 성주(위)
경기도 양주시 어느 가정에 모셔 놓은 성주. 베에 쌀을 넣고, 이를 대들보에 매달아 놓았다.

터줏대감 모습(왼쪽)
충청 남도 금산군 어느 가정 장독대에 모셔 놓은 터주.

물러 있고, 그 밖의 다른 날에는 밖에 나다닌다고 합니다. 그래서 6자가 들어 있는 날에는 변소에 가지 않으려 무진 애를 썼다고 하지요. 또 이 뒷간 귀신을 놀라게 해서 큰 화를 입지 않기 위해, 변소 서너 걸음 앞에서 꼭 두서너 번 헛기침 소리를 내는 풍속이 지금도 남아 있습니다.

이 밖에도 가신에는 집터를 지켜 주고 안정되도록 다져 주며, 집안의 액을 거두어 가고 재복을 주기도 하는 터주 또는 터줏대감이 있습니다. 가족의 무사함을 기원하는 대상이자, 아이를 갖게 하고 출산을 도우며, 아이가 건강하게 자랄 수 있게 보살펴 주는 삼신도 있습니다. 삼신은 대개 할머니로 여겨 삼신할미로 불립니다. 그리고 대문 앞에 모시며 집안의 화평을 기원하는 문전신(門前神)이 있습니다.

가신 중에 색다른 부류가 있었는데, 바로 업신이라는 존재입니다. 업신은 업위, 지키미, 집지키미, 지킴 등 여러 이름으로 불렸으며, 집안의 재물을 지켜 준다고 믿는 신입니다. 대개는 구렁이가 업신을 대표하는 존재이지만, 족제비 또는 두꺼비가 업신을 대신하기도 했습니다. 이 동물들이 지닌 신비한 특성을 과장하여 은밀하고 두려운 의미를 부여한 것입니다. 따라서 업신이 그 집을 나가면 패가망신한다든가 커다란 변화가 생긴다고 믿었습니다.

조선 이야기를 마치며

《아! 그렇구나 우리 역사》 조선 편 1, 2, 3권을 드디어 마무리짓게 되었습니다. 전체적인 구상을 짜고 목차를 가다듬는 일부터 시작하여 본문 원고 쓰는 일을 착수한 때가 아주 오래 전 일입니다. 그 동안 참고 문헌을 뒤지고 사료를 읽어가면서 원고를 쓰고 고쳐 왔습니다. 더불어 논문을 쓰고 강의를 해야 하는 등 여러 다른 일에도 필자의 미약한 힘을 쪼개야만 했습니다. 또 가까스로 원고를 완성하여 편집자에게 보내면 곧이어 질문 수북한 교정 원고가 되돌아오기를 수차례 반복했습니다. 우여곡절을 거쳐 이제 조선 편 1, 2, 3권을 마무리하는 글을 쓰게 되었습니다.

우리 역사는 너무 가까이 우리 곁에 붙어 있어서 오히려 바람직한 대우를 받지 못하고 있습니다. 전체 역사의 흐름을 놓치면서 일부분에 불과한 흥미로운 사건이나 일화에 관심을 집중하는 쪽이지요. 또한 자그마한 사실로 모든 것을 재단하거나 역사적 사료의 정확한 고증이나 해석 없이 자신만의 생각과 이해 관계를 앞세워 주장하는 경우도 잦습니다. 더군다나 평소에는 우리 역사를 거들떠보지 않다가 필요할 때에만 눈여겨보려고 하기도 합니다. 이래서야 우리 역사의 진실을 제대로 찾아내고 밝혀낼 수 있을까요.

역사 탐구는 완성된 교과서를 외우는 과정이 아닙니다. 그렇다고 저를 포함한 역사를 연구하는 사람만 역사를 탐구할 수 있는 것도 아닙니다. 역사의 사건을 기억하고 이를 파헤쳐 보려는 사람에게만 역사는 그 모습을 보여 줍니다. 조선 시대 역사도 당대의 역사 사료 속에 남아 있는 역사적 사건을 찾아내고 그 의미를 부여하는 과정에서 재구성되는 것입니다. 그리하여 지금 시대를 살아가는 사람들에게 조선 시대 역사를 제대로 보여 주기 위해 이 책을 조심스럽게 내놓습니다.

《아! 그렇구나 우리 역사》 조선 편 1, 2, 3을 쓰면서 몇 가지 집필 방향을 세워 두었습니다. 첫째, 500여 년에 걸친 조선 사회의 역사를 정리하면서 정치사 위주의 흐름을 큰 뼈대로 세웠습니다. 여기에 경제사와 사회사를 중심으로 경제·사회적 변동을 정리했고 향촌 사회사, 문화 예술사, 생활사, 인물사를 중심으로 주요 대목을 파악하여 서술했습니다.

둘째, 조선 시대 역사를 설명하는 여러 주장이나 이론 가운데 가장 적절한 것으로 생각되는 입장에 따라 본문을 집필했습니다. 정치·경제·사회·문화 여러 방면에 걸쳐 많은 조선 시대 연구자들의 저서와 논문을 살펴보았습니다. 그 과정에서 서로 부딪치는 여러 주장 가운데 보다 합리적이고 적절한 것을 찾기 위해 오랫동안 고민하고 갖가지 역사 자료를 거듭 확인했습니다.

셋째, 인터넷 등에 난무하는 부정확하고 비이성적인 역사 기록에서 벗어나고 이를 고치기 위해 애를 썼습니다. 역사적 근거가 없는 개인의 추측이 마치 사실처럼 둔갑하는 현상을 지적하려고 애썼습니다. 나아가 우리 역사에 대한 가치 부여를 우리 자신이 제대로 하지 않을 때 외국의 역사 공격에 제대로 대응하지 못한다는 점도 강조했습니다.

마지막으로 조선 편 1, 2, 3권을 읽는 독자들과 더불어 생각해 보고 싶은 점들이 있습니다. 먼저 우리 역사의 탐구란 우리 또는 내 자신을 알기 위한 필수 과정이라는 점입니다. 아주 먼 옛날부터 가까운 옛날에 이르기까지, 여러 시기에 걸쳐 벌어진 역사는 이를 기록하고 기억하며 되새기는 사람에게만 역사로 남게 됩니다. 또한 역사는 현재를 살아나가는 사람들에게 자신이 해야 할 일을 결정하는 기준 노릇을 합니다. 역사를 기억하면서 지켜나갈 것은 지키고 고쳐야 할 것은 고치는 과정이 우리가 세상을 살아나가는 참모습입니다. 이래야만 우리는 자신의 역사를 계속 새롭게 만들어 나가는 것이 아닐까요.

다음으로 우리 역사에 가까이 다가서기 위해 한 가지 제안을 합니다. 학교에서 배우는 우리 역사는 외울 것도 많고 내용까지 복잡해서 더 어려운 과목일지도 모릅니다. 그런데 역사 교과서 내용이 과연 모두 틀림없는 사실일까? 이렇게 의문을 제기해 보면 어떨까요. 우리 역사 교과서의 비어 있는 부분을 채우고 잘못된 부분을 고치기 위한, 재미있는 지적 탐험이 바로 역사 공부라고 생각해 보면 좋지 않을까요? 독자 여러분이 역사가가 되어 조선 시대 역사를 비롯한 우리 역사에서 여러 사건의 전말을 살펴보고, 많은 인물의 행적을 더듬어 보는 일을 직접 시도해 보는 것입니다. 이러한 역사 탐구가 바로 역사 공부일 것입니다. 이 책은 바로 그러한 역사 탐구를 위한 기반을 제공하고자 합니다. 물론 제대로 설명하지 못한 부분도 많고, 앞으로 새로운 해석과 평가를 내려야 할 대목도 많습니다.

이 책을 쓰는 과정에서 조선 시대 역사에 관련한 여러 생각과 다양한 사료 조각들이 하나로 모여 문장이나 글이 되는 데에는 많은 시간이 필요했습니다. 조선 시대 사람들이 살아온 시간이 이 책 속에 농축되는 데 그만한 시간이 필요했던 것일까요? 시간뿐만 아니라 많은 사람들의 피땀이 책 속 곳곳에 배어 있습니다. 필자인 저의 그것에 편집자, 교정자, 그리고 제가 참고한 많은 문헌의 필자들이 흘린 피땀이지요. 이 책의 원고를 쓰다가 많은 어려운 일이 있었습니다. 편집자의 끊임없는 격려와 아빠의 책이 나오기를 고대하던 가족의 후원으로 이 책을 마무리할 수 있었습니다. 이 자리에서 이 책이 나오기까지 음양으로 도움을 준 많은 분들에게 감사의 인사를 드립니다.

2007년 7월 10일
저자 염정섭

조선 시대 연표

조 선 사	세 계 사
1391년 과전법 실시.	
1392년 고려 멸망, 조선을 세우다.	
1394년 한양 천도 단행.	
1395년 경복궁 완공하다.	1395년 티무르, 서아시아 통일하고 킵차크·동차가
〈천상열차분야지도〉 제작.	타이 한국 정복하다.
1398년 1차 왕자의 난.	1398년 티무르, 인도 침입, 델리 정복.
1400년 2차 왕자의 난.	
1402년 〈혼일강리역대국도지도〉 완성.	
1403년 금속활자로 계미자 만들다.	
1404년 양녕 대군, 세자로 책봉되다.	
1405년 한양으로 수도를 완전히 옮기다.	1405년 정화의 남해 원정.
육조 직계제 실행.	
1406년 유향소 철폐.	1407년 《영락대전》 완성.
1413년 8도에 지방 행정 조직을 완성하고, 전국에	1413년 자바, 수마트라의 이슬람화.
호패법을 실시하다.	
1418년 양녕 대군을 세자에서 폐하고 충녕 대군이	
책봉되어 왕위에 오르다.	
1419년 쓰시마(대마도) 정벌.	
1420년 집현전 설치. 경자자 완성.	1421년 명, 베이징 천도.
부민고소금지법 제정.	
1423년 《고려사》 편찬.	
1429년 《농사직설》 간행.	1429년 잔다르크, 영국군을 무찌르다.
1433년 4군을 설치하다. 《향약집성방》 편찬.	
혼천의를 만들다.	
1434년 이후 10여 년 동안 6진을 설치하다.	
자격루 제작. 갑인자를 만들다.	
1436년 병진자를 만들다.	
1441년 측우기 완성.	
1442년 역법서 《칠정산내편》 완성.	
1443년 훈민정음을 창제하다. 계해조약.	
1446년 직전법 실시.	
1447년 안견, 〈몽유도원도〉를 그리다.	1449년 명, 토목의 변.
1450년 세종에 이어 문종 즉위.	1450년 구텐베르크, 활판 인쇄 발명.
1451년 《고려사》 반포.	
1452년 문종이 죽고 단종이 왕위에 오르다.	
《고려사절요》 완성.	
1453년 계유정난.	1453년 동로마 제국 멸망.

1455년 수양대군(세조), 왕위에 오르다.	1455년 영국, 장미 전쟁(~1485).
1456년 사육신들 죽다.	
1457년 간경도감 설치.	
1463년 〈동국지도〉 완성.	
1467년 이시애 난(함경도 농민 전쟁).	1467년 일본, 전국 시대 시작.
1470년 무렵 나주에 큰 흉년이 들어 장문이 열리다.	
1471년 간경도감 폐지.	1479년 에스파냐 왕국 성립.
1485년 《의방유취》 간행.	
1485년 《경국대전》을 완성하다.	
1485년 《필원잡기》 간행.	1492년 콜럼버스, 아메리카 대륙 발견.
1494년 연산군, 성종에 이어 왕위에 오르다.	1494년 나관중, 《삼국지연의》를 펴내다.
1498년 무오사화.	1498년 바스코 다 가마, 인도 항로 발견.
	1500년 티무르 제국 멸망하다.
1504년 갑자사화.	
1506년 연산군, 왕위에서 쫓겨나다(중종 반정).	
1510년 삼포왜란.	
1512년 임신약조 체결.	1517년 루터, 종교 개혁 일으키다.
1519년 현량과 실시. 기묘사화.	1519년 미켈란젤로, 세계 일주(~1522).
	1526년 인도, 무굴 제국 성립(~1858).
1543년 《주자대전》, 《주자어류》 간행.	1543년 코페르니쿠스의 지동설.
백운동 서원을 세우다.	
1545년 인종에 이어 명종이 왕위에 오르다.	
을사사화. 이순신 태어나다.	
1554년 《구황촬요》 간행. 비변사 설치.	
1555년 을묘왜변.	
1559년 임꺽정의 난(~1562).	1562년 위그노 전쟁(~1598).
1565년 윤원형 일파, 권력을 잃다.	
1567년 선조 즉위.	1571년 오스만 제국, 레판토 해전에서 패하다.
1575년 이후 사림의 선후배, 당파 조짐 보이다.	1582년 마테오리치 중국에 오다.
1589년 정여립 역모 사건.	
1589-1591년 동인과 서인의 갈등 깊어지고,	1590년 도요토미 히데요시, 전국 시대 통일.
동인은 남인과 북인으로 갈리다.	
1591년 정철 일파 유배.	
1592년 임진왜란, 한산도 대첩, 진주 대첩.	
1593년 평양성 전투.	
1594년 훈련도감, 속오군 설치.	
1597년 정유재란, 명량 해전.	
1598년 노량 대첩.	1598년 도요토미 히데요시 사망.

1599년	일본 퇴각, 7년 전쟁 끝나다.	1600년 영국, 동인도 회사를 설치하다.
1602년	선조, 50세의 나이에 김제남의 딸을 왕비로 맞다.	1602년 네덜란드, 동인도 회사를 설치하다.
		1603년 일본, 에도 막부 시작.
1608년	경기도에 대동법을 실시하다.	
1609년	일본과 국교를 회복하다.	
1610년	《동의보감》 완성.	
1613년	칠서지옥 사건.	1616년 누르하치, 후금 건국.
1618년	명나라, 조선에 군사 요청.	1618년 독일 30년 전쟁 시작(~1648).
1619년	《농가월령》 간행.	
1623년	인조 반정, 광해군 즉위.	
1624년	이괄의 난.	
1627년	정묘호란.	

1628년	벨테브레, 제주도에 표착하다.	
1636년	병자호란.	1636년 후금, 국호를 청으로 고치다.
1637년	삼전도 치욕. 소현 세자, 봉림 대군이 청에 끌려가다.	1642년 영국, 청교도 혁명(~1649).
		1643년 프랑스, 루이 14세 즉위.
		1644년 명이 망하고 청이 중국을 지배하다(~1912).
1645년	소현 세자, 봉림 대군 귀국.	1648년 베스티팔렌 조약.
1649년	봉림 대군, 왕위에 오르다.	
1652년	어영청 설치. 천문학관 김상범, 시헌력을 전하다.	

1653년	하멜, 제주도에 표착하다.	
1658년	나선 정벌.	
1659년	효종이 세상을 뜨면서 예송 논쟁 시작되다.	
1678년	상평통보를 만들다.	
1680년	경신환국으로 남인 실각, 서인 집권.	
1682년	금위영을 끝으로 5군영 완성.	
1683년	서인, 노선 싸움이 깊어져 1684년 노론과 소론으로 갈라지다.	1688년 영국, 명예 혁명.
		1687년 뉴턴의 만유 인력 법칙 발견.
1689년	기사환국으로 서인이 실각, 남인 다시 집권.	1689년 영국, 권리장전 / 청·러 네르친스크 조약.
1694년	갑술 환국으로 남인 실각, 소론 득세.	
1696년	안용복, 독도에서 왜인을 추방하다.	1699년 청, 영국에 광둥 무역 허용하다.
		1701년 에스파냐 왕위 계승 전쟁(~1713).
1703년	서원 금지령. 박세당 《사변록》 편찬.	
1708년	전국에 대동법을 실시하다. 호락논쟁 시작.	
1712년	백두산에 정계비를 세우다.	
1720년	경종 즉위.	
1721년	연잉군(영조)을 세제로 책봉하다.	

1725년 탕평책을 실시하다.
1727년 정미 환국으로 노론 축출, 소론 득세.
1729년 영조의 기유 처분.   1740년 오스트리아 왕위 계승 전쟁(~1748).
1750년 균역법 실시.   1757년 영국, 플라시 전투로 인도 지배권 확립.
1760년 영조, 경진 준천 지시.   1760년 무렵 영국, 산업 혁명 시작.
1762년 사도 세자의 죽음(임오 화변). 정약용 출생.   1765년 와트, 증기기관 완성.
1770년 신경준, 〈동국여지도〉 제작.
1776년 정조 즉위, 규장각 설치.   1776년 미국, 독립 선언.
1777년 서얼의 관직 승진 제한을 완화해 주는 〈정유
       절목〉을 마련하다.
1778년 박제가, 《북학의》 간행.
1784년 이승훈, 천주교를 전도하다.
1785년 천주교 박해 시작.   1785년 프랑스 대혁명 인권 선언.
1787~1802년 〈도성도〉 제작.
1791년 육의전을 제외한 금난 전권 철폐(신해 통공).
1794년 화성 축조, 1796년에 공사 완료.   1796년 청, 백련교도의 난.
1797년 영국 군함 내항.
1799년 《과농소초》 간행.
1800년 정조의 죽음.
1801년 신유 박해, 남인 세력 제거. 내시 노비 해방.   1804년 무굴 제국, 영국의 보호국이 되다.
                                                   1807년 신성 로마 제국 멸망, 대륙 봉쇄령.
1811년 평안도 농민 전쟁(홍경래 난)이 일어나다.
1818년 정약용, 《목민심서》를 완성하다.   1821년 그리스 독립 전쟁(~1829).
                                                   1824년 인도네시아, 네덜란드령이 되다.
1834년 헌종 즉위.
1839년 앙베르 주교, 모방 신부 순교(기해 박해).   1840년 아편 전쟁(~1842).
                                                   1841년 난징 조약.
1846년 김대건 순교(병오 박해).
1848년 향리에 관한 역사서 《연조귀감》 간행.   1848년 프랑스, 2월 혁명.
                                                   1850년 태평 천국 운동(~1864).
                                                   1853년 일본 개항.
1859년 서얼에 관한 역사서 《규사》 간행.   1856년 인도, 세포이 항쟁. 애로우 호 사건.
1860년 최제우, 동학을 창시하다.   1860년 영·프 연합군, 베이징 점령.
1861년 김정호, 〈대동여지도〉를 만들다.   1861년 미국, 남북 전쟁(~1865).
1862년 진주 민란, 삼정이정청 설치.
1863년 조선 26대 왕 고종 즉위.   1863년 링컨, 노예 해방 선언.
1866년~ 7년 동안 베르디 주교 등 8천여 명 순교
       (병인 박해).

사진 제공

347 예천 금당실 소나무 숲 - 문화재청
349 베에 쌀을 넣은 성주, 터줏대감 모습 - 국립문화재연구소

★ 여유당출판사에서는 이 책에 실린 사진에 대해 저작권자의 허락을 받기 위해 최선을 다했습니다. 혹시 내용이 빠졌거나 잘못 기록된 부분이 있으면 연락주시기 바랍니다.

참고 문헌

〈 연구서 〉

강재언, 이규수 역, 《조선통신사의 일본견문록》, 한길사, 2005

고동환, 《조선후기서울상업발달사연구》, 일조각, 1998

고석규, 《19세기 조선의 향촌사회 연구》, 서울대학교 출판부, 1998

김건태, 《조선시대 양반가의 농업경영》, 역사비평사, 2004

김경숙, 《조선후기 산송과 사회갈등 연구》, 서울대 국사학과 박사논문, 2002

김선경, 《조선후기 산림천택 사점에 관한 연구》 경희대 박사학위논문, 1999

김성윤, 《조선후기 탕평정치 연구》, 지식산업사, 1997

김용섭, 《조선후기농업사연구》 I, 일조각, 1970

김용섭, 《조선후기농업사연구》 II, 일조각, 1971

김인걸, 《조선후기 향촌사회 변동에 관한 연구》, 서울대 국사학과 박사논문, 1991

김종수, 《조선후기 중앙군제연구》, 혜안, 2003

김준형, 《조선후기 丹城지역의 사회변화와 士族層의 대응》, 서울대 박사학위논문, 2000

노대환, 《19세기 동도서기론 형성과정 연구》, 서울대학교 대학원 박사학위논문, 1999

문중양, 《조선후기의 수리학과 수리담론》, 집문당, 2000

민성기, 《조선농업사연구》, 일조각, 1990

박광용, 《영조와 정조의 나라》, 푸른역사, 1998

배우성, 《조선후기 국토관과 천하관의 변화》, 일지사, 1998

손정목, 《조선시대 도시사회 연구》, 일지사, 1977

심재우, 《《심리록》 연구 : 정조대 사형범죄 처벌과 사회통제의 변화》, 서울대학교 대학원 박사학위논문, 2005

양진석, 《17·18세기 환곡제도의 운영과 기능변화》, 서울대 국사학과 박사학위논문, 1999

염정섭, 《조선시대 농법 발달 연구》, 태학사, 2002

오영교, 《조선후기 향촌지배정책 연구》, 혜안, 2001

오인택, 《17·18세기 양전사업 연구》, 부산대학교 사학과 박사학위논문, 1996

원유한, 《조선후기 화폐사 연구》, 한국연구총서 29, 한국연구원, 1975

원재연, 《조선후기 서양인식의 변천과 대외개방론》, 서울대학교 대학원 박사학위논문, 2000

유봉학, 《연암일파 북학사상 연구》, 일지사, 1995

유봉학, 《꿈의 문화유산 화성》, 신구문화사, 1996

윤용출, 《조선후기의 요역제와 고용노동》, 서울대학교 출판부, 1998

이광린, 《이조수리사연구》, 한국문화총서 8, 한국연구원, 1961

이수건, 《영남학파의 형성과 전개》, 일조각, 1995

이영훈, 《조선후기사회경제사》, 한길사, 1988

이이화, 《한국사 이야기》 1-12, 한길사, 2000

이춘녕, 《한국 농학사》, 민음사, 1989

이태진 편저, 《조선시대 정치사의 재조명 ; 사화·당쟁편》, 범조사, 1985

이태진, 《조선유교사회사론》, 지식산업사, 1989

이태진, 《한국 사회사 연구 — 농업기술의 발달과 사회변동 — 》, 지식산업사, 1986

이훈상, 《조선후기의 향리》, 일조각, 1990

정만조, 《조선시대 서원연구》, 집문당, 1997

정옥자, 《조선후기 문화 운동사》, 일조각, 1988

정옥자, 《조선후기 지성사》, 일지사, 1991

주강현 엮음, 1989 《북학의 민속학》, 역사비평사.

최승희, 《증보판 한국 고문서 연구》, 지식산업사, 1989

최윤오, 《조선후기 토지소유의 발달과 지주제》, 연세대학교 박사학위논문, 2001

최홍규, 《우하영의 실학사상 연구》, 일지사, 1995

平木實, 《조선후기 노비제연구》, 지식산업사, 1982

한국역사연구회, 《조선정치사 상하》, 청년사, 1990

한상권, 《조선후기 사회와 소원제도》, 일조각, 1996

호적대장 연구팀, 《단성 호적대장 연구》, 성균관대학교 대동문화연구원, 2003

홍순민, 《우리 궁궐 이야기》, 청년사, 1999

〈 연구논문 〉

고동환, 〈포구상업의 발달〉, 《한국사시민강좌》 9, 일조각, 1991

고석규, 〈16·17세기 공납제 개혁의 방향〉, 《한국사론》 12, 1985

김인걸, 〈《민장》을 통해 본 19세기 전반 향촌 사회문제〉, 《한국사론》 23, 1990

사학위논문, 1996

김태영, 〈조선시대 농민의 사회적 지위〉, 《한국사시민강좌》 6, 1990

금태영, 〈조선후기 실학에서의 현실과 이상〉 《한림과학원총서》 58, 1997

김태완, 〈조선후기 구황식품의 활용에 대한 연구〉, 서울시립대 석사학위논문, 2002

김현영, 〈호남 지방 고문서를 통해 본 조선시대의 가족과 친족〉, 《호남지방 고문서 기초연구》, 한국정신문화연구원, 1999

김형자, 〈조선후기 조현명의 정치·경제사상〉 《실학사상연구》 9집, 무악실학회, 1997

노대환, 〈조선 후기의 서학유입과 서기수용론〉, 《진단학보》 83, 1997

이태진, 〈소빙기(1500~1750년)의 천체 현상적 원인〉, 《국사관론총》 72, 국사편찬위원회, 1996

문중양, 〈조선후기의 수차〉, 《한국문화》 15, 서울대 한국문화연구소, 1995

박광성, 〈궁방전의 연구〉, 《논문집》 5집, 인천교육대학, 1970

박준성, 〈17·18세기 궁방전의 확대와 소유형태의 변화〉, 《한국사론》 11, 1984

방기중, 〈17·18세기 전반 금납조세의 성립과 전개〉, 《동방학지》 45, 연세대 국학연구원, 1984

설석규, 〈규장각 연구〉 상하, 《대구사학》 29,31, 1986

송찬섭, 〈17·18세기 신전개간의 확대와 경영형태〉, 《한국사론》 12, 1985

안병욱, 〈19세기 임술민란에 있어서의 '향회'와 '요호'〉, 《한국사론》 14, 서울대 국사학과, 1986

안병욱, 〈조선후기 민은의 일단과 민의 동향〉, 《한국문화》 2, 1981

안병태, 〈조선후기의 토지소유-중층적 소유구조와 경영구조-〉, 《조선근대경제사연구》, 1975

염정섭, 〈18세기 후반 정조대 농정책의 전개〉, 《한국문화》 32, 서울대 한국문화연구소, 2003

염정섭, 〈조선 후기 고구마의 도입과 재배법의 정리 과정〉, 《한국사연구》 134, 2006

염정섭, 〈조선후기 한성부 준천의 시행〉, 《서울학연구》 11, 서울시립대 서울학연구소, 1998

오수경, 〈조선후기 리용후생학의 전개와 《감저보》의 편찬〉 《안동문화》 16, 안동대 안동문화연구소, 1995

오인택, 〈18·19세기 수도 건파법의 지역적 전개와 농법의 성격〉, 《부산사학》 20, 1991

왕현종, 〈18세기 후반 양전의 변화와 '시주'의 성격〉, 《역사와 현실》 41, 2001

우인수, 〈조선후기 한 사족가의 생활 양식〉, 《조선시대사보》 12, 2000

원재연, 〈17~19세기 실학자의 서양인식 검토〉, 《한국사론》 38, 1997

유봉학, 〈서유구의 학문과 농업정책론〉, 《규장각》 9, 1985

이경구, 〈영조~순조 연간 호락논쟁의 전개〉 《한국학보》 93, 일지사, 1998

이경식, 〈조선후기의 화전농업과 수세문제〉, 《한국문화》 10, 1989

이세영, 〈18·19세기 곡물시장의 형성과 유통구조의 변동〉, 《한국사론》 9, 서울대 국사학과, 1983

이수건, 〈고문서를 통해 본 조선조 사회사의 일연구〉, 《한국사학》 9, 한국정신문화연구원, 1992

이영춘, 〈예송의 당쟁적 성격에 대한 재검토〉, 《조선후기 당쟁의 종합적 검토》, 1991

이영학, 〈조선시기 농업생산력 연구현황〉 《한국중세사회해체기의 제문제》 하, 한울, 1987

이영호, 〈18·19세기 지대형태의 변화와 농업경영의 변동〉, 《한국사론》 11, 서울대 국사학과, 1984

이영훈, 〈조선후기 이래 소농사회의 전개와 의의〉, 《역사와 현실》 45, 2002

이욱, 〈18세기 서울상업계의 변화와 정부의 대책〉, 《역사학보》 142, 역사학회, 1994

이윤갑, 〈18세기말의 균병작론〉, 《한국사론》 9, 서울대 국사학과, 1983

이철성, 〈숙종말엽 경자양전의 실태와 역사적 성격-비총제로의 변화〉, 《사총》 39, 1991

이태진, 〈조선왕조의 유교정치와 왕권〉, 《한국사론》 23, 서울대 국사학과, 1990

이호철, 〈조선시대의 농업사〉, 《한국의 사회경제사》, 한길사, 1987

이호철, 〈조선후기 수도품종의 분화〉, 《경제사학》 19, 1995

정경희, 〈숙종후반기 탕평정국의 변화〉, 《한국학보》 79, 일지사, 1995

정만조, 〈귀록 조현명 연구〉, 《한국학논총》 8, 국민대학교 한국학연구소, 1986

정만조, 〈조선후기의 양역변통론-하나의 시론〉, 《동양학》 27, 단국대 동양학연구소, 1997

정선남, 〈18,19세기 전결세의 수취제도와 그 운영〉, 《한국사론》 22, 서울대 국사학과, 1990

정승진, 〈1930년대 나주 영산강 유역의 농업변동〉, 《대동문화연구》 44, 2003

정연식, 〈17·18세기 양역균일화정책의 추이〉, 《한국사론》 13, 1985

정옥자, 〈조선후기의 문풍과 위항문학〉, 《한국사론》 4, 1978

정옥자, 1986 〈조선 후기의 기술직 중인〉 《진단학보》 61, 진단학회

정진영, 〈16세기 안동지방의 동계〉, 《교남사학》 창간호, 영남대학교, 1985

정창열, 〈조선후기 둔전에 대하여〉, 《이해남박사화갑기념 사학학론총》, 1970

정형지, 〈조선시대 기근과 정부의 대책〉, 《이화사학연구》 30, 이화사학연구소, 2003

조성산, 〈18세기 호락논쟁과 노론 사상계의 분화〉, 《한국사상사학》 8, 1997

최승희, 〈조선시대 양반의 대가제〉, 《진단학보》 60, 진단학회, 1985

최완기, 〈대동법실시의 영향〉, 《국사관논총》 12, 국사편찬위원회, 1990

최원규, 〈조선 후기 수리기구와 경영문제〉, 《국사관논총》 39, 국사편찬위원회, 1992

최윤오, 〈조선후기 사회경제사 연구와 근대〉, 《역사와 현실》 45, 2002

최윤오, 〈조선후기의 양안과 행심책〉, 《역사와 현실》 36, 2000

최재석, 〈조선시대의 가족·친족제〉, 《한국의 사회와 문화》 16, 한국정신문화연구원, 1991

한상권, 〈18세기말~19세기 초의 장시발달에 대한 기초연구〉, 《한국사론》 7, 1981

한영국, 〈대동법의 실시〉, 《한국사》 13, 국사편찬위원회, 1976

한영국, 〈조선왕조 호적의 기초적 연구〉, 《한국사학》 6, 한국정신문화연구원, 1985

한영우, 〈조선후기 '중인'에 대하여〉 《한국학보》 45, 일지사, 1986

홍순민, 〈숙종초기의 정치구조와 '환국'〉, 《한국사론》 15, 1986